物业财务核算与管理

WUYE CAIWU HESUAN YU GUANLI

◎主　编　章月萍
◎副主编　林常青　庄文新　李　冰

重庆大学出版社

内 容 提 要

　　本书充分考虑物业服务企业自身的实际业务情况,以《企业会计准则》《企业会计制度》《物业管理企业财务管理规定》和《物业管理企业会计核算补充规定(试行)》为依据,按照物业管理的工作内容,以项目为导向,以会计核算基础知识为基础,系统地介绍了物业服务企业主要经营过程的核算、会计报表的编制及物业服务企业的资产、成本费用、经营收入与利润、资金与物业服务费、住宅专项维修资金的管理。每个项目均有知识目标、能力目标、知识准备、示范操作和拓展训练,有的项目还有拓展阅读、课堂活动。

　　本书既可作为高职高专物业管理、房地产经营管理等专业的专业教材,也可以作为广大物业管理从业人员的参考用书及相关专业的培训用书。

图书在版编目(CIP)数据

　　物业财务核算与管理/章月萍主编.—重庆:重庆大学出版社,2012.2(2019.12 重印)
　　新编高职高专财经商贸大类专业系列教材
　　ISBN 978-7-5624-6420-4

　　Ⅰ.①物…　Ⅱ.①章…　Ⅲ.①物业管理:财务管理—高等职业教育—教材　Ⅳ.①F293.33

　　中国版本图书馆 CIP 数据核字(2011)第 231371 号

新编高职高专财经商贸大类专业系列教材
物业财务核算与管理
主　编　章月萍
副主编　林常青　庄文新　李　冰
责任编辑:范　莹　　版式设计:范　莹
责任校对:姚　胜　　责任印制:张　策

＊

重庆大学出版社出版发行
出版人:饶帮华
社址:重庆市沙坪坝区大学城西路 21 号
邮编:401331
电话:(023)88617190　88617185(中小学)
传真:(023)88617186　88617166
网址:http://www.cqup.com.cn
邮箱:fxk@cqup.com.cn(营销中心)
全国新华书店经销
POD:重庆新生代彩印技术有限公司

＊

开本:720mm×960mm　1/16　印张:21.5　字数:391 千
2012 年 2 月第 1 版　　2019 年 12 月第 5 次印刷
ISBN 978-7-5624-6420-4　定价:49.00 元

前言

　　近年来，我国房地产业的发展带动物业管理行业迅猛发展，全国各地注册的物业服务公司越来越多，市场对物业管理从业人员的需求越来越大，业主对物业管理人员和服务质量的要求也越来越高。物业服务企业的迅猛发展对物业服务企业的会计理论、会计实践和会计从业人员的素质也提出了新的要求。由于我国的物业管理起步较晚，各地发展不平衡，整个行业微利发展，多数企业人员素质较低、生存发展压力大。如何提高经营管理水平，在激烈的市场竞争中求发展，需要有关职能部门加强管理。对财务部门而言，需要加强资金管理，正确核算成本，增收节支，为领导决策提供有用信息。编写一本实用的教材，满足物业管理及房地产类高等职业教育的需要，同时提高物业管理从业人员对物业管理财务知识的掌握和运用能力已成为一项重要的任务，本书正是为了适应这一要求而编写的。

　　为满足现代物业服务企业的发展以及专业教学的需要，我们通过深入调研、讨论，与企业专家合作，精心编写了此书。本书的特点在于内容新颖，与现行的法律、法规保持一致，融入了最新的会计理论与核算方法；同时，本书注重实用，紧扣现代高职高专教育的培养目标，以够用为度，简明精炼地介绍了物业服务企业的会计理论，注重物业服务企业会计处理和实际操作，有较强的针对性。在形式上，先介绍知识目标、能力目标，让学生在学习各项目内容之前，对所要学习的内容有个大概的了解，然后是知识准备、示范操作，有的项目还有拓展阅读、课堂活动，让学生进入学习情景，以帮助学生理解、掌握物业服务企业会计知识及进行运用能力训练，寓学习于分析、思考之中，以期学生从中领悟物业服务企业会计的内涵。最后，设置拓展训练，包括复习思考题、练习题和案例分析题，进行实践与训练，检验学生对所学知识的理解和掌握，进一步培养分析问题、解决问题的能力。

　　本书由福建商业高等专科学校章月萍副教授担任主编，负责组织设计编写大纲以及全书的统稿和修改，并最后进行定稿。福建永安物业管理有限公司林常青董事长对本书的大纲进行审定，并提供企业经济业务账务处理的资料；福建金帝物业有限公司庄文新副总经理提供企业经济业务账务处理的资料并对本书进行最后审定。教材编写工作的分工为：项目 1 至项目 8 由章月萍执笔，项目 9 由福建商业高等专科学校的李冰执笔。在本书编写过程中，我们参阅了国内外大量的相关著作、教材和案例资料,并引用了其中的一些内容,书中引用的地方没有完全进行标注,而是采用了书后列出参考文献的方式,编者未能与作者取得联系,冒昧地将资料收录,敬请谅解。在此谨向这些作者、译者表示由衷的感谢。

　　由于时间的限制及作者水平有限,尽管我们做了不懈努力,书中难免存在不妥之处,敬请读者不吝赐教。

编　者

2012 年 1 月

目　录

项目1　物业财务核算基础认知(一)

【知识目标】

掌握物业服务企业会计的基本概念,掌握物业服务企业会计的基本职能及特点,了解物业服务企业会计的对象、会计核算的基本前提和一般原则,理解和掌握物业服务企业会计的六要素的关系及经济业务发生对会计等式的影响。

【能力目标】

1. 能解释会计的六大要素;
2. 能处理资产与负债、所有者权益之间的平衡关系。

任务1　认识物业服务企业会计及其职能

【知识准备】

1.1.1　物业服务企业会计的概念、对象、特点

1)会计的概念

会计是随着社会生产的发展和经济管理的要求而产生、发展并不断完善起来的。会计最初表现为人类对经济活动的计量与记录行为。例如,我国的结绳记事、简单刻记的出现就是会计产生的萌芽阶段。随着社会经济的不断发展,生产力的不断提高,会计已从简单的记录和计算,逐步发展成为以货币单位来综合反映和监督单位经济活动的一种经济管理工作。因此,会计的概念可以表

述为：会计是指以货币为主要计量单位，采用专门的会计方法，反映和监督一个单位经济活动的一种经济管理工作。

2）物业服务企业会计的概念

物业服务企业会计，是指以货币为主要计量单位，采用专门的会计方法，对物业服务企业的维修、管理、服务和其他业务活动的全过程进行连续、系统、完整地核算和监督的一种经营性管理活动。物业服务企业会计通过对经济业务事项的确认、计量、记录和报告程序，提供的真实、准确、可靠的会计信息，有助于社会各方面了解物业服务企业财务状况、经营成果和现金流量，并据以作出经济决策、进行宏观经济管理；有助于考核物业服务企业领导者经济责任的履行情况；有助于企业管理当局加强经营管理、提高经济效益。

3）物业服务企业会计的对象

会计对象是指会计所要核算和监督的内容。物业服务企业在物业管理经营过程中为业主、使用人提供维修、管理和服务等劳务而取得收入，提供劳务时要发生材料消耗和机械设备的磨损，还要以货币支付工资和其他费用等。物业服务企业实现收入后，要补偿其经营过程中的各种耗费，以维护企业的持续经营，其剩余部分为企业的赢利。此外，还要发生税金交纳、分配利润等经济业务。上述这些物业服务企业经营过程中发生的经济业务，都是会计所要核算和监督的内容，即物业服务企业会计的对象。因此，物业服务企业会计的对象，是指在物业服务企业的各项经营、管理、服务活动中能够用货币表现的经济活动，即参与物业管理的资金及其运动。具体包括资金投入、资金运用和资金退出3个方面。

①资金投入，包括企业所有者投入的资金和债权人投入的资金。前者属于所有者权益，后者属于债权人权益——企业负债，在物业服务企业中这部分还包括按规定接受物业产权人、使用人或业主委员会委托的代管基金。

②资金运用，物业服务企业的资金与其经营活动紧密相连。首先，作为企业必须拥有一定的经济资源，如机械设备、经营物资及可支配的现金、银行存款；其次，在物业经营、服务过程中有经营物资的消耗、机器设备的磨损、人工工资的支出、行政管理费的支付。同时，经营、管理、服务活动也取得相应的收入，如公共性服务收入，公众代办性服务收入，特约服务收入，房屋出租收入，经营停车场、游泳池等共用设施收入，对房屋共用部位、共用设施设备进行大修取得的收入。

③资金退出，包括偿还各项债务、上交各项税金、向所有者分配利润等，这

部分资金便离开了本企业的资金循环与周转。

上述资金运动的三个阶段,构成了开放式的运动形式,是相互支撑、相互制约的统一体。没有资金的投入,就不会有资金的循环与周转;没有资金的循环与周转,就不会有债务的偿还、税金的上交和利润的分配等;没有这类资金的退出,就不会有新一轮的资金投入,就不会有企业进一步的发展。

4)物业服务企业会计的特点

物业服务企业会计,是在物业服务企业内部建立的、以提供物业服务企业资金运动的财务信息为主的经济信息系统。与其他行业相比,物业服务企业会计的特点主要表现为以下几个方面:

(1)会计对象相对简单

任何企业中,会计的对象都是资金运动。一般而言,资金运动的复杂程度决定了会计核算的繁简程度。与其他行业的企业,如工业企业和商业企业等的资金运动相比,由于物业服务企业的经营过程既不涉及生产活动,也与销售活动无关,大多数情况下仅涉及提供维修养护等管理服务,其资金运动过程及形式必然相对简单。

(2)对资金运动过程的监督更为全面

"过程的控制"——监督,是会计的基本职能之一。对任何企业而言,会计监督都包括事先、事中和事后监督,物业服务企业也不例外。但是,其他行业企业的会计监督主要集中在成本费用上,而且多为企业的自主行为,而物业服务企业对资金运动过程的监督,不仅包括对成本费用的监督,同时还包括各项收费——"收入"的监督;对其收入的监督,不仅来自企业本身,还来自政府有关部门、物业的业主、业主委员会等。

(3)会计信息的需求者对信息的需求较为特殊

会计作为一种提供财务信息的信息系统,其具体目标在于满足使用者的信息需求。在现代重视损益的观念下,与其他行业企业重点揭示财务状况和经营成果信息相比,物业服务企业会计更侧重于提供物业管理资金的来源和运用等方面的信息。造成这一状况的原因在于各信息使用者的影响力及其信息需求者的不同。由于会计信息的最主要使用者为业主和公司管理层等,业主最关心的是物业管理收费的使用状况及其效益等信息,所以,这一需求必然会在其所提供的会计信息中得到充分反映。

1.1.2　物业服务企业会计的职能

会计的职能,是指会计在经济管理中所具有的功能,即人们在经济管理中可以用会计干什么。一般认为,会计具有核算和监督两个基本职能。物业服务企业会计是企业会计的一种,物业服务企业会计的职能从属于会计的基本职能。

1)物业会计的核算职能

物业会计的核算职能也称会计反映,是指主要运用货币计量形式,通过确认、计量、记录和报告等环节进行记账、算账、报账,从数量上连续、系统和完整地反映特定对象(或称特定主体)已经发生或完成的经济活动情况,为各有关方面提供会计信息的功能。记账,是指对特定对象的经济活动采用一定的记账方法,在账簿中进行登记;算账,是指在记账的基础上,对一定时期的收入、费用、利润和一定日期的资产、负债、所有者权益进行计算;报账,是指在算账的基础上,对一定时期的财务状况、经营成果和现金流量情况,以财务会计报告的形式向有关方面进行报告。物业会计核算具有以下特点:

①主要以货币为计量单位,从数量上核算各单位的经济活动情况。

②主要核算已经发生或已经完成的经济活动。

③记录只是物业会计核算的基础,而不是物业会计核算的全部,记录并不等于核算。

④物业会计核算具有连续性、完整性、系统性。连续性是指必须按照经济业务发生的时间先后顺序,不间断地进行记录和计算;完整性是指应由会计进行核算的各项经济业务,都必须毫无遗漏地加以记录和计算,不能任意取舍;系统性是指必须按照经济管理的要求,采用一定的方法,对会计核算资料进行加工整理、分类汇总,使之系统化,提供分类、汇总和相互联系的数据资料。

2)物业会计的监督职能

会计监督职能也称会计控制,是指会计人员在进行会计核算的同时,利用会计核算所提供的会计信息对特定对象经济业务事项的合法性、真实性、准确性、完整性进行审查。合法性,是指会计确认经济业务事项或生成会计资料的程序必须符合会计法律、法规和其他相关法律、法规的规定;真实性,是指会计计量、记录的经济业务事项必须是实际发生或按规定生成会计资料,避免会计资料因人为因素而失真;准确性,是指生产经营过程中产生的各种会计资料所记录的会计数据之间应当吻合;完整性,是指在会计核算过程中形成和提供的各种会计资料应当齐全。物业会计监督具有以下特点:

①物业会计监督是对经济活动全过程的监督。

②主要利用货币计价进行监督,也要进行实物监督。

③物业会计监督是单位内部的监督,是外部监督不可替代的。

物业会计核算和监督是物业服务企业会计的两个基本职能。核算是全部会计工作的基础,离开了核算,监督就失去了依据;同时,只有通过监督进行核算,才能保证为会计信息的使用者提供真实可靠的数据资料,离开了监督,核算就毫无意义。因此,会计的这两个基本职能是密切结合、相辅相成的。会计的这两个基本职能之间的关系,体现会计对物业服务企业的经济活动既要核算,又要监督,只有把核算和监督结合起来,才能发挥会计在经济管理中的作用。

随着生产力水平的日益提高、社会经济关系的日益复杂和管理理论的不断发展,会计所发挥的作用日益重要,其职能也在不断丰富和发展。除上述基本职能外,会计还具有预测经济前景、参与经济决策、评价经营业绩等功能。

【课堂活动】
竞赛报数

形式:5～10人。

时间:15分钟。

道具:无。

场地:不限。

目的:培养会计人员对数字的敏感性。

程序:

①所有人围成一圈,需要共同完成一件任务——数数;数数的规则是每人按照顺序一个人数一个数,从1数到50,遇到有7或7的倍数时,就以拍手表示,然后由原来的递时针顺序改为顺时针开始数。

②比如,开始按顺时针方向数到6以后,数7的人拍一下手。然后按递时针方向数8,当数到14的时候,拍一下手,方向又变为顺时针,依此类推,直到数到50。注意数到17,27,37,47时也要拍手,然后改变方向。

③数错的人可以罚表演节目或者分小组进行竞赛。

注意:

数到20,一般得练习几次以后,数到35就很费时间了,数到50的时候,一般是很难做到的。记数是会计人员的一项基本能力。

任务2 认识物业服务企业
会计核算的基本前提和一般原则

【知识准备】

1.2.1 物业服务企业会计核算的基本前提

会计对象的确定、会计政策的选择、会计数据的搜集都要以这一系列的基本前提为依据。物业服务企业会计核算的基本前提也称会计确认、计量和报告的基本假设。会计确认、计量和报告的基本假设是对会计核算所处的时间、空间环境所作的合理设定,包括:会计主体、持续经营、会计分期、货币计量、权责发生制。

1)会计主体假设

企业应当对其本身发生的交易或事项进行会计确认、计量和报告。

会计主体假设又称会计实体、会计个体假设,其基本含义是:会计确认、计量、报告是用来说明特定企业个体所发生的交易或事项的,对特定个体的各项生产经营活动的记录和反映应当与其所有者的活动、债权人的活动及交易对方的活动相分离。它明确了会计服务的空间范围。

2)持续经营假设

企业会计确认、计量和报告应当以持续经营为前提。

持续经营假设基本含义是:会计主体的经营活动将按照现在的形式和既定的目标无期限地继续下去,在可以预见的将来,会计主体不会进行清算,它所持有的资产按照预定的目的,在正常的经营过程中被耗用、出售或转让,它所承担的债务也将如期偿还。它明确了会计工作的时间范围,为物业服务企业进行会计核算提供了相对稳定的条件。

3)会计期间假设

企业应当划分会计期间,分期结算账目和编制财务会计报告。

会计期间假设的基本含义是:将一个企业持续不断的生产经营活动划分为一个个连续的、长短相同的期间,以便分期结算账目,分清各个会计期间的经营成果,按期编制会计报表。会计期间,分为年度和中期。中期是指短于一个完

6

整的会计年度的报告期间。我国《会计法》规定,会计年度自公历 1 月 1 日起至 12 月 31 日止。会计年度确定后,一般按日历确定会计季度和会计月度。

4)货币计量假设

企业会计应当以货币计量。

货币计量基本含义是:会计主体在会计核算过程中采用货币作为计量单位,确认、计量和报告会计主体的生产经营活动。

在货币计量前提下,物业服务企业的会计核算以人民币为记账本位币。业务收支以人民币以外的货币为主的物业服务企业,可以选定其中一种货币作为记账本位币,但是编报的财务会计报告应当折算为人民币。

5)权责发生制

企业应当以权责发生制为基础进行会计确认、计量和报告。

权责发生制又称"应计原则",即会计上对收入和费用应将其在实际发生影响的期间,而不是其发生现金收付的期间来确认。虽然企业的资源及其变动都会引起现金流动,但由于存在会计期间,现金实际收付的期间和资源实际变动的期间可能不一致。这样,在确认资产、负债、收入、费用时,就出现两种制度的选择:一是现金收付制,按照期间内实际收付的现金对相关项目进行确认、计量和报告;二是权责发生制,按照资源及其变动的发生期间来确认、计量和报告,即凡是当期已经实现的收入和已经发生的或应当负担的费用,不论款项是否收付,都应当作为当期的收入和费用;凡是不属于当期的收入和费用,即使款项已在当期收付,也不应当作为当期的收入和费用。

1.2.2　物业服务企业会计核算的一般原则

会计核算的基本原则是为规范会计核算行为,保证会计信息质量而制定的一般规则,物业会计核算的一般原则是进行会计核算的指导思想和衡量会计工作成败的标准,包括 13 项,按其在会计核算中的作用,可以分为 3 类:

1)衡量会计信息质量的一般原则

会计工作的基本任务就是为包括所有者在内的各方面提供经济决策所需要的信息。由于会计信息代表的是一定的经济利益关系,并且因会计信息公开披露,还会直接或间接造成一定的影响。因此,企业为了向财务会计报告使用者提供与公司财务状况、经营成果和现金流量等有关的会计信息,必然会对会计信息提出一系列质量要求。会计信息质量要求主要包括以下几个方面。

（1）真实可靠性与内容完整性

企业应当以实际发生的交易或事项为依据进行会计确认、计量和报告，如实反映符合确认和计量要求的各项会计要素及其他相关信息。会计工作提供信息的目的是为了满足会计信息使用者的决策需要，因此，会计核算应当做到内容真实、数字准确、资料可靠。

（2）可比性

可比性原则要求企业提供的会计信息应当具有可比性。同一企业不同时期发生的相同或者相似的交易或者事项，应当采用一致性的会计政策，不得随意变更。确需变更的，应当在附注中说明。不同企业发生的相同或者相似的交易或事项，应当采用规定的会计政策，确保会计信息口径一致、相互可比。

（3）相关性

企业提供的会计信息应当与财务会计报告使用者的经济决策需要相关，有助于财务会计报告使用者对企业过去、现在或者未来的情况作出评价或者预测。这里所说的相关性是指会计信息的预测价值、反馈价值和及时性。

（4）可理解性

可理解性也称为明晰性原则，要求企业提供的会计信息应当清晰明了，便于财务会计报告使用者理解和使用。

坚持明晰性原则，要求会计记录应当准确、清晰，填制会计凭证、登记会计账簿必须做到依据合法、账户对应关系清楚、文字摘要完整；在编制会计报表时，项目钩稽关系清楚、项目完整、数字准确。

（5）及时性

及时性要求企业对于已经发生的交易或者事项，应当及时进行会计确认、计量和报告，不得提前或延后。在会计核算过程中坚持及时性原则，一是要求及时收集会计信息，二是及时处理会计信息，三是及时传递会计信息。

（6）一贯性原则

一贯性原则要求企业的会计核算方法前后各期应当保持一致，不得随意变更。如有必要变更，应当将变更的内容和理由、变更的累积影响数以及累积影响数不能合理确定的理由等，在会计报表附注中予以说明。会计核算方法前后各期保持一致，便于对同一个企业前后各期相同指标的纵向对比。

2）确认和计量的一般原则

（1）权责发生制原则

权责发生制原则，要求企业的会计核算应当以权责发生制为基础。凡是当期已经实现的收入和已经发生或应当负担的费用,不论款项是否收付,都应当作为当期的收入和费用;凡是不属于当期的收入和费用,即使款项已在当期收付,也不应当作为当期的收入和费用。

(2)实际成本原则

实际成本原则也称历史成本原则,要求企业的各项财产在取得时应当按照实际成本计量,除另有规定,不得自行调整账面价值。其后,各项财产如果发生减值,应当按照规定计提相应的减值准备。

(3)配比原则

配比原则要求企业在进行会计核算时,收入与其成本、费用应当相互配比,同一会计期间内的各项收入和与其相关的成本、费用,应当在该会计期间内确认,以正确确认当期损益。

在会计核算工作中坚持配比原则有两层含义:一是因果配比,将收入与其对应的成本相配比;二是时间配比,将一定时期的收入与同时期的费用相配比。

(4)划分收益性支出与资本性支出原则

划分收益性支出与资本性支出原则,要求企业的会计核算应当合理划分收益性支出与资本性支出的界限。凡支出的效益仅与本会计期间(或一个营业周期)有关的,应当作为收益性支出;凡支出的效益与几个会计期间(或几个营业周期)有关的,应当作为资本性支出。

3)起修正作用的一般原则

(1)实质重于形式原则

在某些情况下,经济业务的实质与法律形式可能脱节,为此,实质重于形式原则要求企业应当按照交易或事项的经济实质进行会计确认、计量和报告,不应仅以交易或者事项的法律形式为依据。

(2)谨慎性原则

谨慎性原则要求企业在进行会计核算时,应当考虑企业的风险,对于不确定因素应当保持必要的谨慎,对可能发生的损失与费用应充分预计,不得多计资产或收益、少计负债或费用,不得设置秘密准备。谨慎性原则反映了会计人员对其所承担的责任的一种态度,它可以在一定程度上降低管理当局对企业通常过于乐观的态度所可能导致的危险。

(3)重要性原则

企业的会计核算应当遵循重要性原则的要求。在会计核算过程中对交易或事项应当区别其重要程度,采用不同的核算方式。对资产、负债、损益等有较大影响,并进而影响财务会计报告使用者据以作出合理判断的重要会计事项,必须按照规定的会计方法和程序进行处理,并在财务会计报告中予以充分、准确地披露;对于次要的会计事项,在不影响会计信息真实性和不至于误导财务会计报告使用者作出正确判断的前提下,可适当简化处理。

任务 3   会计要素划分与会计等式建立

【知识准备】

1.3.1   会计要素

为了具体实施会计核算,需要对会计核算和监督的内容进行分类。会计要素是指会计对象是由哪些部分所构成的,是会计对象按经济特征所作的最基本分类,也是会计核算对象的具体化。合理划分会计要素,有利于清晰地反映产权关系和其他经济关系。依据我国财政部颁布的《企业会计准则》,企业会计要素分为 6 项,即:资产、负债、所有者权益、收入、费用和利润。其中,资产、负债和所有者权益 3 项会计要素反映企业的财务状况;收入、费用和利润 3 项会计要素反映企业的经营成果。

1)资产

(1)资产的含义和特征

资产是指由过去的交易事项形成并由企业拥有或控制的能以货币计量,并能为企业提供未来经济利益的经济资源,包括各种财产、债权和其他权利。这一定义包含以下几方面特征:

①资产是由过去交易或事项形成的资源。也就是说,资产必须是现时资产,而不能是预期的资产,是企业在过去一个时期里,过去交易或事项所产生的结果。过去的交易或事项包括购买、生产、建造行为或其他交易或事项,预期在未来发生的交易或事项不形成资产。

②资产应当为企业所拥有或控制。即指企业享有某项资源的所有权,或者虽然不享有某项资源的所有权,但该资源能被企业所控制。这里的"拥有"是指企业拥有所有权,是所有者或债权人投入的,或是企业购入的;"控制"是指企业虽没有取得所有权,但在一定时期或一定条件下可以自主支配,如融资租入固

定资产。

③预期会给企业带来经济利益,是指直接或间接导致现金和现金等价物流入企业的潜力。预期不能带来经济利益的,就不能确认为企业的资产。

所谓经济资源是指能为企业提供未来经济利益的财权和财富。资产之所以是一种经济资源,在于它具有这种财权和财富的特征,在于它是企业通过当前或过去的生产和交换而取得的对它的使用和支配的权利,而且通过它的使用,能为企业提供未来的经济效益。例如现金、银行存款可以当作一种购买力去使用;应收账款是可以要求对方付款的一种权利;原材料、产成品等可以通过出售而转变为货币资金或某种债权,它们都是以资产形式存在的经济资源。

④资产能以货币计量。

(2)资产的确认

符合资产定义的资源,在同时满足以下条件时,可确认为资产:

①与该资源有关的经济利益很可能流入企业,即该资源有较大的可能直接或间接导致现金和现金等价物流入企业。

②该资源的成本或者价值能够可靠地计量,即应当能以货币计量。

对资产的确认,关键是要判断是否存在未来经济利益。任何一项资源,如果不具备未来经济利益,那么,即便企业过去为取得该项资产曾发生过巨额损耗,也不能确认为资产。例如实际上已没有任何价值的存货和老化的设备,已经无望收回的债权等,这些就不应该作为资产出现在资产负债表中。

(3)资产的分类

资产按流动性不同,分为流动资产、非流动资产。其中,流动资产是指预计在一个正常营业周期中变现、出售或耗用,或者主要为交易目的而持有,或者预计在资产负债表日起1年内(含1年)变现的资产,以及自资产负债表日起1年内交换其他资产或清偿负债的能力不受限制的现金或现金等价物。流动资产主要包括库存现金、银行存款、交易性金融资产、应收及预付款项、应收利息、应收股利、存货等。

非流动资产是指流动资产以外的资产,主要包括长期股权投资、投资性房地产、固定资产、在建工程、工程物资、无形资产、其他资产等。

长期股权投资是指持有时间准备超过1年(不含1年)的各种股权性质的长期投资。

固定资产是指为生产商品、提供劳务、出租或经营管理而持有的,使用寿命超过一个会计年度的有形资产。

无形资产是指企业拥有或控制的没有实物形态的可辨认非货币性资产。

其他资产是指除流动资产、长期股权投资、投资性房地产、固定资产、无形资产以外的其他资产,如长期待摊费用、递延所得税资产等。

2)负债

(1)负债的含义和特征

负债是指过去的交易或事项形成的、预期会导致企业经济利益流出企业的现时义务。这一定义包含以下几方面特征:

①负债是由过去交易或事项而产生的。也就是说,只有源于已经发生的交易或事项,会计上才有可能确认为负债。

②负债是企业承担的现时义务。现时义务是指企业在现时条件下已承担的义务。未来发生的交易或事项形成的义务,不属于现时义务,不应当确认为负债;现时义务的履行通常关系到企业放弃含有经济利益的资产,以满足对方的要求。

③负债通常是在未来某一时日通过交付资产(包括现金和其他资产)或提供劳务来清偿。

④负债一般有确切或合理估计的债权人和到期日。

(2)负债的确认

符合负债定义义务,在同时满足以下条件时,可确认为负债:

①与该义务有关的经济利益很可能流出企业。

②未来流出的经济利益的金额能够可靠地计量。

(3)负债的分类

负债按其流动性不同,分为流动负债和非流动负债。

流动负债是指预计在一个正常营业周期中清偿或者主要为交易目的而持有,或者自资产负债表日起1年内(含1年)到期应予以清偿或者企业无权自主地将清偿推迟至资产负债表日后1年以上负债。流动负债主要包括短期借款、应付账款、应付票据、其他应付款、应付职工薪酬、应付股利、应交税费等。

非流动负债是指流动负债以外的负债,主要包括长期借款、应付债券等。

3)所有者权益

(1)所有者权益的含义和特征

所有者权益是指企业资产扣除负债后由所有者享有的剩余权益。公司的所有者权益又称为股东权益。

相对于负债而言,具有以下特征:

①在一般情况下,所有者权益不像负债那样要偿还。除非企业发生减资、清算,否则企业不需要偿还给所有者。

②企业清算时,负债将优先偿还,而所有者权益只有在负债偿还后,才能得到返还。

③所有者权益能够分享利润,而负债不能参与利润的分配。

(2)所有者权益的来源

所有者权益作为企业所有者对企业净资产的所有权,它的数量及来源随着企业经营的性质及生产规模的变化而变动。

为了提供更全面更具有价值的有关所有者权益方面的信息,《企业会计准则——基本准则》将所有者权益的来源分成了3类列示。

①投资者投入资本,如实收资本、资本公积中的资本溢价等。

②直接计入所有者权益的利得和损失,是指不应计入当期损益、会导致所有者权益发生增减变动的、与所有者投入资本或者向所有者分配利润无关的利得或损失。

③留存收益,是指企业实现的利润扣除交纳的所得税、分发利润(或股利)和提取公积金后的余额,留于以后年度分配的利润或者尚未分配的利润。主要包括盈余公积和未分配利润两部分。

4)收入

(1)收入的含义和特征

收入是指企业在日常活动中形成的、会导致所有者权益增加的、与所有者投入资本无关的经济利益的总流入,包括商品销售收入、提供劳务收入和让渡资产使用权收入。收入具有以下3个基本特征:

①收入从企业的日常活动中产生,而不是从偶发的交易或事项中产生。如物业企业提供管理、服务、经营的收入。有些交易或事项也能为企业带来经济利益,但由于不是从企业的日常活动中所产生,就不属于企业的收入,如固定资产转让的收入。

②收入可能表现为企业资产的增加,如银行存款、应收账款等,也可能表现为企业负债的减少,如以商品或劳务抵偿债务,或者同时引起资产的增加或负债的减少,如以商品抵债的同时,收取部分现金作为补价。

③收入可能导致企业所有者权益的增加。因此,根据"资产－负债＝所有者权益"公式,企业取得收入一定能增加所有者权益。

④收入只包括本企业经济利益的流入,不包括为第三方或客户代收的

款项。

（2）收入的确认

收入只有在经济利益很可能流入从而导致企业资产增加或者负债减少,且经济利益的流入额能够可靠计量时才能予以确认。

（3）收入的分类

按企业经营业务的主次分类,可以分为主营业务收入和其他业务收入。

主营业务收入一般占企业收入的比重较大,对企业的经济利益产生较大的影响。在物业服务企业,主营业务收入是指为业主或物业使用人提供维修、管理和服务所取得的收入,即物业管理收入、物业经营收入、物业大修收入;其他业务收入是除主营业务收入以外的其他经济活动取得的收入,如房屋中介代销手续费收入、废品回收收入、无形资产转让收入等。

5）费用

（1）费用的含义和特征

费用是指企业在日常活动中发生的、会导致所有者权益减少的、与向所有者分配利润无关的经济利益的总流出。费用具有以下 3 个基本特征:

①费用最终将会减少企业的资源。这种减少具体表现为企业资金支出,从这个意义上说,费用本质上是企业经济利益的流出,它与资产流入企业所形成的收入相反。

②费用会减少企业的所有者权益。通常,企业的资金流入会增加所有者权益,相反,资金流出会减少企业的所有者权益,即形成企业的费用。

③费用可以表现为资产的减少,如耗用存货,也可能引起负债的增加,如负担利息,或者同时表现为资产的减少和负债的增加。

（2）费用的确认

费用只有在经济利益很可能流出从而导致企业资产减少或者负债增加,且经济利益的流出额能够可靠计量时才能予以确认。

（3）费用的分类

物业服务企业的费用,是指物业从事物业管理活动中,为物业产权人、使用人提供维修、管理、服务等过程中发生的各项支出。包括从事物业管理活动中发生的经营成本和期间费用。

6）利润

（1）利润的含义和特征

利润是指物业服务企业在一定会计期间的经营成果。利润可以及时反映企业在一定会计期间的经营业绩和获利能力,反映企业的投入产出效率和经济效益,是衡量企业经营业绩的重要指标,有助于企业投资者和债权人据此进行赢利预测,评价企业经营绩效,作出正确的决策。

利润具有以下特征:

①利润是企业一定会计期间的最终财务成果;

②利润是按配比性原则计量的;

③利润具有可操作性。

(2)利润的构成

利润包括收入减去费用后的净额、直接计入当期利润的利得和损失等。

直接计入当期利润的利得和损失是指应当计入当期损益的、会导致所有者权益发生增减变动的、与所有者投入资本或者向所有者分配利润无关的利得或者损失。

不同的企业有着不同的利润构成。物业服务企业的利润包括营业利润、营业外收支净额、所得税等组成部分。其中,营业利润是企业利润的重要来源,能够比较恰当地反映企业管理者的经营业绩,它营业收入减去营业成本、营业税费、期间费用(包括营业费用、管理费用和财务费用)、资产减值损失,加上公允价值变动净损益、投资净收益后的金额构成。营业利润加上营业外收入,减去营业外支出后的金额构成企业的利润总额。指利润总额减去所得税费用后的金额就是企业的净利润。

1.3.2 会计等式及其拓展

会计等式是指表明各会计要素之间内在经济联系的恒等式,也称为会计平衡公式。它是设置账户、复式记账和编制会计报表等会计核算方法的理论依据。

企业从事生产经营活动,必须拥有或控制一定数量和结构的、能满足其生产经营活动需要的资产,即能以货币计量并具有未来经济效益的经济资源。然而企业的资产不可能凭空形成,主要来源于所有者的投入和向债权人借入的资金。在会计上将企业资产的来源称为权益,它是指企业的资产提供者(所有者和债权人)对企业的资产所享有的索取权。其中,投资者的投入资本,对于企业来说形成所有者权益;债权人的借入资金,形成企业的负债。资产和负债、所有者权益是同一资金的两个不同方面,因而客观上存在必然相等的关系,二者相互依存、互为条件。资产不可能脱离权益而存在,没有资产,就没有有效的权益;从数量上看,有一定数额的资产,就必然有相同数额的权益。反之,有一定数额的权益,也必然有相同数额的资产。任何一个企业的资产总额与其权益总额必然相等。资产与权益之间这种客观存在的数量上的平衡关系,可以用下列等式表示:

$$资产 = 权益 = 负债 + 所有者权益$$

这一等式反映了资产、负债和所有者权益三个会计要素之间的联系和基本数量关系。这种数量关系表明了企业一定时点上的财务状况,因此上述等式也称为静态会计等式。

企业在生产经营过程中,除了发生引起资产、负债和所有者权益要素增减变化的经济业务外,还会取得收入,并为取得收入而发生相应的费用。收入和费用相配比,其差额即为企业的经营成果。收入大于费用的差额为企业的利润,反之为亏损。收入、费用和利润三者之间的关系,用公式表示如下:

$$收入 - 费用 = 利润$$

上述等式是从某个会计期间考察企业的最终经营成果而形成的恒等关系。它是从动态考察某一期间的利润是已实现的收入减去费用的差额,因此,称之为动态会计等式。

收入可以导致企业资产的增加或负债的减少,最终导致所有者权益的增加;而费用可导致资产的减少或负债的增加,最终导致所有者权益的减少。若收入大于费用,所有者权益将按确定的企业净利润额增加;若收入小于费用,所有者权益将按确定的企业净亏损额减少,也就是说企业的所有者要承担企业的盈亏。由于利润在未分配之前属于所有者权益,所以,一定时期的经营成果必然影响一定时点的财务状况。因此在会计期间观察企业 6 大会计要素之间的关系时,上述会计恒等式可进一步扩展为以下的会计等式:

$$资产 = 负债 + 所有者权益 + 利润$$
$$= 负债 + 所有者权益 + (收入 - 费用)$$

即 $$资产 + 费用 = 负债 + 所有者权益 + 收入$$

将会计基本等式与其扩展形式联系起来,有利于提示会计要素之间的内在联系和数量上的依存关系。

1.3.3　经济业务对会计等式的影响

物业企业在生产经营过程中发生的经济活动在会计上称为经济业务或叫做会计事项。随着各项经济业务的不断发生,必然引起有关会计要素发生增减变动。但这只是表现在数量上影响企业资产总额与负债和所有者权益总额的同时增减变化,并不能破坏这一基本平衡关系。无论企业的经济业务引起各项会计要素发生怎样的数量变动,都不会破坏会计等式的数量平衡关系,资产总额总是会等于权益总额。

【操作示范】

【例1.1】 设某物业服务企业月初资产与负债和所有者权益中的有关项目的金额及其平衡关系如表1.1所示:

表1.1 单位:元

资产	金额	负债	金额	所有者权益	金额
现金	40 000	短期借款	80 000	实收资本	500 000
银行存款	280 000	应付账款	220 000	资本公积	200 000
库存材料	80 000				
固定资产	600 000				
总计	1 000 000	=	300 000	+	700 000

假设该物业服务企业本月份发生下列经济业务:

①3日,用银行存款30 000元购买材料。

这项经济业务的发生,使企业的"银行存款"减少了30 000元,即由原来280 000元减少到250 000元;同时使企业的"库存材料"增加了30 000元,即由原来80 000元增加到110 000元。这项经济业务使企业的一项资产(库存材料)增加,另一项资产(银行存款)减少,增加和减少的金额相等。在企业资产项目中出现了相同数字(30 000元)的一增一减,企业的资产总额没有发生变化。同时,这项经济业务没有涉及负债和所有者权益项目,不会引起负债和所有者权益总额发生变化。因此,这项经济业务的发生不会破坏会计等式的平衡关系。其结果如表1.2所示:

表1.2 单位:元

资产	金额	负债	金额	所有者权益	金额
现金	40 000	短期借款	80 000	实收资本	500 000
银行存款	250 000	应付账款	220 000	资本公积	200 000
库存材料	110 000				
固定资产	600 000				
总计	1 000 000	=	300 000	+	700 000

②5 日,该物业服务企业向银行借入期限三个月的短期借款 120 000 元偿还以前欠供应单位的部分贷款。

这项经济业务的发生,使企业的"短期借款"增加了 120 000 元,即由原来的 80 000 元增加到 200 000 元;同时使企业的"应付账款"减少 120 000 元,即由原来的 220 000 元减少到 100 000 元。这项经济业务使企业的一项负债(短期借款)增加,另一项负债(应付账款)减少,增加和减少的金额相等。在企业负债项目中出现了相同数字(120 000 元)的一增一减,企业的负债总额不会发生变化。另外,这项经济业务没有涉及资产项目和所有者权益项目,不会引起资产总额和所有者权益总额发生变化。因此,这项经济业务的发生不会破坏会计等式的平衡关系。其结果如表 1.3 所示:

表 1.3 单位:元

资产	金额	负债	金额	所有者权益	金额
现金	40 000	短期借款	200 000	实收资本	500 000
银行存款	250 000	应付账款	100 000	资本公积	200 000
库存材料	110 000				
固定资产	600 000				
总计	1 000 000	=	300 000	+	700 000

③10 日,该物业服务企业将资本公积 50 000 元转增资本金。

这项经济业务的发生,使企业的"实收资本"增加了 50 000 元,即由原来的 500 000 元增加到 550 000 元;同时使企业的"资本公积"减少 50 000 元,即由原来的 200 000 元减少到 150 000 元。这项经济业务使企业的一项所有者权益(实收资本)增加,另一项所有者权益(资本公积)减少,增加和减少的金额相等。在企业所有者权益项目中出现了相同数字(50 000 元)的一增一减,企业的所有者权益总额不会发生变化。另外,这项经济业务没有涉及资产项目和负债项目,不会引起资产总额和负债总额发生变化。因此,这项经济业务的发生不会破坏会计等式的平衡关系。其结果如表 1.4 所示:

表1.4 单位:元

资产	金额	负债	金额	所有者权益	金额
现金	40 000	短期借款	200 000	实收资本	500 000
银行存款	250 000	应付账款	100 000	资本公积	200 000
库存材料	110 000				
固定资产	600 000				
总计	1 000 000	=	300 000	+	700 000

④11日,购买材料5 000元,货款未付。

这项经济业务的发生,使企业的"库存材料"增加了5 000元,即由原来的110 000元增加到115 000元;同时使企业的"应付账款"增加了5 000元,即由原来的100 000元减少到105 000元。这项经济业务使企业的资产总额和负债总额同时增加,增加的金额相等。另外,这项经济业务没有涉及所有者权益项目,不会引起所有者权益总额发生变化。因此,这项经济业务的发生不会破坏会计等式的平衡关系。其结果如表1.5所示:

表1.5 单位:元

资产	金额	负债	金额	所有者权益	金额
现金	40 000	短期借款	200 000	实收资本	500 000
银行存款	250 000	应付账款	105 000	资本公积	200 000
库存材料	115 000				
固定资产	600 000				
总计	1 005 000	=	305 000	+	700 000

⑤15日,投资人又向物业服务企业投入资本180 000元,存入银行。

这项经济业务的发生,使企业的"银行存款"增加了180 000元,即由原来的250 000元增加到430 000元,同时使企业的"实收资本"增加了180 000元,即由原来的500 000元增加到680 000元。这项经济业务使企业的资产(银行存款)和所有者权益(实收资本)同时增加,双方增加金额相等。因此,这项经济业务的发生不会改变会计等式的平衡关系。其结果如表1.6所示:

表1.6 单位:元

资产	金额	负债	金额	所有者权益	金额
现金	40 000	短期借款	200 000	实收资本	680 000
银行存款	430 000	应付账款	105 000	资本公积	200 000
库存材料	115 000				
固定资产	600 000				
总计	1 185 000	=	305 000	+	880 000

⑥18日,物业服务企业以银行存款偿还以前欠供应单位的部分货款80 000元。

这项经济业务的发生,使企业的"银行存款"减少了80 000元,即由原来的430 000元减少到350 000元,同时使企业的"应付账款"减少了80 000元,即由原来的105 000元减少到25 000元。这项经济业务使企业的资产(银行存款)和负债(应付账款)同时减少,双方减少金额相等。因此,这项经济业务的发生不会破坏会计等式的平衡关系。其结果如表1.7所示:

表1.7 单位:元

资产	金额	负债	金额	所有者权益	金额
现金	40 000	短期借款	200 000	实收资本	680 000
银行存款	350 000	应付账款	25 000	资本公积	200 000
库存材料	115 000				
固定资产	600 000				
总计	1 105 000	=	225 000	+	880 000

⑦25日,投资人甲退出投资,原投资额100 000元以银行存款支付。

这项经济业务的发生,使企业的"银行存款"减少了100 000元,即由原来的350 000元减少到250 000元,同时使企业的"实收资本"减少了100 000元,即由原来的680 000元减少到580 000元。这项经济业务使企业的资产(银行存款)和所有者权益(实收资本)同时减少,双方减少金额相等。因此,这项经济业务的发生不会破坏会计等式的平衡关系。其结果如表1.8所示:

表1.8 单位:元

资产	金额	负债	金额	所有者权益	金额
现金	40 000	短期借款	200 000	实收资本	580 000
银行存款	250 000	应付账款	25 000	资本公积	200 000
库存材料	115 000				
固定资产	600 000				
总计	1 005 000	=	225 000	+	780 000

⑧28 日,经批准将应付某单位货款 25 000 元转作实收资本。

这项经济业务的发生,使企业的"应付账款"减少了 25 000 元,即由原来的 25 000 元减少到 0 元,同时使企业的"实收资本"增加了 25 000 元,即由原来的 580 000 元增加到 605 000 元。这项经济业务使企业的负债(应付账款)减少,所有者权益(实收资本)增加,增减金额相等;另外,这项经济业务没有涉及资产项目,不会引起资产总额发生变化。因此,这项经济业务的发生不会破坏会计等式的平衡关系。其结果如表1.9所示:

表1.9 单位:元

资产	金额	负债	金额	所有者权益	金额
现金	40 000	短期借款	200 000	实收资本	605 000
银行存款	250 000	应付账款	0	资本公积	200 000
库存材料	115 000				
固定资产	600 000				
总计	1 005 000	=	200 000	+	805 000

物业服务企业在经营过程中所发生的经济业务是多种多样的,但从它们对企业会计要素的影响来看,可以概括为 4 类:

①一项资产增加,另一项资产减少,增减金额相等,如上述举例的第一笔业务。

②一项权益增加,另一项权益减少,增减金额相等,如上述举例的第二、第三、第八笔业务。

③资产与权益同时增加,双方增加金额相等,如上述举例的第四、第五笔

业务。

④资产与权益同时减少,双方减少金额相等,如上述举例的第六、第七笔业务。

以上4类经济业务的举例说明,企业每发生一项经济业务都会引起某一具体会计要素项目发生增减变动,并会同时引起相关的会计要素项目发生等量的增减变动。这些经济业务的发生对会计等式的影响不外乎两种情况:一是引起会计等式某一边内部项目有增有减,增减金额相等,相互抵消后,其原来的总额保持不变,如第一类和第二类经济业务;二是引起会计等式两边的对应项目同增同减,增减金额相等,等式双方以变动后的总额保持相等关系,如第三类和第四类经济业务。因此,无论发生什么样的经济业务,无论这些经济业务引起各项会计要素发生什么样的增减变动,最终都不会破坏会计等式的平衡关系。

拓展训练

一、复习思考题

1. 什么是会计要素?企业会计要素有哪几类?

2. 试述资产和权益的关系。

3. 什么是会计等式?会计等式有几种表达形式?各应怎样理解?

4. 企业经济业务对会计等式的影响可以划分为哪几种基本类型?如何理解经济业务对会计等式的影响?

二、单项选择题

1. 会计的基本职能是(   )。

    A. 反映和考核   B. 核算和监督

    C. 预测和决策   D. 分析和管理

2. 会计核算中主要采用的计量单位是(   )。

    A. 实物计量单位   B. 货币计量单位

    C. 时间计量单位   D. 劳动计量单位

3. 以下哪项不是我国常见的会计期间(   )。

    A. 1 月 1 日起至 12 月 31 日   B. 1 月 1 日起至 6 月 30 日

    C. 6 月 1 日起至 9 月 30 日   D. 2 月 1 日起至 2 月 28 日

4. 下列不属于会计核算专门方法的是(   )。

A. 成本计算与复式记账　　　　　　B. 错账更正与评估预测

C. 设置账户与填制、审核会计凭证　　D. 编制报表与登记账簿

5. 在会计核算的基本前提中,界定会计核算和会计信息的空间范围的是( )。

A. 会计主体　　　　　　　　　　B. 持续经营

C. 会计期间　　　　　　　　　　D. 货币计量

6. 持续经营是建立在( )基础上的。

A. 会计主体　　　　　　　　　　B. 权责发生制原则

C. 会计分期　　　　　　　　　　D. 货币计量

7. 企业的原材料属于会计要素中的( )。

A. 资产　　　　　　　　　　　　B. 负债

C. 所有者权益　　　　　　　　　D. 权益

8. 一项资产增加、一项负债增加的经济业务发生后都会使资产与权益原来的总额( )。

A. 发生同增的变动　　　　　　　B. 发生同减的变动

C. 不会变动　　　　　　　　　　D. 发生不等额的变动

9. 对会计对象的具体划分称为( )。

A. 会计科目　　　　　　　　　　B. 会计原则

C. 会计要素　　　　　　　　　　D. 会计方法

10. 经济业务发生仅涉及资产这一会计要素时,只引起该要素中某些项目发生( )。

A. 同增变动　　　　　　　　　　B. 同减变动

C. 一增一减变动　　　　　　　　D. 不变动

三、多项选择题

1. 会计核算的基本前提包括( )。

A. 会计主体　　　　　　　　　　B. 持续经营

C. 会计分期　　　　　　　　　　D. 货币计量

E. 权责发生制

2. 会计主体前提条件解决并确定了( )。

A. 会计核算的空间范围　　　　　B. 会计核算的时间范围

C. 会计核算的计量问题　　　　　D. 会计为谁记账问题

3. 利润是指企业一定会计期间在经济上所取得的经营成果包括( )。

A. 投资收益　　　　　　　　　　B. 营业利润

C. 利润总额　　　　　　　　　　D. 净利润

4. 下列属于非流动资产的有(　　　)。

A. 长期投资　　　　　　　　　　B. 固定资产

C. 无形资产　　　　　　　　　　D. 长期资产

5. 所有者权益包括(　　　)。

A. 长期投资　　　　　　　　　　B. 实收资本

C. 资本公积　　　　　　　　　　D. 未分配利润

6. 下列各种方法,属于会计核算方法的是(　　　)。

A. 填制和审核凭证　　　　　　　B. 登记会计账簿

C. 编制会计报表　　　　　　　　D. 编制财务计划

7. 下列等式中属于正确的会计等式是(　　　)。

A. 资产 = 权益

B. 资产 = 负债 + 所有者权益

C. 收入 − 费用 = 利润

D. 资产 + 负债 − 费用 = 所有者权益 + 收入

8. 企业的资产按流动性分为(　　　)。

A. 无形资产和其他资产　　　　　B. 固定资产

C. 流动资产　　　　　　　　　　D. 长期投资

9. 下列各项属于流动负债的是(　　　)。

A. 应付票据　　　　　　　　　　B. 应付账款

C. 未分配利润　　　　　　　　　D. 预提费用

10. 下列经济业务中,会引起会计等式右边会计要素发生增减变动的业务有(　　　)。

A. 以银行存款偿还前欠货款

B. 某企业将本企业所欠贷款转作投入资本

C. 将资本公积转增资本

D. 向银行借款,存入银行

四、判断题

1. 经济越发展,会计越重要。(　　　)

2. 会计是对经济活动进行连续、系统、全面地反映和监督的一个经济管理工具。(　　　)

3.会计主体与法律主体是同一概念。(　　)

4.资产、负债及所有者权益是经营成果的要素,收入、费用和利润是财务状况的要素。(　　)

5.所有者权益是指企业投资人对企业资产的所有权。(　　)

6.与所有者权益相比,债权人无权参与企业的生产经营、管理和收益分配,而所有者权益则相反。(　　)

7.资产、负债与所有者权益的平衡关系是反映企业资金运动的静态状况,如考虑收入、费用等动态要素,则资产与权益总额的平衡关系必然被破坏。(　　)

8.资产 = 负债 + 所有者权益,是静态的会计等式,而动态的会计等式则是:资产 = 负债 + 所有者权益 + (收入 − 费用)。(　　)

9.企业以银行存款购买设备,该项业务会引起等式左右两方会计要素发生一增一减的变化。(　　)

10.不管是什么企业发生何种经济业务,会计等式的左右两方金额永远不变,故永远相等。(　　)

五、练习书写阿拉伯数字

1.练习目的。

掌握阿拉伯数字的标准写法,做到书写规范、流利。

2.阿拉伯数字的标准写法(图 1.1)。

①字体要各自成形、大小均匀,排列整齐,字迹工整、清晰。

②有圆圈的数字,如 6,8,9,0 等,圆圈必须封口。

③字体要自右上方斜向左下方书写,倾斜度约为 55°。

④同一行的相邻数字之间要空出半个阿拉伯数字的位置。

⑤每个字要紧靠凭证或账表行格底线书写,字体高度约占行格高度的 1/2 或 1/3(行格较高的),以留出改错的空间。

⑥6 字要比一般数字向右上方长出 1/4,7 和 9 字要向左下方长出 1/4(过渡线)。

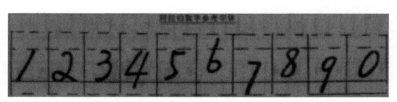

3. 练习要求

自开设本课程的第一周起,每周书写一页"会计数字练习用纸",至书写规范、流利为止。

六、分析题

1. 有下列会计要素的具体项目:现金、实收资本、低值易耗品、应付账款、银行存款、短期借款、资本公积、交易性金融资产、应收账款、预提费用、应付债券、待摊费用、应付票据、无形资产。

要求:指出哪些项目属于资产,哪些项目属于负债或所有者权益。

2. 某物业服务企业所属商贸公司于 2010 年 5 月 31 日的财务状况如下:

①库存现金 1 980 元。

②向银行借入的短期借款 150 000 元。

③银行存款结余额 163 000 元。

④各项固定资产价值 106 320 元。

⑤应付给供应单位的货款 48 000 元。

⑥应向购货单位收取的款项 34 000 元。

⑦库存的各种材料、用品价值 2 700 元。

⑧投资者投入资金 130 000 元。

要求:根据上述资料分别确定所属商贸公司的会计要素类别;分别加计资产、负债及所有者权益总额,并对结果做简要说明。

项目2 物业财务核算基础认知(二)

【知识目标】

理解会计科目和账户的概念、设置的意义及两者的关系;掌握借贷记账法的应用。掌握会计凭证的概念和分类,理解原始凭证和记账凭证之间的关系,掌握原始凭证和记账凭证的填制和审核;了解各种账簿的格式,掌握物业服务企业会计账簿的设置和账簿登记的规则,了解对账、结账、账项调整的内容和方法,掌握会计错账的更正方法。

【能力目标】

1.能够根据企业发生的经济业务设置账户;
2.会应用借贷记账法处理经济业务;
3.能够正确填制和审核会计凭证;
4.能够过账、记账、结账。

物业服务企业的会计核算是根据物业经营管理服务过程中经济业务的具体特点,遵循会计核算的一般原则,适应物业管理行业的要求而进行的。会计核算需要一整套专门的核算方法。企业会计核算方法主要有设置账户、复式记账、填制和审核会计凭证、登记会计账簿、成本计算、财产清查和会计报表。目前物业服务企业会计核算涉及的常用的专门方法主要有设置账户、复式记账、填制和审核会计凭证、登记会计账簿和会计报表。下面针对物业服务企业会计核算专门方法中的设置账户、复式记账、填制和审核会计凭证、登记会计账簿的基本内容进行着重介绍,为进一步学好物业服务企业经济业务核算打下基础。编制会计报表,形成财务报告安排在项目7做专门介绍。

任务1　物业服务企业会计科目与账户设置

【知识准备】

2.1.1　会计科目的概念与设置会计科目的意义

1)会计科目的概念

会计科目是对会计要素进行分类的项目。设置会计科目是会计核算的一种专门方法。

会计为了记录经济业务,提供会计信息,需要对会计对象按照一定的标准划分为若干个要素,我们称为会计要素。这是对会计对象的第一次分类,也是最基本的分类。但是,为了满足会计信息使用者进行决策和管理经济的需要,除了提供各个会计要素增减变化及其结果的总括资料外,还需要提供详细的资料。例如,固定资产和低值易耗品,它们虽然都属于资产,但两者的经济内容、在生产经营中的周转方式及作用都不同。因此,为了满足管理要求,在会计核算中,对于像固定资产、低值易耗品等性质、内容不同的各个会计要素项目,必须分门别类地进行核算和监督,这就要事先确定进行分类核算的项目名称,规定其核算内容,这就是设置会计科目。

2)设置会计科目的意义

会计科目是进行各项会计记录和提供各项会计信息的基础,在会计核算中具有重要意义。

①会计科目是复式记账的基础。复式记账要求每一笔经济业务在两个或两个以上相互联系的账户中进行登记,以反映资金运动的来龙去脉。

②会计科目是编制记账凭证的基础。记账凭证是确定所发生经济业务应计入何种科目以及分门别类登记账簿的凭据。

③会计科目为成本计算与财产清查提供了前提条件。会计科目的设置有助于成本计算,使各种成本计算成为可能;而通过账面记录与实际结存的核对,又称财产清查、保证账实相符提供了必备的条件。

④会计科目为编制会计报表提供了方便。会计报表是提供会计信息的主要手段,为了保证会计信息的质量及其提供的及时性,会计报表中的许多项目

与会计科目是一致的,并根据会计科目的本期发生额或余额填列。

2.1.2 会计科目的分类

1)按会计科目反映的经济内容分类

所谓会计科目的经济内容,就是会计科目核算和监督的会计对象的具体内容,也就是会计要素的具体项目。按经济内容对会计科目进行分类,最本质地体现了设置会计科目的科学性原则,是对会计科目最直接、最基本的分类。

按照会计等式"资产 = 负债 + 所有者权益"的要求,根据企业经济活动的具体特点和经济管理的需要,按企业会计制度规定,物业服务企业的会计科目分为资产类、负债类、所有者权益类、成本类和损益类(详见表2.1)。

按照规定,物业服务企业的会计核算执行《房地产开发企业会计制度》,财政部为了规范和加强物业服务企业的会计核算工作,就物业服务企业执行《房地产开发企业会计制度》有关问题专门做了补充规定,补充或补充说明的会计科目有:"预收账款""代收款项""其他应付款""代管基金""物业工程""主营业务收入""主营业务成本""其他业务收入""其他业务成本"。

2)按会计科目提供信息的详细程度分类

会计科目按提供核算指标的详细程度;可以分为总分类科目和明细分类科目。

总分类科目,也称总账科目,或称一级科目,是对会计对象的具体内容进行总括分类核算的科目,是进行总分类核算的依据。在会计核算上,企业应按照统一的会计制度的规定,根据总分类科目设置相应的总分类账户,所进行的核算称为总分类核算;所提供的核算指标是某类会计要素有关项目的总括性指标。

明细分类科目,也称明细科目,可以分为子目和细目。子目是根据管理的需要,在一级科目的基础上设置的,是对一级科目所属的经济内容作详细分类的会计科目。它提供的核算资料比一级科目详细。细目是对二级科目所属的经济内容再详细分类的会计科目。它提供的核算资料比二级科目详细。

物业服务企业可根据会计制度和本企业的具体情况设置。在实际工作中,大多数总账科目都要设置明细科目。例如,"经营收入"科目按收入的类型可设置"物业管理收入""物业经营收入"和"物业大修收入"3个二级科目,而"物业管理收入"按其组成内容又可设置"公共性服务费收入""公众代办性服务费收入"和"特约服务费收入"等三级科目。为了满足物业服务企业经营管理的需要,完成会计核算的任务,企业也可根据自身经营业务的特点开设明细科目。

表2.1 会计科目表

顺序号	名　　称	顺序号	名　　称
	一、资产类	32	在建工程
1	库存现金	33	工程物资
2	银行存款	34	固定资产清理
3	其他货币资金	35	无形资产
4	交易性金融资产	36	累计摊销
5	应收票据	37	无形资产减值准备
6	应收账款	38	商誉
7	预付账款	39	长期待摊费用
8	应收股利	40	递延所得税资产
9	应收利息	41	待处理财产损溢
10	其他应收款		二、负债类
11	坏账准备	42	短期借款
12	物资采购	43	应付票据
13	在途物资	44	应付账款
14	原材料	45	预收账款
15	材料成本差异	46	应付职工薪酬
16	库存商品	47	应交税费
17	发出商品	48	应付利息
18	商品进销差价	49	应付股利
19	委托加工物资	50	其他应付款
20	周转材料	51	预提费用
21	融资租赁资产	52	长期借款
22	存货跌价准备	53	应付债券
23	持有至到期投资	54	长期应付款
24	持有至到期投资减值准备	55	未确认融资费用
25	长期股权投资	56	预计负债
26	长期股权投资减值准备	57	递延所得税负债
27	投资性房地产		三、所有者权益类
28	长期应收款	58	实收资本
29	固定资产	59	资本公积
30	累计折旧	60	盈余公积
31	固定资产减值准备	61	本年利润

续表

顺序号	名　称	顺序号	名　称
62	利润分配	72	营业外收入
	四、成本类	73	主营业务成本
63	生产成本	74	其他业务成本
64	劳务成本	75	营业税金及附加
65	研发支出	76	营业费用
66	工程施工	77	管理费用
	五、损益类	78	财务费用
67	主营业务收入	79	资产减值损失
68	其他业务收入	80	营业外支出
69	汇兑损益	81	所得税费用
70	公允价值变动损益	82	以前年度损益调整
71	投资收益		

2.1.3　账户的概念与设置账户的意义

设置会计科目,就是在会计对象划分为会计要素的基础上,按照会计要素的具体内容进一步分类。为了序时地、连续地、系统地记录由于经济业务的发生而引起的会计要素的增减变动,提供各方面所需的会计信息,还应根据会计科目在账簿中设置账户。

账户是根据会计科目设置的,具有一定格式和结构,用来分类、连续地记录经济业务,反映会计要素增减变化及其结果的一种工具。设置账户是会计核算的重要方法之一。设置账户可以使人们进行记账时,把复杂的经济业务进行科学的分类,从而提供管理需要的数据资料;可以使整个会计记录形成一个总括和明细相结合的体系,全面、系统地反映企业的经济活动和财务收支。

2.1.4　账户的基本结构

账户是分类记录经济业务,反映会计要素的具体内容增减变化及其结果的。任何经济业务的发生,都会引起会计要素的具体内容发生变化,而且,这种变化不管多么错综复杂,从数量上看,无非是增加和减少两个方面,因而账户也分为左方、右方两个方向,一方登记增加,另一方登记减少。至于哪一方登记增加,哪一方登记减少,取决于所记录经济业务和账户的性质。登记本期增加的金额,称为本期增加发生额;登记本期减少的金额,称为本期减少发生额;增减相抵后的差额,称为余额,余额按照表示的时间不同,分为期初余额和期末余额,其基本关系如下:

期末余额 = 期初余额 + 本期增加发生额 − 本期减少发生额

在借贷记账法下,账户的左方称为"借方",右方称为"贷方"。账户的名称和借方、贷方构成了账户的基本结构。账户的名称规定了该账户记录和反映的特定经济内容,借方和贷方用来登记该项经济内容的增加或减少。

在学习中为了方便起见,账户的基本结构可用"T"字形账户表示,如图2.1所示。

借方　　　账户名称(会计科目)　　　贷方

图2.1　账户的基本结构

图2.1 只是账户结构的抽象图示,账户的具体格式还应包括账户名称、记录经济业务的日期、所依据记账凭证编号、经济业务摘要、增减金额、余额等,如表2.2 所示。

表2.2　账户的具体格式

年		凭　证		摘　要	借方	贷方	借或贷	余　额
月	日	种类	编号					

2.1.5　账户与会计科目的关系

1)两者的联系

会计科目与账户都是对会计对象具体内容的科学分类,两者口径一致,性质相同,会计科目是账户的名称,也是设置账户的依据,账户是会计科目的具体运用。没有会计科目,账户便失去了设置的依据;没有账户,就无法发挥会计科目的作用。

2)两者的区别

会计科目仅仅是账户的名称,不存在结构;而账户则具有一定的格式和结构。在实际工作中,对会计科目和账户不加严格区分,而是相互通用。

任务2 借贷记账法的应用

【知识准备】

2.2.1 记账方法

为了核算和监督会计对象,我们必须对会计对象的具体内容进行分类核算,即设置会计科目;为了分类连续记录经济业务,我们必须根据会计科目开设账户,用来分类连续记录经济业务,反映各个会计要素增减变化过程及其结果。在会计核算中,如何相互联系地记录经济业务的变化过程和结果,即如何将每项经济业务的来龙去脉都记录到账户中去,记录几个账户,记录以后是否能连续、系统地清晰地反映资金活动结果的客观情况,这就涉及一个记账方法问题了。所谓记账方法,就是指根据一定的记账原理,运用一定的记账符号和记账规则,在账簿中登记各项经济业务的方法。记账方法是否科学,直接影响到账簿记录的完整性和正确性。记账方法多种多样,从发展的过程看,随着社会经济的发展和计算方法的进步,记账方法也不断得到发展和完善。会计的记账方法按记账方式不同可以分为单式记账法和复式记账法两种。

所谓单式记账法是指对发生的经济业务一般只在一个账户中做单方面的登记,而且只记录现金的收付以及别人欠我、我欠别人的事项。这是一种比较古老的、简单的、不完整的记账方法。

复式记账法是对发生的每一项经济业务,都要以相等的金额在两个或两个以上相互联系的账户中进行登记的一种记账方法。任何一项经济业务的发生都会引起资金的双重(或多重)变化。为了全面反映每一项经济业务引起的这种双重(或多重)变化,就必须在两个或两个以上相互联系的账户中同时以相等的金额加以记录,这就是复式记账法。采用复式记账法,能够获得完整的信息资料,能够全面、系统地反映经济业务的来龙去脉,有利于进行试算平衡,以检查账户记录的正确性。因此,复式记账法是一种科学的记账方法,它已被世界各国广泛采用。复式记账法包括借贷记账法、增减记账法、收付记账法等许多种,它们的理论依据不尽相同,在记账符号、账户分类、账户结构、记账规则以及试算平衡等方面都有所不同。我国企业会计准则中要求企业进行会计核算时采用借贷记账法。因此,物业服务企业的会计核算统一采用借贷记账法。借贷记账法也是当今世界通用的复式记账法。

2.2.2 借贷记账法

借贷记账法是以"借""贷"为记账符号,以"有借必有贷,借贷必相等"为记账规则,对每一项经济业务在两个或两个以上的账户中,以借贷相等的金额全面地、相互联系地进行记录的一种复式记账法。

借贷记账法是以会计等式"资产 = 负债 + 所有者权益"或"资产 = 权益"为理论依据,也就是说,对发生的每一项经济业务,依据会计等式,都能以相等的金额,在两个或两个以上的相关账户中进行登记。

1)记账符号与账户结构

"借""贷"二字起源于中世纪的意大利。"借""贷"二字的含义最初是从借贷资本家的角度来解释的,即用来表示债权(应收款)和债务(应付款)的增减变动。随着商品经济的发展,经济活动的范围日益扩大,记账内容也随之有所扩大,"借""贷"二字就逐渐失去了其原来的含义而转为一种单纯的记账符号,变成一种专门的会计术语。现在讲的借、贷是沿用旧的会计术语,作为记账符号使用,用以表示在账户中的两个对立的记账部位和登记方向。至于"借"表示增加还是"贷"表示增加,则取决于账户的性质及结构,如表2.3所示。

表2.3 账户类型及结构

账户类型	借方	贷方	当期期末余额方向
资产类	增加	减少	一般在借方
负债类	减少	增加	一般在贷方
所有者权益类	减少	增加	贷方
成本、费用类	增加	减少	借方或无余额
收入	转出	增加	无余额

2)记账规则

借贷记账法以"有借必有贷,借贷必相等"为记账规则。

在借贷记账法下,一笔完整的记录,要求记入一个或几个账户的借方,同时记入另一个或几个账户的贷方,记入借方的数额同记入贷方的数额必须相等。

3)会计分录

(1)会计分录的概念

会计分录是指运用复式记账的原理,对每项经济业务指出应登记的账户和应借、应贷金额的一种记录方式。会计分录包括账户的名称即会计科目、记账符号和金额3个要素。

(2)会计分录的分类

按照会计分录中所涉及的账户的多少,分为简单会计分录和复合会计分录。简单会计分录是指只涉及一个账户借方和另一个账户贷方的会计分录,即一借一贷的会计分录。复合会计分录是指由两个以上(不含两个)对应账户所组成的会计分录,即一借多贷、一贷多借或多借多贷的会计分录。一般来讲,复合会计分录可以分解为若干简单会计分录。

(3)会计分录的编制步骤

第一,分析经济业务涉及的是资产(费用、成本)还是权益(收入);

第二,确定涉及哪些账户,是增加还是减少;

第三,确定记入哪个(或哪些)账户的借方、哪个(或哪些)账户的贷方;

第四,确定应借应贷账户是否正确,借贷方金额是否相等。

编制会计分录时,习惯上先标借方、后标贷方,每一个会计科目占一行,借方与贷方错位表示,以便醒目、清晰。

4)过账与试算平衡

各项经济业务编制会计分录以后,即应记入有关账户,这个记账步骤通常称为"过账"。过账以后,一般要在月终进行结账,即结算出每个账户的本期发生额和期末余额。为了检验一定时期内所发生的经济业务在账户中记录的正确性,在会计期末应进行账户的试算平衡。所谓试算平衡,是指根据资产与权益的恒等关系以及借贷记账法的记账规则,检查所有账户记录是否正确的过程。

由于借贷记账法是以"资产 = 负债 + 所有者权益"为理论依据,以"有借必有贷,借贷必相等"的记账规则进行记账,这就保证了每一项经济业务所编制的会计分录的借贷两方发生额相等,在一定时期内,所有账户的借贷方发生额合

计数必然保持平衡,所有账户的借方期末余额合计数与贷方期末余额合计数也必然保持平衡。这些平衡关系,可用公式表示如下:

全部账户的期初借方余额合计 = 全部账户的期初贷方余额合计

全部账户的本期借方发生额合计 = 全部账户的本期贷方发生额合计

全部账户的期末借方余额合计 = 全部账户的期末贷方余额合计

根据账户之间的平衡关系,可以进行试算平衡,以检查有关账户记录之间的方向及金额是否正确。试算平衡工作一般是通过编制试算平衡表完成的,试算平衡表的格式见表2.4。

表 2.4   总分类账发生额及余额试算平衡表

2010 年 1 月 31 日   单位:元

账户名称	期初余额		本期发生额		期末余额	
	借方	贷方	借方	贷方	借方	贷方
银行存款	70 000		120 000	12 500	177 500	
低值易耗品	71 000		15 000		86 000	
固定资产	100 000		30 000		130 000	
应付账款		128 500		5 000		133 500
应交税费		2 500	2 500			
实收资本		110 000		150 000		260 000
合　计	241 000	241 000	167 500	167 500	393 500	393 500

必须指出,试算平衡只是通过借贷金额是否平衡来检查账户记录是否正确。如果试算平衡表中的借贷不平衡,可以肯定账户记录有错误,这些错误主要有以下几种情况:计算试算平衡表中的合计数时出现错误、从账户中将本期发生额及余额过入试算平衡表时出现错误、根据会计分录登记账户时出现错误、编制会计分录出现的借贷方金额不相等的错误等,应及时予以查明纠正。但如果试算平衡表中的借贷方金额会平衡,还不能绝对肯定账户的记录是完全正确的。因为有几种错误是不会影响借贷方金额的,是通过试算平衡检查不出来的。例如,某项经济业务在有关账户中完全重复登记或者遗漏;又如在登记账户时借贷方金额同时多记或少记;在编制会计分录时会计科目用错;确定记账方向时借贷方向颠倒,应记借方的记入贷方,应记贷方的记入借方;某项经济

业务在登记账户时,错记账户;借贷一方发生相互抵消的错误等。这些错误,并不影响试算平衡表中本期发生额和余额合计数的平衡,因而表面上会给人造成账户记录正确的假象。因此,应对会计记录进行日常或定期的复核,以保证账户记录的正确无误。

5)账户的平行登记

(1)总分类账户和明细分类账户

总分类账户是按照会计要素的类别,根据总分类科目来设置,并提供各种总括分类的核算资料的账户,它是编制会计报表的主要依据。对各项经济业务在总分类账户中进行的核算,叫做总分类核算。

但是,总分类账户不能提供各项会计要素的增减变动和结果,也没有实物指标,不可能对各种实物资产的动态进行核算和监督。同时,总分类账户无法提供各种经营过程进行情况的详细资料,因而不能满足管理上的具体需要。因此,在设置和应用总分类账户的同时,还必须设置和应用明细分类账户。

明细分类账户是根据明细分类科目设置的,提供各种具体的、详细的分类核算资料的账户。它是根据某一总分类账户的核算内容,按照实际需要所做的更加详细的分类和补充说明。例如,为了具体掌握企业与各供货单位之间的货款结算情况,就要在"应付账款"总分类账户下,按各供货单位的名称,分别设置明细分类账户;为了具体掌握各种材料的收发、结存情况,就要在"库存材料"总分类账户下,按照材料的品名和规格,分别设置明细分类账户。

(2)总分类账户与明细分类账户的平行登记

在会计核算工作中,为了满足各方面对会计信息的不同需要,不仅要通过总分类账户提供总括的核算指标,而且还要通过明细分类账户提供详细的核算指标。总分类账户和明细分类账户所记录的经济业务内容是相同的,所不同的是提供的核算指标的详细程度不同。因此,总分类账户与其所属的明细分类账户的关系是:总分类账户提供的核算资料对所属明细分类账户起着统驭的作用,每个总分类账户对其所属的明细分类账户进行综合和控制。设有明细分类账户的总分类账户,也称统驭账户。而明细分类账户提供的详细核算资料,对总分类账户起着补充说明的作用,每个明细分类账户都是对统驭账户核算内容的必要补充,也称被统驭账户。

根据总分类账户与其所属的明细分类账户之间的上述关系,在会计核算中,为了便于账户记录的核对,保证会计核算资料的完整性和正确性,总分类账户与其所属的明细分类账户必须采用平行登记的方法。

所谓平行登记,就是对发生的每项经济业务,不但要记入有关的总分类账户,设有明细分类账户的,还要记入有关明细分类账户。

总分类账户与明细分类账户平行登记的要点如下:

①同时登记。对于每项经济业务,必须依据相同的凭证,在同一会计期间内既记入有关的总分类账户,又记入该总分类账户所属的明细分类账户。登记总分类账户和明细分类账户不能根据对方记录进行转记,以便总账和明细账之间能够互相验证和核对。

②同向登记。对于每项经济业务,在总分类账户和所属明细分类账户中进行登记时,其记账方向(借方或贷方)必须一致,即记入总分类账户的借方(贷方),同时记入明细分类账的借方(贷方)。

③等额登记。对于每项经济业务,记入总分类账户中的金额,必须与记入所属明细分类账户中的金额之和相等。

只有符合上述要求才能使总分类账户的记录和明细分类账户的记录保持一致。总分类账户和明细分类账户平行登记所产生的数量关系可用公式表示如下:

总分类账户本期发生额 = 所属明细分类账户本期发生额合计

总分类账户期末余额 = 所属明细分类账户期末余额合计

在会计核算过程中,通常利用这种相等关系来检查总分类账户和明细分类账户记录的完整性和正确性。

【操作示范】

【例2.1】 假定某物业服务企业2010年1月1日总账各账户的期初余额如表2.5所示。

表2.5　　　　　　　　　　　　　　　　　　　单位:元

资产类科目		负债及所有者权益类科目	
银行存款	70 000	应交税费	2 500
低值易耗品	71 000	应付账款	128 500
固定资产	100 000	实收资本	110 000
合　计	241 000	合　计	241 000

该公司1月份发生下列经济业务:

①收到山水公司投入资本 500 000 元存入银行。

记账时,对该项经济业务可分析如下:

该项经济业务属于资产与权益同增的类型,一方面使物业服务企业的资产——银行存款增加,应记入"银行存款"账户的借方;另一方面使所有者权益——实收资本增加,应记入"实收资本"账户的贷方,有关账务处理如下:

借:银行存款　　　　　　　　　　　　　　500 000
　　贷:实收资本　　　　　　　　　　　　　　500 000

②以银行存款 2 500 元上交税金。

该项经济业务属于资产与权益同减的类型,一方面使物业服务企业的资产——银行存款减少,应记入"银行存款"账户的贷方;另一方面使物业服务企业的负债——应交税金减少,应记入"应交税费"账户的借方,有关账务处理如下:

借:应交税费　　　　　　　　　　　　　　2 500
　　贷:银行存款　　　　　　　　　　　　　　2 500

③购入低值易耗品 12 500 元,其中 10 000 元货款以银行存款支付,其余 2 500元货款尚未支付。

该项经济业务涉及一个账户的借方和几个账户的贷方,一方面使物业服务企业的资产——低值易耗品增加,应记入"低值易耗品"账户的借方;另一方面使物业服务企业的资产——银行存款减少,以及物业服务企业的负债——应付账款增加,应记入"银行存款"和"应付账款"账户的贷方,有关账务处理如下:

借:低值易耗品　　　　　　　　　　　　　12 500
　　贷:银行存款　　　　　　　　　　　　　　10 000
　　　　应付账款　　　　　　　　　　　　　　2 500

④收到东方股份有限公司投入货币资金 120 000 元存入银行,投入全新机器一台,价值 50 000 元。

该项经济业务涉及一个账户的贷方和几个账户的借方,一方面使物业服务企业的资产——银行存款和固定资产增加,应记入"银行存款"和"固定资产"账户的借方;另一方面使所有者权益——实收资本增加,应记入"实收资本"账户。

借:银行存款　　　　　　　　　　　　　　120 000
　　固定资产　　　　　　　　　　　　　　50 000
　　贷:实收资本　　　　　　　　　　　　　　170 000

以上所举的例子可以说明,无论是引起资产和权益同时增加或减少的经济业务,还是引起资产内部或权益内部项目此增彼减的经济业务,也无论是只涉及两个账户的简单经济业务还是涉及两个以上账户的复杂经济业务,在借贷记账法下,都必须按"有借必有贷,借贷必相等"的记账规则记账。

【例2.2】 根据【例2.1】资料开设账户并过账,同时,结出各账户的余额,如表2.6至表2.11所示。

表2.6

借方	银行存款	贷方
期初余额 70 000		
① 500 000	② 2 500	
④ 120 000	③ 10 000	
本期发生额 620 000	本期发生额 12 500	
期末余额 677 500		

表2.7

借方	低值易耗品	贷方
期初余额 71 000		
	③ 12 500	
本期发生额 12 500	本期发生额 0	
期末余额 677 500		

表2.8

借方	固定资产	贷方
期初余额 100 000		
④ 50 000		
本期发生额 50 000	本期发生额 0	
期末余额 150 000		

表2.9

借方	应交税费	贷方
		期初余额 2 500
② 2 500		
本期发生额 2 500	本期发生额 0	
		期末余额 0

表2.10

借方	应付账款	贷方
		期初余额 110 000
		③ 2 500
本期发生额 0	本期发生额 2 500	
		期末余额 131 000

表2.11

借方	实收资本	贷方
		期初余额 110 000
		① 500 000
		④ 170 000
本期发生额 0	本期发生额 670 000	
		期末余额 780 000

【例2.3】 根据【例2.2】资料编制总分类账户发生额及余额试算平衡表,

如表 2.12 所示。

表 2.12　总分类账户本期发生额及余额试算平衡表　　　单位:元

账户名称	期初余额		本期发生额		期末余额	
	借方	贷方	借方	贷方	借方	贷方
银行存款	70 000		620 000	12 500	677 500	
低值易耗品	71 000		12 500		83 500	
固定资产	100 000		50 000		150 000	
应付账款		128 500	0	2 500		131 000
应交税费		2 500	2 500	0		0
实收资本		110 000	0	670 000		780 000
合　计	241 000	241 000	685 000	685 000	911 000	911 000

【拓展阅读】

借贷记账法的产生

据有关史料的记载和会计史学家的考证,借贷记账法最初大约产生于12—13 世纪资本主义开始萌芽的意大利北部城市佛罗伦萨。当时佛罗伦萨商业比较发达,银钱借贷频繁。钱庄主为了记清楚账目,把整个账簿分为应收账款和应付账款。不过那时的记账方法基本上还是单式记账,复式记账还处于萌芽阶段,账户也只是叙述式的。后来,这种记账方法传到了热那亚。热那亚人对该方法进行了改进,将每个账户都分为左右两边,分别用借方和贷方表示。在应收账款账户下,账户的借方登记别人欠我的,贷方登记别人还我的,借方减去贷方后的差额表示还有多少尚未收回的账款;在应付账款下,贷方登记我欠别人的,借方登记我还别人的,贷方减去借方后的差额表示还有多少尚未偿还的款项。后来,在保留债权、债务的基础上,又加入了商品及现金账户,并且采用复式记账。凡购买商品和收回现金都记入账户的借方,卖出商品或支付现金都记入账户的贷方。之后该方法传到了意大利名城威尼斯,威尼斯商人在此基础上进行了进一步的改进,又加入了收入、费用等损益账户和资本(权益)账户。出售商品不再直接减少商品账户中的金额,而要先记入收入账户的贷方,到了月末再一笔汇总出库,贷记商品账户以减少其金额,同时将其金额转入商品成本账户。收入要从收入账户的借方定期转入利润账户的贷方。费用支出也不再直接减少利润,而要先记入费用账户的借方,月末也要从费用账户的贷方一笔转入利润账户的借方。收入和成本、费用都具有归集或汇总、过渡的性质,被称为暂记性账户,它们最终都要转入利润账户,利润账户的贷方减去借方就是经营所得。利润账户也具有汇总和过渡性质,最终也要归集到资本(权益)账户。资本(权益)账户是用来登记投资人权益的,其主要功能就是用来反映资本的增值。美国著名会计学家认为收入、费用和资本账户的使用是复式记账的基础,这些账户称为"经济账户"。由于增加了收入、费用、成本和资本账户,复式记账开始完善起来,从而适应了商人的需要。当时称该方法为意大利式借贷记账法,也称为威尼斯记账法。1494年,意大利数学家、传教士卢卡·巴其阿勒出版了《算术、几何、比及比例概要》一书。该书详细介绍了这种记账方法。

卢卡·巴其阿勒于1445年诞生于托斯卡纳地区一座名叫博尔戈·圣塞波尔克罗的小镇。他从该镇方济各会修道士那里接受普通教育和宗教培训。1465—1470年,年仅20岁的卢卡·巴其阿勒来到威尼斯担任一位富商的三个儿子的家庭教师。在这段时间里,他除了授课外,还学习数学,并掌握了商业和簿记知识。此后,他离开威尼斯,开始在佩鲁贾大学、罗马、威尼斯、那不勒斯、帕多瓦、比萨、乌尔比诺等地讲授数学课程并成为方济各会的修道士,完成了相当于博士学位的大学教育,还完成了四本数学论著。1494年,年近50岁的卢卡·巴其阿勒从乌尔比诺回到威尼斯,出版了他的第五本专著《算术、几何、比及比例概要》一书。卢卡·巴其阿勒博学多才,曾是米兰卢多维科·斯福尔扎家教授宝座的第一个任职者、比萨大学的数学教授、圣塞波尔克修道院的院长。他从讲授几何学、宗教、医学、建筑、绘画、雕刻、音乐、法律和语法之间的关系开始,在威尼斯向数百名听众讲授数学知识。在当时,卢卡·巴其阿勒的《算术、几何、比及比例概要》是作为数学知识的摘要和一般入门书而编著的。为了让初学者易于理解和应用,卢卡·巴其阿勒在《算术、几何、比及比例概要》一书中详细地论述了商业会计的实务,并且反复强调了作为复式簿记程序基础的二重性、综合性和均衡性特征。该书由5个论题组成:①代数和算术;②代数和算术在商业中的应用;③簿记;④货币和兑换;⑤纯粹几何学和应用几何学。其中簿记部分题为《计算与记录要论》,共36章,是"为及时向商人们提供关于资产和负债的信息"而编排的。

卢卡·巴其阿勒在《计算与记录要论》的第一章中,介绍了商人成功的三项必要事项,即足够的现金和坚守信用;优秀的簿记员和可以一见就能判明企业状况的会计制度。他认为，商人在开始营业之前，首先应编制包括企业和私人全部资产与负债的财产目录，而且应最先反映价值昂贵，又易丢失的现金和贵重金属。这种财产目录应在同一天内编制完毕，并按时价估价资产。

卢卡·巴其阿勒的会计制度是以日记账、分录账和总账为基础的。日记账是按经济业务发生的顺序由办事员用文字叙述式会计记录法加以反映的，从某种程度上讲相当于现在原始凭证的作用。而分录账则是商人们为了保密，将财产目录中的全部项目直接记入的私人账簿。分录账由文字叙述式的借方和贷方以及加以说明的段落组成。在每一笔记录的上方中央应标明日期；用"借方"用语表示债务人，并用两根平行斜线"//"分开借方和贷方，然后用"贷方"用语表示债权人，最后，反映汇总日记账的说明。每笔经济业务的金额应依次记录在该页的右侧。卢卡·巴其阿勒在第2章中第一次设置了区分现金和资本的分录账，介绍了做成这种分录账的方法，并提出现金不得出现贷方余额，财产目录和日记账的各项目均应按经济业务的发生顺序，有秩序地记入分录账。

在第13～16章中，卢卡·巴其阿勒还介绍了总账。这种账簿是卢卡·巴其阿勒介绍的3种账簿中与现代账簿最相似的一种。他认为，应在每一个总账上记录人名和页数，并按字母顺序附上索引或目录。总账记录采用最简洁的文字叙述式会计记录法，账户科目记在每一页的上部，借方项目和贷方项目分别以用语"deve dare"和"deve avere"记入账页的左侧和右侧。簿记员在设置总账账页并按罗马数字在每一页的右上方记录年份以后，应像最初登记分录账一样，将现金作为借方记入账页。可见，卢卡·巴其阿勒确立了账簿和会计的基本框架。接着，卢卡·巴其阿勒论述了商人们经常遇到的专业问题和经济业务的种类以及这些业务发生后的记账方法。他还介绍了会计账簿的结账和决算过程。按威尼斯式方法，一次短期投机交易一结束，就应该将有关账户结账，并将余额往损益账户结转，损益账户的余额应随时往资本账户结转。为了发现工作差错，卢卡·巴其阿勒鼓励进行年度决算，他认为这项工作很有必要，哪怕旧总账还没有记完，也应该进行决算并设置新总账。关于这一点，卢卡·巴其阿勒认为应经过两个阶段进行。第一阶段，首先由助手大声朗读分录账的各项记录事项，资本主拿着总账与之核对，进行比较探讨，并按印以示核对完毕。核对无误后，结清旧总账并设置新总账。所有的资产和负债账户都应结转，其余额往新账簿结转。然后，将费用和收益账户往损益账户结转，再将损益账户往资本账户结转；最后，通过结账将资本账户余额记入新账户。这一过程应在一日内完成，期间不得进行任何新的记录。第二阶段，编制试算表。卢卡·巴其阿勒的会计循环以试算表结束。簿记员应将旧总账中所有的借方金额合计和贷方金额合计分别列在一张纸的左右两侧,然后分别汇总,进行"总计"。如果两者相等,则表明旧总账是正确的;如果两者不相等,则表明记录有错,应积极查找错误并进行更正。

卢卡·巴其阿勒论述的转账的表示、日期的位置、总账和分录账的记录规则在数百年的时间里一直被人们所采用。《算术、几何、比及比例概要》的发表,将威尼斯实务的本质内容公诸于众,使以往主要通过徒弟制度和雇员调动工作来传播的会计知识,迅速得以普及。在《算术、几何、比及比例概要》出版后的100年内,已被译成五国语言。意大利人、英国人、荷兰人和德国人编制的会计著作均以《计算与记录要论》为基础,详细地论述了复式簿记,从而使"意大利式簿记法"的知识在整个欧洲广为普及。随着美洲大陆的发现和与东方贸易路线的打通,政治和商业霸权开始从地中海沿岸转向大西洋沿岸;加上民族国家的建立导致了一套更统一的货币制度的产生,阿拉伯数字取代了罗马数字,纸张的普及使用,使借贷记账法在整个意大利、欧洲,以致全球广为流传并逐渐成为国际上通用的一种记账方法。

可见,《算术、几何与比例概要》一书的出版,为推动复式簿记在整个欧洲和全球范围的普及奠定了基础,该著作的出版标志着借贷记账法的产生。

任务3　会计凭证的填制与审核

【知识准备】

2.3.1　会计凭证的概念与种类

1)会计凭证的概念

会计凭证,是指记录经济业务、明确经济责任的书面证明,是登记账簿的重要依据。

填制和审核会计凭证是会计核算工作的基础,是监督经济活动与财务收支的必要过程。根据客观性原则的要求,在会计核算中,物业服务企业、事业和机关等单位处理任何一项经济业务,都必须以完成经济业务的人员和会计人员填制的会计凭证为依据。所有会计凭证都要经过会计部门的审核,只有经过审核无误的会计凭证,才能作为经济业务的证明和登记账簿的依据。

2)会计凭证的种类

会计凭证按其填制程序和用途不同,可以分为原始凭证和记账凭证。

(1)原始凭证

原始凭证又称单据,是在经济业务发生时或完成时取得或填制的,用来载明经济业务具体内容、执行和完成情况,具有法律效力的原始书面证明。它是组织会计核算的原始资料和重要依据。

原始凭证在会计主体的经济活动中起着重要的作用。通过原始凭证证明经济业务的真实性、正确性,监督经济活动的合法性,反映资金的循环周转,并以此确定经办业务的部门和人员的法律经济责任,为下一步的会计核算工作提供原始资料。

原始凭证形式繁多,为了方便使用,通常按原始凭证的来源、填制方法、用途,格式等不同标准进行分类。

①原始凭证按其来源不同,可分为外来原始凭证和自制原始凭证两种。

外来原始凭证,是指同外单位发生经济往来时取得的凭证。如购买货物时取得的增值税专用发票、普通发票、提货单,以及对外支付款项时取得的各种银行结算凭证、各种火车票、飞机票,等等。

自制原始凭证是由本单位有关人员自制的凭证。常用的自制凭证有:购入物料验收入库时,由仓库保管员填制的入库单;使用部门从仓库领用物料时填写的出库单;出差人员填报的差旅费报销单;工资结算时的工资单,等等。

②原始凭证按其填制方法不同,可分为一次凭证、累计凭证、汇总原始凭证。

一次凭证是指对一项经济业务或若干项同类经济业务,在其发生或完成时一次填制完成的原始凭证。外来原始凭证通常都是一次凭证。自制原始凭证大部分也是一次凭证。

累计凭证是指在一定时期内,连续记载若干同类经济业务,并根据其累计数作为记账依据的原始凭证。累计凭证的填制手续随着经济业务的发生分次进行,如限额领料单等。

汇总原始凭证是指对一定时期内反映经济业务内容相同的若干张原始凭证,按照一定标准综合填制的原始凭证。"收料汇总表""发料汇总表""工资结算汇总表"等都属于汇总原始凭证。编制汇总原始凭证的主要目的是简化和减少记账凭证的编制工作。

③原始凭证按其用途不同,可分为通知凭证、执行凭证和计算凭证。

通知凭证是指要求、指示或命令企事业单位进行某项经济业务的原始凭证,如"罚款通知书"等。

执行凭证是指某项经济业务已经完成的原始凭证,如"销货发票""领料单"等。

计算凭证是指对已进行或完成的经济业务进行计算而编制的原始凭证,如"制造费用分配表""产品成本计算单"等。

④原始凭证按其格式不同,可分为统一凭证和专用凭证。

统一凭证是指在一定范围内具有统一格式的凭证。这里的一定范围可以是全国,也可以是某省、市、地区或某系统。如全国统一使用的"银行承兑汇票",某地区统一印制使用的"收款收据"等。

专用凭证是指一些单位具有特定内容和专门用途的原始凭证,如"增值税专用发票"等。

不能证明经济业务发生和完成情况的文件单据,如"材料请购单""商品购销合同"等,在经济业务未完成前不能单独作为原始凭证登记入账,可以在经济业务完成后作为原始凭证的附件。

(2)记账凭证

记账凭证是指会计人员根据审核无误的原始凭证、原始凭证汇总表编制的,用来确定会计分录,作为记账直接依据的会计凭证。登记总账的直接依据是记账凭证,而明细账则根据记账凭证参考原始凭证进行登记。

任何一个经济单位,原始凭证来自各个不同的方面,种类繁多,数量很大,格式不一,而且不能清楚地表明记入账户的名称和方向,不经过必要的归纳和整理,难以达到记账的要求。因此,编制记账凭证,对于保证账簿记录的正确性是十分必要的。

记账凭证可以有多种分类方法。

①按照所反映的经济内容分类。记账凭证按其所反映的经济内容不同,一般分为收款凭证、付款凭证和转账凭证。

收款凭证是指用于记录现金和银行存款收款业务的会计凭证。收款凭证根据现金和银行存款收入业务的原始凭证填制,是登记现金日记账、银行存款日记账以及有关明细账和总账等账簿的依据,也是出纳人员收讫款项的依据,如表2.13所示。

表2.13 收款凭证

借方科目	年 月 日		收字第 号	
摘 要	贷方科目		记 账	金 额
	一级科目	二级或明细科目		

会计主管　　　　记账　　　　出纳　　　　审核　　　　制单

　　付款凭证是指用于记录现金和银行存款付款业务的会计凭证。付款凭证根据现金和银行存款支付业务的原始凭证填制,是登记现金日记账、银行存款日记账以及有关明细账和总账等账簿的依据,也是出纳人员支付款项的依据,如表2.14所示。

表2.14 付款凭证

贷方科目	年 月 日		付字第 号	
摘 要	借方科目		记 账	金 额
	一级科目	二级或明细科目		
合 计				

会计主管　　　　记账　　　　出纳　　　　审核　　　　制单

　　转账凭证是指用于记录不涉及现金和银行存款业务的会计凭证。转账凭证根据有关转账业务的原始凭证编制,是登记有关明细账和总账等账簿的依据,如表2.15所示。

　　收款凭证、付款凭证、转账凭证的划分,有利于区别不同经济业务进行分类管理,有利于经济业务的检查,但工作量大。适用于规模较大、收付款业务较多的单位。

表 2.15　转账凭证

　　年　月　日　　　　　　　　　　　　　转字第　号

摘　要	会计科目		记　账	借方金额	贷方金额
	一级科目	二级或明细科目			

会计主管　　　　　　记账　　　　　　　审核　　　　　　　制单

　　应用中要注意对于现金和银行存款之间相互划转业务,一般只编制付款凭证,以避免重复记账。

　　②按照填列方式分类。记账凭证按照填列方式的不同,又可分为复式记账凭证、单式记账凭证和汇总记账凭证。

　　复式记账凭证是将每一笔经济业务所涉及的全部会计科目及其发生额均在同一张记账凭证中反映的一种凭证。它是实际工作中应用最普遍的记账凭证。上述收款凭证、付款凭证和转账凭证,以及通用记账凭证均为复式记账凭证。复式记账凭证全面反映了经济业务的账户对应关系,有利于检查会计分录的正确性,但不便于会计岗位上的分工记账。

　　单式记账凭证是指每一张记账凭证只填列经济业务所涉及的一个会计科目及其金额的记账凭证。

　　汇总记账凭证是将许多同类记账凭证逐日或定期(3 天、5 天、10 天等)加以汇总后填制的凭证。如实际工作中应用最普遍的记账凭证汇总表、科目汇总表等。

2.3.2　原始凭证的填制与审核

1)原始凭证的基本内容

　　由于各单位的经济业务千差万别,记录经济业务的原始凭证的具体内容、格式必然是多种多样的,但无论何种原始凭证,都必须做到所载明的经济业务清晰,经济责任明确,一般应具备以下基本内容(也称为原始凭证要素):

(1)原始凭证名称

一般凭证本身已印刷现成,如果有的凭证上没印有凭证名称或名称不全需要如实补齐。

(2)填制单位名称

一般注明填制单位真实、完整的名称,而且要加盖单位公章或财务专用章或发票专用章。凡印章与名称不符的不得作为原始凭证。

(3)填制凭证的日期

一般凭证填制日期为经济业务实际发生或完成的日期,但汇总原始凭证为实际汇总填制的日期。

(4)接收凭证的单位名称

为接收单位的实际全称,不得简写,不得填写业务往来单位以外的其他单位。

(5)经济业务的内容摘要

经济业务的内容摘要是对发生或完成的经济业务进行简单扼要的概括,既不能过于繁杂,浪费填制者、使用者、审核者的时间和精力,又不能过于简化,让人不明真相,漫天猜想。

(6)经济业务所涉及的财物数量和金额

应如实填写经济业务所涉及的实物的计量单位、实物数量、单价和金额,不得只填数量和金额,不填计量单位和单价,更不得填写与经济业务实际发生的实物不相符的其他实物。

(7)经办人员的签名或盖章

由经手办理该项经济业务的具体人员在原始凭证上签名或盖章,以明确经济责任,特别是有关收付款项的原始凭证,如果经手人不签字或盖章,往往引发资金管理失控。

2)原始凭证的填制要求

原始凭证的填制必须符合下列要求:

(1)记录要真实

实事求是地记录各项经济业务的真实情况,填列在原始凭证上的数字、文字必须真实,年、月、日必须按实际发生日期填写,不得弄虚作假。要严格遵循客观性原则,不准以估计、匡算或其他任何形式的主观臆造所代替。

(2)内容要完整

按照规定的格式,将凭证上各项目填列齐全,不能少记、漏记,名称要写全称,不能简写,品名和用途要填写明确,不能含糊不清;有关责任部门和人员的签名盖章,必须完备。从外单位取得的原始凭证,必须盖有填制单位的公章,从个人取得的原始凭证,必须有填制人员的签名或盖章。自制原始凭证,必须有经办单位领导人或其指定的人员签名或盖章。购买实物的原始凭证,还必须有验收证明人的签名或盖章。支付款式的原始凭证,必须有收款单位和收款人签名盖章的收款证明。

（3）填制要及时

每项经济业务发生或完成后,经办部门和人员应在每项经济业务发生或完成时立即填制原始凭证,不积压,不误时,不得事后补填,并且按规定的程序及时送交财会部门,以免影响会计凭证的正常传递。

（4）书写要清楚

原始凭证的内容包括数字和文字,都要字迹清楚、规范易认。有关财产物资、货币资金收付的原始凭证,大写和小写的金额必须相符。

（5）小写金额的标准写法

①阿拉伯数字应一个一个地写,不得连笔写。数字前面应书写货币币种符号或者货币名称简写和币种符号。币种符号与数字之间不得留有空格。凡数字之前写有币种符号的,数字后面不再写货币单位。

②所有以元为单位(其他货币种类为货币基本单位)的阿拉伯数字,除表示单价等情况外,一律填写到角分。

③在没有数位分隔线的原始凭证、会计报表上的标准写法如下：

a. 只有分位金额的,在元和角位上各写一个"0"字,并在元与角之间点一个小数点,如"0.08"元。

b. 分位是"0"的,在分位上写"0"字,如"5.20"元,不得写成"5.2"元。

c. 金额是整数的,仍在元以后点小数点,并在角分位上各写一个"0"字,如"3.00"元,也可在角分位上划一字横线,如"3.—"元。

d. 元以上每三位数字要空半个阿拉伯数字的位置,如"14 375 853.38"元。

④在有数位分隔线的凭证、账页上的标准写法如下：

a. 只有分位金额的,只写分位金额,元和角上不写"0"字。

b. 只有角位或角分位金额的,在元位上不写"0"字。

c. 分位是"0"的,在分位上写"0"。

d. 金额是整数的,在角和分位上各写一个"0"字。

（6）大写金额的标准写法

①大写金额要紧靠"人民币(大写)"字书写。大写金额数字前未印货币名称的,应加填货币名称,货币名称与金额数字之间不得留有空白。

②汉字大写金额的数字,如零、壹、贰、叁、肆、伍、陆、柒、捌、玖、拾、佰、仟、万、亿等,一律用正楷或行书体填写,不得用〇、一、二、三、四、五、六、七、八、九、十等简化字代替,更不得自造简化字。大写金额数字到元或角为止的,在"元"或"角"字之后应写"整"或"正"字。如"5"元,应写成"伍元整"。又如"3.70元",应写成"叁元柒角整"。

③金额最高位是"1"的,在金额前面加写"壹"字。如"17.80"元,应写成"壹拾柒元捌角整"。又如"126 800"元,应写成"壹拾贰万陆仟捌佰元整"。

④金额中有一个"0"或连续有几个"0"的,只写一个"零"字。如"100 800.06"元,应写成"壹拾万零捌佰元零玖分"。又如"2 401 048"元,应写成"贰佰肆拾万零壹仟零肆拾捌元整"。阿拉伯金额数字元位是零,或者数字中间连续有几个"0",元位也是"0",但角位不是"0",汉字大写金额可以只写一个零,也可以不写零字。如"23 000.76 元",汉字大写应写成"贰万叁仟零柒角陆分"或"贰万叁仟柒角陆分"。

⑤在印有大写金额"元角分"固定位置(见表2.16"福建省国家税务局通用手工发票"和表2.17"福建省货物销售普通发票"最末行)的原始凭证上书写大写金额时,金额前如有空位,应划"零"注销。如"234.88"元,应写成人民币(大写):"零万零仟贰佰叁拾肆元捌角捌分"。金额中有"0"的部分(含分位),应当写"零"。如"87.70"元应写成人民币(大写)"零佰捌拾柒元柒角零分"。

表2.16　福建省国家税务局通用手工发票 福建国税

发　票　联

发票代码　135011186052
发票号码　11551847

付款单位:福建华宏物业服务有限公司

2010 年 8 月 21 月

项目内容	金额					备注
	百	十	元	角	分	
日用品		8	7	7	0	
合计人民币(大写)零佰捌拾柒元柒角零分	￥	8	7	7	0	

收款单位名称: 企业盖章

开票人:陈

表 2.17　福建省货物销售普通发票

发　票　联

国税 No 1724796

国家税务局监制章

G35010100a0021561

客户名称:福州永福物业服务有限公司　　　　　　2010 年 10 月 15 日

货(型)号规格	品　名	单　位	数量	单　价	金　额					
					千	百	十	元	角	分
692205293001	开水壶	个	2	117.44		2	3	4	8	8
合计人民币(大写)零万零仟贰佰叁拾肆元捌角捌分					￥	2	3	4	8	8

企业盖章:　　　　　　填单柜台:　　　　　　　　　填票人:　　　　　　收款人:

⑥大写日期的标准写法。

根据银行规定,支票出票日期(支票存根除外)应当按照下列写法大写。

a.年份,按阿拉伯数字的读法填写,如"贰零零伍年"。

b.1 月至 9 月,在前面加写"零"字,如"零壹月""零陆月"。

c.10 月,在前面加写"零壹"字,写成"零壹拾月"。

d.11 月至 12 月,在前面加写"壹"字,如"壹拾壹月""壹拾贰月"。

e.1 日至 9 日,在前面加写"零"字,如"零壹日""零捌日"。

f.10 日,在前面加写"零壹"字,写成"零壹拾日"。

g.11 日至 19 日,在前面加写"壹"字,如"壹拾壹日""壹拾叁日"

h.20 日和 30 日,在前面加写"零"字,如"零贰拾日""零叁拾日"。

i.21 日至 29 日和 31 日,按实际读法填写,如"贰拾壹日""叁拾壹日"。

⑦发生销货退回时,除填写退货发票外,还必须有退货验收证明。退货时,必须取得对方的收款收据或汇款银行的凭证,而不得以退货发票代替收据。

⑧本单位职工公出的借款凭证,必须作为记账凭证的附件保留,收回借款时,应另开收据或退还借款凭证的副本,而不得退还原借款收据。

⑨经上级有关部门批准的经济业务,应将批文作为原始凭证的附件,如批文需要单独归档的,应在凭证上注明批准机关的名称、批准日期和文件字号。

⑩不得涂改、挖补。发现原始凭证有错误,应当退回由开出单位重开或更正,更正处应加盖开出单位的公章。

⑪一式几联的原始凭证,应分别注明各联的用途,而且只能以其中一联作为报销凭证。一式几联的发票和收据,必须用双面复写纸(本身具有复写功能的除外)套写。除套写凭证外,一律用蓝色、黑色钢笔或碳素笔书写,套写的凭证可用圆珠笔或碳素笔一次写清,不能涂改、刮擦、挖补;更不能用褪色水或涂改液改写,填写错误的原始凭证需要更改时只能在错误的数字或文字中间划线后,在其上方写上正确的数字或文字,并加盖更正人名章,但银行各种结算凭证和增值税专用发票一旦填写错误,不得更正,只能加盖"作废"戳记,并与原存根联一并保存,不得随意丢掉,然后再填写正确的凭证。除增值税专用发票以外的其他发票,接受单位名称和金额一旦写错,也一律作废,不得更改,但其他内容填写错误的,应按上述更正方法予以更正。

⑫编号要连续。收付款项或实物的顺序或分类编号,在填制时按照编号的次序使用,跳号的凭证应加盖"作废"戳记,不得撕毁。

3)原始凭证的审核

为了确保会计核算能够真实反映经济业务的发生或完成情况,发挥会计的监督作用,对一切原始凭证都必须按照规定的程序及时送交会计部门进行审核。这是实行会计监督的重要内容之一。

(1)形式上的审核

①鉴别原始凭证的真伪。尤其是对支票、发票、收据等,必须认真检验有无舞弊,是否冒充与假造。

②凭证的填制是否符合规定的要求。要素项目是否填写齐全。数字计算是否正确、大写与小写金额是否相符,有无涂改,经办签名盖章是否完备等。

(2)内容上的审核

根据有关政策、法规、合同、预算与计划,审核经济业务的真实性、合理与合法性。

①凭证内容与经济业务实际发生或完成情况是否一致,有无篡改,伪造或虚填。

②凭证所反映的经济业务是否符合国家财经政策、法规以及有关制度等规定,是否符合规定的审核权限与手续,有无违法乱纪、弄虚作假行为等。

③凭证所记录的经济业务是否符合物业服务企业业务需要,是否符合成本开支范围,是否符合资金支付范围,是否虚报冒领。

（3）原始凭证审核后的处理

对于内容合法、合理、完整、正确的原始凭证，按规定应及时办理会计手续，据以填制记账凭证，并作为附件粘贴于记账凭证的后面，以备核查。

对于内容合法、合理，但不够正确、完整的原始凭证，按规定暂缓办理会计手续，退回业务经办单位或人员，责成其改正凭证错误。

对于内容完整、正确而不合法的原始凭证，按规定拒绝办理会计手续，责成经办单位或人员自行负担业务的后果；对于弄虚作假、营私舞弊、欺骗上级等违法乱纪行为，应根据国家赋予的权限，坚决拒绝执行，并向单位领导人或上级机关、财政部门报告情况。

2.3.3　记账凭证的填制与审核

1）记账凭证的填制内容

为了满足记账的要求，记账凭证应具备以下基本内容：

①记账凭证的名称。如"收款凭证""付款凭证""转账凭证"。

②填制单位的名称。一般不填在记账凭证上，而是填在记账凭证装订成册后的封皮上，并加盖单位公章。

③记账凭证的编号。一般将一定期间发生的全部经济业务按时间先后顺序连续编号，可以统一编号，也可以分类编号，如分"收"字、"付"字和"转"字分类分别编号，如果一笔经济业务涉及几个记账凭证，应在总序号不变的前提下，采取分数编号法，分母为这笔经济业务涉及的记账凭证的总张数，分子为该张记账凭证属于该笔经济业务所涉及的记账凭证总张数中的第几张。

④记账凭证填制日期。记账凭证的日期可与原始凭证一致，也可以不一致，原则上在哪天编的就写哪天。

⑤经济业务的内容摘要。

⑥应记账户的名称、方向及金额。

⑦所附原始凭证的张数。

⑧填列人员、稽核人员、记账人员、会计主管人员、出纳和交、领款人签名或盖章。要在完成每张记账凭证时随时完成，不得事后再补，不得用与其身份证上不相符的姓名、艺名、笔名、网名，更不能签姓名的拼音字母。

2）记账凭证的填制要求

记账凭证是登记账簿的直接依据，正确填制记账凭证是保持账簿记录正确的基础。填制记账凭证首先必须做到正确及时、内容完整、书写清楚规范，同时符合以下基本要求：

①依据要充分正确，除结账、更正错账的记账凭证可不附原始凭证外，其他记账凭证必须附有与之内容、金额完全一致的原始凭证，注明所附原始凭证的张数(一般以原始凭证的自然张数为准，但如果记账凭证后附原始凭证汇总表，应以原始凭证汇总表的张数为准)，并且保证凭证审核无误。如一张原始凭证涉及几张记账凭证，可将原始凭证附在一张主要的记账凭证后面，并在其他记账凭证上注明附有原始凭证的记账凭证的编号或者附原始凭证的复印件。

②摘要简明概括，摘要栏内应用简练、概括的语言表述经济业务的核心内容，不仅满足登记账簿的要求，而且便于日后查阅凭证。

③会计分录正确无误，按照会计制度规定的每个会计科目的核算内容，编制正确的会计分录，不得任意变更、简化或以编号代替，以此保证会计核算口径的一致和会计综合分析的实施。

④账户对应关系清楚，在记账凭证上要反映出每笔经济业务的来龙去脉，做到有借有贷，借贷相等。金额的填写要求同原始凭证一样。经济业务填完后，如有空行，应自金额栏最后一笔金额数字下的空行处至合计数上的空行出划线注销。

⑤编号要连续，会计期间全部经济业务应按其发生的先后顺序连续编号，但如果一笔经济业务需要填制几张记账凭证时，应采取"分数编号法"。

⑥错误记账凭证的处理应得当，如果填制记账凭证时发现错误，一律重新填制，不得涂改、挖补；如果记账凭证已经登记入账，当年发现错误，可采用红字冲销法或补充登记法予以更正，如果已登记入账的记账凭证以后年度发现错误，应以蓝字编制一张更正的记账凭证，并采用追溯调账法予以退回。

⑦机制记账凭证的处理要规范，实行会计电算化的物业服务企业，可以利用计算机填列记账凭证，但计算机打印出来的记账凭证应连续编号，装订成册，履行手续，并将原始凭证或原始凭证汇总表附在其后。

3)记账凭证的审核

(1)记账凭证审核的内容

记账凭证在登记账簿前，除填写人员自审外，会计机构内部还应建立相互检查或专人审核制度。审核的内容主要从以下几方面进行。

审核与原始凭证的一致性。经过审核后的记账凭证所记载的内容必须与所附原始凭证相一致。凡是与所附原始凭证不相符的记账凭证,一律作废重新处理。

审核会计分录的正确性。既要审核会计分录的科目运用是否准确,又要审核会计分录的账户记账方向是否正确,各账户金额间的关系是否正确。

审核内容的真实性。记账凭证的内容由所附原始凭证所决定,只有首先确保原始凭证的内容真实性,才能确保记账凭证的内容真实。

审核手续制度的完整性。记账凭证的审核由相关人员随记账凭证的编制随时履行,特别是涉及款项收付的记账凭证。

审核金额计算的准确性。记账凭证上的金额首先要与所附原始凭证的金额相符,其次是账户借方发生额和贷方发生额合计金额相符。

审核项目的齐全性。记账凭证上的各项目应一次性填全,不能漏项,也不能随意改项或增项。

(2)记账凭证审核后的处置

记账凭证可以定期整理装订成册,也可以定量装订成册。年度终了,应将装订成册的会计凭证归档保管。

【操作示范】

【例2.4】 2010年6月24日,办公室李成去泉州采购劳保用品,填制借款单向财务科借款4 000元。李成应填写以下借款单(表2.18)。

表2.18 借 款 单

2010年6月24日

工作单位	姓 名	借款金额	批准金额	备 注
办公室	李成	￥4 000.00	￥4 000.00	
人民币(大写)肆仟元整				
借款理由	到泉州采购劳保用品			

批准人　　　　　审核　　　　　借款人 李成　　　　　经办人

【例2.5】 6月30日李成出差回来报销差旅费4 080元,不足80元以现金支付,应填付款凭证和转账凭证各一张如表2.19和表2.20所示。

表 2.19　付款凭证

贷方科目:现金　　　　　　2010 年 6 月 30 日　　　　　　付字第 46 号

摘要	借方科目		记账	金额
	一级科目	二级或明细科目		
报销差旅费	管理费用	差旅费		80.00
合计				80.00

会计主管　　　　　记账　　　　　出纳　　　　　审核　　　　　制单

表 2.20　转账凭证

2010 年 6 月 30 日　　　　　　转字第 62 号

摘要	会计科目		记账	借方金额	贷方金额
	一级科目	二级或明细科目			
李成报销差	管理费用	差旅费		4 000.00	
旅费	其他应收款	李成			4 000.00

会计主管　　　　　记账　　　　　审核　　　　　制单

任务4　会计账簿登记

【知识准备】

2.4.1　会计账簿的概念与种类

1)会计账簿的概念

会计账簿是以会计凭证为依据,用以序时地、分类地、全面地、系统地反映和监督有关经济活动情况的会计簿籍。它由具有专门格式而又联结在一起的若干账页所组成。

2）会计账簿的种类

会计账簿有多种,不同的会计账簿其格式、用途和登记方法各不相同。会计账簿可以按照不同的标准进行分类。

（1）按用途分类

账簿按用途的不同,可分为序时账簿、分类账簿和备查账簿3类。

①序时账簿。又称日记账,它是按照经济业务发生或完成时间的先后顺序逐日逐笔登记的账簿。在我国,大多数企业一般只设现金日记账和银行存款日记账,而不设置转账日记账和普通日记账。

②分类账簿。它是对企业全部经济业务按照会计要素的具体类别而设置的分类账户进行登记的账簿,主要有总分类账簿和明细分类账簿。

③备查账簿。是对序时账簿、分类账簿未能记载的事项进行补充登记的账簿,企业常常根据管理需要设置"委托加工备查账""固定资产备查账""应收票据备查账""应付票据备查账""合同备查账""借款及利息备查账""长期股权投资备查账"等。

（2）按外表特征分类

账簿按外表特征的不同,可分为订本账、活页账和卡片账3种。

①订本账是指预先将一定格式、一定数量的账页装订成册,无论实际经济业务多少都不可增减账页的账簿。物业服务企业根据管理需要和制度要求设置的订本账簿有总分类账、现金日记账、银行存款日记账、资金账和应交增值税明细账。

②活页账是指预先不固定账页数量,物业服务企业可以根据经济业务多少而增减其账页数量,在一定时期内将其所登记的相同格式的账页连续编号,并装订成册的账簿。物业服务企业根据管理需要和制度要求,除了应交增值税明细账以外的其他各种明细账一般采用活页账簿的形式。

③卡片账是将账户所需格式印刷在硬卡上。卡片账对一些不太经常变化的业务内容用固定格式的硬卡片予以登记并连续长期使用的账簿。物业服务企业根据管理需要往往设置固定资产卡片账、低值易耗品卡片账,也有的设库存商品保管卡片账。

（3）按账页格式分类

账簿按账页格式的不同,可分为三栏式、多栏式、数量金额式3种。

①三栏式账簿是由三栏式的账页所组成的账簿(见表2.21)。三栏式账簿

一般采用"借方""贷方""余额"三栏作为基本结构,用来反映某项资金的增加(或减少)、减少(或增加)和结余的情况及结果。三栏式账簿适用于只需要进行金额核算的经济业务。如"总分类账"以及"应收账款""应付账款"等明细分类账一般采用这种形式。

表2.21　总分类账(一般三栏式)

账户名称:

年		凭证		摘　要	借方	贷方	借或贷	余　额
月	日	种类	编号					

②多栏式账簿是由多栏式的账页所组成的账簿(表2.22)。多栏式账页的基本结构也采用"借方""贷方""余额"三栏,但根据所需要反映的经济业务的特点和对会计资料的分析要求,在"借方""贷方"栏目下面再分别设置若干专栏,以详细具体地记载某一小类经济业务的活动情况。多栏式账簿一般适用于需要进行分项目具体反映的经济业务。如"制造费用""生产成本""管理费用"等明细分类账采用这种形式。

表2.22　管理费用明细分类账

年		凭证	摘要	借　方						
月	日	字号		工资及福利费	办公费	差旅费	折旧费	修理费	…	合计

③数量金额式账簿是由数量金额式的账页组成的账簿（表2.23）。数量金额式账页的基本结构也采用"借方""贷方""余额"三栏,但在每栏下面再设置"数量""单价""金额"三个小栏目,以具体反映业务之间的关系。数量金额式账簿适用于既需要进行金额核算又需要进行数量核算的经济业务。例如,"原材料"等明细分类账采用这种形式。

表2.23　原材料明细分类账

年		凭证字号	摘要	收　入			发　出			结　存		
月	日			数量	单价	金额	数量	单价	金额	数量	单价	金额

2.4.2　账簿的设置与登记

1）会计账簿的基本内容

虽然会计账簿的用途、外表形式、账页格式有多种多样,但它们一般都应具备下列基本内容:

①封面:载明账簿名称和记账单位名称。

②扉页:表明账簿的启用日期和截止日期、页数、册次等。

③账页:一般应标明以下几项内容。

a.账户名称:一级或二级会计科目、明细科目。

b.日期栏:记账的年、月、日。

c.记账凭证的种类和号数栏。

d.摘要栏:经济业务内容的简要说明。

e.金额栏:"借方""贷方"和"余额"。

f.总页次和分户页次。

2)会计账簿的设置

(1)会计账簿的设置原则

账簿的设置是指确定账簿的种类、数量,涉及账页的格式、内容和规定账簿登记的方法等。为了及时提供序时、系统地反映物业服务企业经济活动情况的会计资料,适应各种管理需要,在设置账簿时,应遵循以下原则:

①在国家有关会计法规的规定下,结合本单位的业务特点及管理要求,设置功能各异、结构合理的账簿体系,保证全面、系统连续地反映和监督物业服务企业的经营活动,为投资者、经营管理者和国家管理部门提供必要的核算资料。

②在特定财务处理程序的约束下设置账簿体系,保证控制物业服务企业财产物资的增减变化,有利于保护物业服务企业财产的安全与完整。在实际工作中,各个单位可以根据其业务量的多少、业务特点等选择不同的账务处理程序,而不同的账务处理程序对账簿的种类和格式的要求有较大差异。

③账簿体系的设置要便于为会计报表提供资料,在满足需要的前提下,节省人力、物力,保证会计报表的编制效率,提高会计核算质量。

(2)会计账簿的设置

①总账的设置。总账的外表形式一般采用订本式,账页采用三栏式,分别用以反映其核算内容的增加、减少和节余情况;但也有的物业服务企业采用多栏式,并且可设借方多栏、贷方多栏或借贷方同时多栏。总账的账页数量的选择应以满足一年业务量需要为限,一般为100页或200页。

②明细账的设置。

a.商品物资明细账的设置。商品物资明细账的格式采用数量金额式。其核算内容涵盖物资采购(在途物资)、委托加工物资、原材料、包装物、低值易耗品、委托代销商品、受托代销商品、工程物资等。

b.往来明细账的设置。往来明细账的格式一般采用三栏式,其核算内容涵盖应收账款、应付票据、其他应收款、预付账款、应收补贴款、应收股利、应收利息、短期借款、应付票据、应付账款、预收账款、代销商品款、应付职工薪酬、应收股利、应交税费、其他应付款、长期借款、专项应付款、长期应付款、应付债券等。

c.成本费用明细账的设置。成本费用明细账的格式一般采用多栏式账户,而且往往采取借方多栏式账户格式。其核算内容涵盖劳务成本、工程施工、工程结算、管理费用、营业费用、财务费用等。

d.销售明细账的设置。销售明细账的格式一般采用三栏式或多栏式账户,如果采用多栏式账户应同时采用借、贷双方各自多栏。其核算内容涵盖主营业务收入、主营业务成本、其他业务收入、其他业务成本、补贴收入、营业外收入、营业外支出、所得税费用、以前年度损益调整、投资收益、营业税金及附加等。

e. 投资明细账的设置。投资明细账的格式一般采用多栏式账户,而且是借、贷双方多栏。其核算内容涵盖交易性金融资产、持有至到期投资、持有至到期投资减值准备、公允价值变动损益、长期股权投资。

f. 资本金明细账的设置。资本金明细账的格式一般采用三栏式或多栏式账户,如果采用多栏式,一般采用借、贷双方多栏式。其核算内容涵盖实收资本、股本、已归还投资、资本公积、盈余公积、本年利润、利润分配。

g. 杂项明细账的设置。杂项明细账的格式一般采用多栏式账户。其核算内容涵盖材料成本差异、商品进销差价、存货跌价准备、固定资产减值准备、在建工程、在建工程减值准备、固定资产清理、无形资产、无形资产减值准备、未确认融资费用、待处理财产损溢、预提费用、坏账准备等。

i. 特殊明细账的设置。特殊明细账的格式一般采用联合式。其核算内容涵盖固定资产和累计折旧、应收账款和坏账准备、其他应收款、原材料成本差异等。

3)会计账簿的登记

会计账簿的登记,必须以经过审核无误的会计凭证为依据。登记账簿的基本要求如下:

①准确完整。登记会计账簿时,应当将会计凭证的日期、编号、业务内容摘要、金额和其他有关资料逐项记入账内,做到数字准确、摘要清楚、登记及时、字迹工整。

②注明记账符号。登记完毕后,应在记账凭证上签名或盖章,并注明已经登记的符号(如"√"),表示已经记账。

③书写留空。账簿书写的文字和数字上面要适当留空,不要顶满格,一般占格高的1/2。

④正常记账使用蓝黑墨水。登记账簿要用蓝黑色或黑色墨水书写,不得使用圆珠笔(银行的复写账簿除外)或铅笔书写,但下列情况可以用红色墨水记账:

a. 编制红字冲账的记账凭证,冲销错误记录;

b. 在不设借贷等栏的多栏式账页中,登记减少数;

c. 在三栏式账户的余额栏前,如未标明余额的方向,在余额栏内登记负数余额;

d. 会计制度中规定用红字登记的其他记录。

⑤顺序连续登记。各种账簿按页次顺序连续登记,不得跳行、隔页。如果发生跳行、隔页,应将空行、空页划线注销,注明"此行空白"或"此页空白"字样,并附记账人员签名或盖章。

⑥结出余额。凡需要结出余额的账户,结出余额后,"借或贷"等栏内写明"借"或"贷"字样,没有余额的栏内用"0"表示,"0"应当放在"元"位。现金日记账和银行存款必须逐日逐笔结出余额。

⑦过次承前。每一账页登记完毕移转下页时,应结出本页合计数及余额,登记在本页最后一行和下页第一行有关栏内,并在本页最后一行的摘要栏内注明"过次页"字样,在次页第一行的摘要栏内注明"承前页"字样。

⑧不得刮擦涂改。如发生账簿记录错误,不得刮、擦、挖补或用褪色药水更改字迹,而应采用规定的方法更正。

2.4.3　错账查找与更正方法

1)错账查找的方法

①影响借贷平衡的错账查找方法有两种:一是除 2 法,即先将差错数用 2 来除,如果能除尽,则有可能为一方重复记录,也可能为记反了方向;二是除 9 法,即先将差错数用 9 除,如能除尽,一种可能是两位数的数码倒置,另一种可能是数字串位。

②不影响借贷记录平衡的错账查找方法有两种:一种是将总分类账户发生额与余额试算平衡表的本期发生额与本期全部记账凭证的合计数核对;另一种是重新审核每张记账凭证上的账户对应关系。

2)错账的更正方法

记账过程中,如果账簿记录发生错误,不得任意涂改,应分别不同情况,按规定的方法进行更正。对本年度内、结账之前账簿记录的差错,一般采用划线更正法、红字更正法和补充登记法进行更正。

(1)划线更正法

在登记账簿过程中或结账之前,发现账簿记录是纯文字或数字的错误,而记账凭证并无错误(即过账发生的错误),这种情况可采用划线更正法进行更正。更正的方法是:在账簿中错误的文字或数字中间画一条红线,以示注销。注意画线时要划去错误数字的全部数码,不得只划掉错误部分的数字。然后将正确数字写在错误的数字或文字的上方,并盖章以示负责。

（2）红字更正法

红字更正法一般适用于以下两种情况。

①记账以后，若发现记账凭证的会计科目有错，可用红字更正法。更正的方法是：先用红字金额填一张与原记账凭证完全相同的凭证，并用红字登记入账，以冲销原来的错误，然后，再用蓝字填制一张正确的凭证，在"摘要"栏注明"更正××年××月××号凭证"，并据以蓝字入账。

②记账以后，发现账簿记录错误，记账凭证所填金额大于应记金额，而会计科目并无错误，这时可用红字更正法予以更正。更正的方法是：将多记的金额用红字金额编制一张记账凭证，并据以用红字登记入账，以冲销多记的金额。

（3）补充登记法

记账以后，虽然记账凭证中应借、应贷科目没有错误，但记账凭证和账簿中所记金额小于应记金额，此时可以采用补充登记法进行更正。更正的方法是：将少记金额编制一张与原记账凭证相同的记账凭证，并用蓝字登记入账。

2.4.4　对账与结账

1）对账

对账是指将各种账簿的记录核对清楚，做到账证相符、账账相符、账实相符，以保证账簿提供的记录和财务报告提供的资料真实可靠。对账主要工作包括：

①账证核对，即会计账簿记录与会计凭证进行核对。要核对账簿记录与原始凭证、记账凭证的时间、凭证字号、内容、金额等是否一致，记账方向是否相符，做到账证相符。如发现不相符，应当及时查明原因，并按规定予以更正。

②账账核对，即会计账簿之间相对应记录的核对，做到账账相符。其主要内容有：a. 总分类账各账户期末借方余额合计数与各账户期末贷方余额合计数核对相符。

b. 总分类账中"库存现金""银行存款"账户的期末余额与"现金日记账""银行存款日记账"的期末余额核对相符。

c. 总分类账有关账户的期末余额与其所属的各明细分类账期末余额之和核对相符。

d. 各种财产物资明细分类账期末余额同财产物资保管部门和使用部门的各种分类账的余额核对相符。

③账实核对，是指各项财产物资、债权债务等账面余额与实有数之间的核

对。要进行现金日记账账面余额与库存现金数额、银行存款日记账账面余额与银行对账单的余额、各项财产物资明细账账面余额与财产物资的实有数额、有关债权债务明细账账面余额与对方单位的账面余额记录的核对,做到账实相符。

2)结账

结账是指在对一定时期内所发生的全部经济业务登记入账的基础上,计算出各种账簿的本期发生额和期末余额,这是对账簿记录所进行的结束工作。结账是每个会计期间结束后必须履行的程序,可分为月结、季结和年结。

月结时,在各账户的最后一笔数字下,结出本月借方发生额、本月贷方发生额和期末余额;在摘要栏内注明"本月合计"或"本月发生额及期末余额"字样,并在数字上端和下端各划一根红线。对需要逐月结转累计发生额的账户,在计算本月发生额及期末余额后,应在下一行增加"本年累计发生额",然后在数字下端划一根红线。季结时,结出本季发生额合计数,记入月结下一行内的借方或贷方栏内,并在摘要栏内注明"本季累计"字样,在该行下端划一根红线。年度结账时,结出本年四个季度发生额合计数,记入第四季度下一行内借方或贷方栏内,在摘要栏内注明"本年累计"字样,并在该行下端划双道红线,表示封账。

【操作示范】

【例2.6】　划线更正法。

记账时将数字341.54误写为431.54,应在数字431.54上画一红线,并在红线上端的空白处记入正确的数字341.54,然后加盖记账人员的印章。

【例2.7】　红字更正法。

①某物业服务企业收到代管房屋的租金4 500元,填制记账凭证时,误将其记入"主营业务收入"科目,并已登记入账。

借:银行存款　　　　　　　　　　　　　　　　　　　4 500

　　贷:主营业务收入　　　　　　　　　　　　　　　　　4 500

更正时,先用红字金额填制一张与原错误凭证相同的记账凭证,并用红字登记入账。"[　]"内代表红字。

借:银行存款　　　　　　　　　　　　　　　　　　　[4 500]

　　贷:主营业务收入　　　　　　　　　　　　　　　　　[4 500]

然后用蓝字填制一张正确的记账凭证,并据以登记入账。

借:银行存款   4 500

 贷:代管资金   4 500

②某物业服务企业收到自管房租金 6 000 元,在编制记账凭证时,误将金额 6 000 元记为 60 000 元,并据以登记账簿。

借:银行存款   60 000

 贷:主营业务收入   60 000

更正时,将多记金额 54 000 元用红字填制一张与原记账凭证相同的记账凭证,并用红字登记入账。

借:银行存款   [54 000]

 贷:主营业务收入   [54 000]

③某物业服务企业以转账支票支付下年度报纸杂志费 3 600 元,在填制记账凭证时误记借贷方向,并据以登记入账。

借:银行存款   3 600

 贷:待摊费用   3 600

该项业务的应借记"待摊费用"科目,贷记"银行存款"。在更正时,应先用红字编制与原记账凭证相同的记账凭证以红字记账来冲销原有的错误记录。

借:银行存款   [3 600]

 贷:待摊费用   [3 600]

然后用黑或蓝字编制正确的记账凭证。

借:待摊费用   3 600

 贷:银行存款   3 600

【例 2.8】 补充登记法。

①假设上例中,误将收到的租金 60 000 元记为 6 000 元,并已登记入账。

借:银行存款   6 000

 贷:主营业务收入   6 000

更正时,将少记金额 54 000 元用蓝字填制一张与原记账凭证相同的记账凭证,并用蓝字补充登记入账。

借:银行存款   54 000

 贷:主营业务收入   54 000

②某物业服务企业本月预提借款利息 6 400 元,在填制记账凭证时,误记为 4 600 元,会计科目、借贷方向均无错误,其错误的账务处理如下。

借:财务费用   4 600

　　贷:预提费用　　　　　　　　　　　　　　　　　4 600

　　在更正时,应用黑字或蓝字编写一张与原记账凭证账户及方向相同,金额为1 800元的记账凭证。

　　借:财务费用　　　　　　　　　　　　　　　1 800
　　贷:预提费用　　　　　　　　　　　　　　　　1 800

拓展训练

一、复习思考题

　　1.如何理解会计科目和账户二者之间的关系?

　　2.怎样理解借贷记账法的记账规则?

　　3.如何进行试算平衡?

　　4.试述平行登记的要点有哪些。

　　5.试述原始凭证和记账凭证的分类。

　　6.简要说明原始凭证的审核内容。

　　7.填制和审核记账凭证有哪些要点?

　　8.账簿有哪些作用?如何对账簿进行分类?

　　9.简要说明日记账、总分类账、明细分类账的格式及特点。

　　10.记账应遵循哪些规则?

二、练习题

　　1.资料:某物业服务企业所属装修公司于2011年1月31日的资产、负债和所有者权益的有关项目如下:

　　①由出纳员保管的现金2 800元。

　　②存放在银行的款项275 000元。

　　③应收某企业的装修款12 000元。

　　④库存的装修材料65 000元。

　　⑤低值易耗品12 000元。

　　⑥机器设备共计153 000元。

　　⑦从银行取得的短期借款165 000元。

　　⑧应付给某供货单位的材料款104 800元。

⑨从银行取得的长期借款180 000元。

⑩投资人投入的资本250 000元。

⑪盈余形成的公积金25 000元。

⑫正在装修中的材料205 000元。

要求:分析各项目应归属的会计要素类别(即资产、负债或所有者权益类),指出其相应的会计科目,并利用表2.24检验会计等式是否成立。

表2.24

顺序号	资产类		负债类		所有者权益类	
	会计科目	金额	会计科目	金额	会计科目	金额

2.资料:某物业服务企业所属装修公司本月发生下列经济业务:

①该物业服务企业投入企业资本金350 000元,存入银行。

②投资人投入全新设备280 000元,作为追加投资。

③收回某企业以前欠的部分货款12 000元,存入银行。

④以银行存款偿还以前欠某单位的购料款35 000元。

⑤从银行提取现金5 000元备用。

⑥装修现场领用装修材料30 000元,用于装修。

⑦装修业主房屋,收到装修款35 000元,存入银行。

⑧以银行存款支付水电费8 000元。

要求:分析上述经济业务的发生引起哪些会计要素的增减变动及分别属于哪些会计科目。

3.资料:某物业服务企业所属清洁卫生制品厂在2009年8月份发生下列经济业务:

①8月3日,向银行借入短期借款120 000元,存入银行存款户。

②8月5日,收到投资者投入设备一台,价值230 000元。

③8月11日,购入原材料一批,价款计8 000元,货款当即以银行存款支付。

④8月12日,生产车间领用原材料32 000元,投入产品生产。

⑤8月14日,企业以银行存款24 000元,归还以前欠A工厂的材料款。

⑥8月17日,行政管理人员张某预借差旅费3 000元,以现金支付。

⑦8月24日,向银行借入短期借款180 000元,直接偿还以前欠B公司的材料款。

⑧8月25日,将现金8 000元存入银行。

⑨8月27日,购进原材料一批,计价款22 000元,以银行存款支付16 000元,其余暂欠。

⑩8月29日,张某出差归来,报销差旅费2 570元,交回现金430元。

要求:根据上列资料,用借贷记账法编制会计分录。

4.资料:某物业服务企业所属清洁卫生制品厂于2009年9月份的各账户期初余额如表2.25所示:

表2.25 单位:元

科目	金额	科目	金额
银行存款	150 000	短期借款	130 000
原材料	180 000	应付账款	160 000
固定资产	650 000	实收资本	690 000
合　计	980 000	合　计	980 000

该企业在9月份发生下列经济业务:

①购进原材料50 000元,已验收入库,货款尚未支付。

②收到投资者投入资本300 000元,存入银行存款户。

③购入机器设备,价款120 000元,当即以银行存款支付。

④向银行借入短期借款160 000元,直接归还以前欠某单位的货款。

要求:开设"T"字形账户,登记期初余额;编制会计分录,并登记"T"字形账户;结账后,进行试算平衡,编制试算平衡表。

5.资料:某物业服务企业所属物业工具厂2009年3月31日的"库存材料"总分类账户借方余额130 000元。其中:A材料20 000千克,2.00元/千克,计40 000元;B材料15 000千克,6.00元/千克,计90 000元。"应付账款"总分类账户贷方余额25 000元。其中:C工厂12 000元,D公司13 000元。

该厂4月份发生下列经济业务(假设不涉及增值税):

①向D公司购入A材料1 000千克,2.00元/千克,材料已验收入库,货款暂欠。

②以银行存款13 000元偿还欠D公司的货款。

③车间领用下列原材料,投入产品生产:A 材料 20 000 千克,2.00 元/千克,计 40 000 元;B 材料 6 000 千克,6.00 元/千克,计 36 000 元。

④向 C 工厂购入 A 材料 10 000 千克,2.00 元/千克;B 材料 5 000 千克,6.00 元/千克,共计货款 50 000 元,用银行存款支付 B 材料货款 30 000 元,其余暂欠。

要求:开设"库存材料"和"应付账款"的总分类账户与明细分类账户,登记期初余额;编制会计分录,并据以登记"库存材料"和"应付账款"总分类账户与明细分类账户(其他账户从略);结出"库存材料"和"应付账款"总分类账户与明细分类账户的本期发生额及期末余额,并编制明细分类账户本期发生额及余额试算表。

6.永红工厂 2006 年 1 月份现金和银行存款收付业务的发生额:

①0.07 元;

②0.90 元;

③2.49 元;

④6.00 元;

⑤126.00 元;

⑥60.69 元;

⑦2 870.04 元;

⑧50 037.36 元;

⑨523 000.60 元;

⑩103 516.20 元。

要求:根据上述资料,在不同格式的金额栏内写大小写金额。

7.永红工厂 2010 年签发现金支票的日期:

①1 月 6 日;

②3 月 19 日;

③4 月 18 日;

④6 月 22 日;

⑤11 月 17 日;

⑥12 月 30 日;

⑦12 月 31 日。

要求:在支票上填写大写的出票日期(支票的格式只列出票日期)。

①出票日期　　年　月　日;

②出票日期　　年　月　日；
③出票日期　　年　月　日；
④出票日期　　年　月　日；
⑤出票日期　　年　月　日；
⑥出票日期　　年　月　日；
⑦出票日期　　年　月　日。

8. 根据下列经济业务,填制有关原始凭证,说明该项经济业务应分别填制哪种记账凭证,各应附有哪些原始凭证(表2.26和表2.27)。

2010年9月17日,采购员杨颖到厦门开会回来报销差旅费1 920元(起止日期9月3日至9月9日),火车票2张,金额160元(福州到厦门的往返车票,每张80元),伙食补助费每天50元,共350元,市内交通、通讯等公杂费补助每天30元,共210元,住宿单1张,金额1 200元。杨颖原借款2 000元,余款退回,由出纳员开出收据一张。

表2.26　　差旅费报销单

单位：　　　　　　　　　　　年　月　日

出差人								共　人	事　由						
出发时间				到达时间				火车票	车船飞机票	市内车费	住宿费	公出补助			其他	合计金额
月	日	时	地点	月	日	时	地点					天数	标准	金额		
合　计															
合计人民币(大写)															

附件　　张

单位领导　　　　部门负责人　　　　复核　　　　报销人

9. 对下列原始凭证进行审核,并指出所存在的问题。

①2010年6月2日,采购员张福报销购买劳保用品的费用(表2.28)。

表 2.27　　**收　据**

年　月　日

今收到		
人民币(大写)　　　　¥		
事由:	现金:	
	支票	
收款单位	财务主管	收款人

报销凭证

表 2.28　　**福州市商业零售企业统一发票**　　　No. 236548

购货单位:永安公司　　　　　2010 年 6 月 2 日

品　名	规格	单位	数量	单价	金　额							
					十万	千	百	十	元	角	分	
毛巾		张	100	4.5		4	5	0	0	0	0	
合计金额(大写)人民币肆仟伍佰元整					¥	4	5	0	0	0	0	

单位盖章:　　　　收款人:王艳　　　　　　　制票人:李福

第二联　发票联

②职工李亮报销差旅费,填制报销单一张(表 2.29)。

表 2.29　　**差旅费报销单**

单位:永安公司工程部　　　　　2010 年 6 月 20 日

出差人				李亮				共1人	事　由		开　会			
出发时间			到达时间			火车票	车船飞机票	市内车费	住宿费	公出补助			其他	合计金额
月	日	时	地点	月	日	时	地点					天数	标准	金额		

月	日	时	地点	月	日	时	地点	火车票	车船飞机票	市内车费	住宿费	天数	标准	金额	其他	合计金额
3	3		福州	3	3		宁波	175			800	5	80	400		1 375.00
3	7		宁波	3	7		福州	175								115.00
			合　计												

合计人民币(大写)¥1 555.00

单位领导　　　　部门负责人:陈辉　　　　　　复核　　　　　报销人:李亮

附件张

③5 日,收到职工张红原欠款 2 500 元,开出收据(表 2.30)。

表2.30　　收　据

2010 年 6 月 5 日

今收到　张红				
人民币(大写)二千伍百元整		￥2 500.00		
事由: 归还原借款			现金:√	
			支票	
收款单位	新华公司	财务主管	收款人	李华

报销凭证

④保洁部领用手套 100 双,单价 5 元/双(表 2.31)。

表2.31　　领　料　单

领料单位:工程部

用　途:　　　　　　　　　　2010 年 6 月 22 日　　　　　　　　　No. 23699

材料类别	材料名称及规格	计量单位	数量		单价	金额
			请领	实领		
低值易耗品	手套	吨	120	100	5	600.00

记账:张明　　　　　　发料:陈洋　　　　　　领料:刘东

10. 根据下列经济业务填制记账凭证(假设该企业采用收、付、转三种凭证,截至 5 月 20 日,各类凭证的编号分别为:现收 29 号,银收 34 号,现付 40 号,银付 56 号,转字 25 号)。

福建永安公司 2010 年 5 月 21—31 日发生的部分经济业务及有关的原始凭证如下:

①5 月 21 日,从银行提取现金 2 000 元,以备零星开支(表 2.32)。

表2.32　　中国建设银行现金支票存根

支票号码　　2010623

科　　目　　银行存款

对方科目　　现金

出票日期　　2010 年 5 月 21 日

收款人	李华
金　额	￥2 000.00
用　途	库存现金
备　注	

单位主管　　　　　会计:张明

②5 月 23 日,以现金购买办公用品(表2.33)。

表2.33　　　**福州市商业零售企业统一发票**　　　No. 236548

购货单位:永安公司　　　　2010 年 5 月 23 日

品　名	规　格	单　位	数　量	单　价	金　额							
					十	万	千	百	十	元	角	分
复印纸		箱	2	300			6	0	0	0	0	0
合计金额(大写)人民币陆佰元整								￥	6	0	0	0	0

单位盖章:　　　　　收款人:张丽　　　　　制票人:李阳

③5 月 24 日,开出支票支付广告费(表2.34 和表2.35)。

表2.34　　**福州市广告业专用发票**　　　No. 2365478

客户名称:永安公司　　　　2010 年 5 月 24 日

项　目	单　位	数　量	单　价	金　额						
				万	千	百	十	元	角	分
产品广告	次	20	400	8	0	0	0	0	0	0
合计金额(大写)捌仟零佰零拾零元零角零分				￥	8	0	0	0	0	0

单位盖章:　　　　　收款人:王坦　　　　　制票人:祝康

表 2.35　　中国建设银行转账支票存根

支票号码　　2010624

科　目　　银行存款

对方科目　　营业费用

出票日期　　2010 年 5 月 24 日

收款人	创新广告公司
金　额	￥8 000.00
用　途	产品广告费
备　注	

单位主管　　　　　　会计:张明

④职工出差借款(表 2.36)。

表 2.36　　借　款　单

2010 年 5 月 25 日

工作单位	姓名	借款金额	批准金额	备注
工程部	张晓娟	3 000	3 000	
人民币(大写)叁仟元整				
借款理由	开会			

批准人:黄莉　　　　审核　　　　借款人:张晓娟　　　　经办人

⑤5 月 27 日,支付轿车的保险费(表 2.37 和表 2.38)。

表 2.37　　中国建设银行转账支票存根

支票号码　　2010625

科　目　　银行存款

对方科目　　待摊费用

出票日期　　2010 年 5 月 27 日

收款人	中保福州市分公司
金　额	￥3 000.00
用　途	保险费
备　注	

单位主管　　　　　　会计:张明

表 2.38   中国人民保险公司

收 款 收 据

收款日期:2010 年 5 月 27 日   No.23408

今收到:永安公司
交　来:轿车下半年的保险费(2010 年 7 月到 12 月)
人民币(大写)叁仟元整　　　　　　　　　　￥3 000.00
备注:

金江支公司(盖章)　　　　　收款人:陈冬　　　　　经办人:江斌

⑥5 月 28 日,取得借款(表 2.39)。

表 2.39   借款借据(入账通知)

单位编号:3658　　　　　　　日期:2010 年 5 月 28 日　　　　No. 654789

收款单位	名　称	永安公司	付款单位	名　称	建设银行城东支行
	往来账号	265489111		往来账号	698425661
	开户银行	建设银行城东支行		开户银行	建设银行城东支行

借款金额	人民币(大写)伍拾万元整	百	十	万	千	百	十	元	角	分
		￥	5	0	0	0	0	0	0	0

借款原因及用途	购设备	利率	10%

借　款　期　限			你单位上列借款,已转入你单位结算户内。借款到期时由我行按期自你单位结算账户转还。
期限	计划还款日期	计划还款金额	
1	2010 年 11 月 28 日		此　致
2			(银行盖章)
3			2010 年 5 月 28 日

⑦职工交来现金偿还借款(表 2.40)。

表2.40　　**收　据**

2010 年 5 月 29 日

今收到职工　彭蓉			
人民币(大写)壹仟元整　　　¥1 000.00			
事由:住院借款		现金:√	
		支票	
收款单位	财务主管	收款人	江斌

此联为报销凭证

⑧5 月 29 日,销售废料一批(表2.41)。

表2.41　　**福州市工业企业统一发票**　　　No. 236548

购货单位:排尾收购站　　　2010 年 5 月 29 日

品　名	规格	单位	数量	单价	金额						
					十万	千	百	十	元	角	分
废铁		千克	1 000	0.8			8	0	0	0	0
合计金额(大写)人民币捌佰元整						¥	8	0	0	0	0

第二联　发票联

单位盖章:　　　　收款人:江斌　　　　制票人:吴刚

⑨5 月 30 日,分配结转本月工资费用(表2.42)。

表2.42　　**工资费用汇总分配表**

5 月 30 日　　　　　　　　　　　单位:元

管理处、部门		应分配金额
管理处一线人员工资	花开管理处	32 000.00
	美德管理处	20 000.00
	管理处人员工资合计	52 000.00
管理处管理人员		10 000.00
公司总部管理人员		36 000.00
合计		150 000.00

主管:　　　　审核:陈红　　　　制单:李轻

⑩计提职工福利费（表2.43）。

表2.43　职工福利费计提表

5月30日　　　　　　　　　　　单位:元

管理处、部门		工资总额	计提比例/%	计提金额
管理处一线人员工资	花开管理处	32 000.00	14	4 480.00
	美德管理处	20 000.00	14	2 800.00
	管理处人员工资合计	52 000.00	14	7 280.00
管理处管理人员		10 000.00	14	1 400.00
公司总部管理人员		36 000.00	14	5 040.00
合　计		150 000.00		21 000.00

主管:　　　　审核:陈红　　　　制单:李轻

⑪5月31日,按规定预提本月费用（表2.44）。

表2.44　预提费用计算表

2010年5月31日　　　　　　　　单位:元

项目 部门	银行借款利息	固定资产大修理费	合　计
公司总部	1 200.00	3 200.00	4 400.00
合　计	1 200.00	3 200.00	4 400.00

主管:　　　　审核:　　　　制单:潘芬

⑫5月31日,摊销本月费用（表2.45）。

表2.45　待摊费用分配表

2010年5月31日　　　　　　　　单位:元

项目 部门	财产保险费	报刊杂志费	合　计
公司总部	1 200.00	350.00	1 550.00
合　计	1 200.00	350.00	1 550.00

主管:　　　　审核:　　　　制单:潘芬

⑬5 月 31 日,计提本月固定资产折旧(表 2.46)。

表 2.46　　固定资产折旧计算表

2010 年 5 月 31 日

应借科目	使用部门	月初固定资产原值	月折旧率/%	月折旧额
管理费用	总部	1 103 900.00	3%	33 117.00
	合计	1 103 900.00		33 117.00

主管:　　　　　审核:　　　　　制单:潘芬

⑭5 月 31 日,财产清查中,发现物料盘亏,原因待查(表 2.47)。

表 2.47　　财产清查报告单

2010 年 5 月 31 日

财产名称	单位	单价	账面数量	实存数量	盘盈		盘亏		盘亏原因
					数量	金额	数量	金额	
C 材料	千克	400	100	98			2	800	待查
合　计			100	98			2	800	
处理意见	审批部门			清查小组			使用保管部门		

主管:　　　　保管使用:　　　　制单:陈小海　　　　审批:

⑮5 月 31 日,收到阳光物业管理处交来物业服务费 50 350 元现金,当即存入银行。填写现金交款单一张。此款面额 100 元 480 张,面额 50 元 28 张,面额 20 元 36 张,面额 10 元 23 张(现金交款单一式三联,其他各联略)(表 2.48)。

表 2.48　中国建设银行　现金交款单(回单)　①

2010 年 5 月 31 日

收款单位	全　称		款项来源	
	账　号		开户银行	

人民币(大写)伍万零叁佰伍拾元整	千	百	十	万	千	百	十	元	角	分
			¥	5	0	3	5	0	0	0

辅币	卷别	伍角	贰角	壹角	伍分	贰分	壹分	
	张数							

主币	卷别	壹佰元	伍拾元	贰拾元	壹拾元	伍元	贰元	壹元	(银行盖章) 收款员 复核
	张数	480	28	36	23	0	0	0	

第一联　由银行盖章后退回单位

11. 审核记账凭证。

永安公司 2010 年 6 月 10 日发生的经济业务的原始凭证经审核,该公司会计人员根据原始凭证填制的记账凭证及所附的原始凭证如下。根据下列资料,对记账凭证进行审核,指出所存在的问题。

①以转账支票预付购货款(表 2.49 和表 2.50)。

表 2.49　付　款　凭　证

贷方科目:银行存款　　　　2010 年 6 月 10 日　　　　银付字 10 号

摘　要	总账科目	明细科目	金额:百	十	万	千	百	十	元	角	分	记　账
预付货款	物资采购					8	0	0	0	0	0	
合　计　金　额					¥	8	0	0	0	0	0	

附件　张

会计主管:　　记账:　　复核:　　制单:张明　　出纳:

表2.50　　**中国建设银行转账支票存根**

支票号码　2010623

科　　目　_____

对方科目　_____

出票日期　2010 年 6 月 10 日

收款人	红河公司
金　额	￥8 000.00
用　途	预付货款
备　注	

单位主管　　　　　会计:张明

②6 月 10 日,供应科业务员持发票报销以现金支付的业务招待费(表2.51 和表2.52)。

表2.51　　**付　款　凭　证**

贷方科目:现金　　　　　2010 年 6 月 10 日　　　　　现付字 10 号

摘　要	总账科目	明细科目	金　额									记账
			百	十	万	千	百	十	元	角	分	
业务招待费	管理费用						5	5	0	0	0	
合　计　金　额							￥	5	5	0	0	0	

会计主管:　　　记账:　　　复核:　　　制单:张明　　　出纳:

附件 张

表2.52　　**福州市餐饮业统一发票**　　　　　No. 236345

客户名称:永安公司　　　　　2010 年 6 月 10 日

项目	单位	数量	单价	金　额							
				十	万	千	百	十	元	角	分
就餐费			450				4	5	0	0	0
合计金额(大写)人民币肆佰伍拾元整							￥	4	5	0	0	0

第二联 发票联

单位盖章:　　　收款人:刘艳　　　制票人:王欣

81

③将现金存入银行(表2.53和表2.54)。

表2.53　付　款　凭　证

贷方科目:现金　　　　　　　　　2010 年 6 月 10 日　　　　　　　　银付字 10 号

摘　要	总账科目	明细科目	金　额								记账
			百	十	万	千	百	十	元	角	分	
现金存入银行	银行存款					2	5	0	0	0	0	
		人民币户				2	5	0	0	0	0	
合　计　金　额					￥	5	0	0	0	0	

会计主管:　　　记账:　　　复核:　　　制单:张明　　　出纳:

附件　张

表2.54　中国建设银行　现金交款单(回单)　①

2010 年 6 月 10 日

收款单位	全　称	新华公司		款项来源		多余现金
	账　号	265489111	开户银行	建设银行城东支行	交款单位	永安公司

人民币(大写)贰仟伍佰元整				千	百	十	万	千	百	十	元	角	分
								￥	2	5	0	0	0	0

辅币	卷别	伍角	贰角	壹角	伍分	贰分	壹分	(银行盖章)
	张数							
主币	卷别	壹佰元	伍拾元	贰拾元	壹拾元	伍元	贰元	壹元	收款员 复核
	张数	20 张	8 张	5 张					

第一联　由银行盖章后退回单位

三、个案分析

1. 肖蓉与出莉于 2010 年 3 月 1 日合伙投资创办了莉蓉俱乐部。截至 3 月 5 日,该俱乐部共发生 5 笔经济业务,经入账,各账户的余额如下:

库存现金　2 000 元

银行存款　108 000 元

低值易耗品　60 000 元

固定资产　150 000 元

应付账款　70 000 元

实收资本　250 000 元

该俱乐部尚未结算利润。

试将其 5 笔经济业务的内容以分录形式列示。

（注意：各笔分录要能够加以合理理解，该 5 笔分录入账后的结果必须产生题目所列示的各账户余额。）

提示：从所给资料看，实收资本账户有余额，而且该企业刚刚创办，因此，我们可以推断必然有接受投入资金这样的业务发生。而向企业投资的方式可以有很多，可以是现金、银行存款，也可以是实物、无形资产或其他方式。企业资产增加的方式同样可以有很多，可能是接受投资、接受捐赠，也可能是购入。而购买资产，货款可能支付，也可能未付。

思考题：该俱乐部发生的 5 笔经济业务可能有哪几种情况？

2. 美意商务公司 2010 年 10 月 31 日编制的试算表如表 2.55 所示：

表 2.55　美意商务公司试算表

2010 年 10 月 31 日　　　　　　　　　单位：元

账户名称	借方	贷方
库存现金	1 307	
银行存款	104 500	
应收账款	6 200	
原材料	5 678	
固定资产	43 000	
应付账款		4 215
实收资本		159 000
主营业务收入		20 730
主营业务成本	15 000	
管理费用	8 260	
合计	183 945	183 945

审核人员复核有关记录后发现尚有 6 处错误。

请你假设出 6 笔不同类型差错的具体业务内容,而且必须保证全部假设的合理性及最终结果的正确性。

提示:从试算平衡表中可以看出借贷方金额的合计数是相等的,因此,复核后发现的错误应该是试算平衡检查不出的错误。

思考题:试算平衡检查不出的错误有哪几种?

项目3 物业服务企业主要经营过程的核算

【知识目标】

掌握物业服务企业经营核算应设置的账户,了解代管资金核算的内容,了解物业服务企业经营收入、经营成本、期间费用的确认和计量;熟悉物业服务企业成本的范围、期间费用的构成内容、营业税金及附加的规定;了解并掌握物业服务企业主要经营过程的核算,掌握物业服务企业经营利润的形成及核算内容。

【能力目标】

1.会设置物业服务企业经营核算的账户;

2.能够核算代收、预收款项和代管资金;

3.会确认和计量物业服务企业的各种收入和费用支出;

4.能够核算物业服务企业工程成本、经营成本、经营收入、期间费用、经营税收;

5.能够计算物业服务企业经营利润并进行会计核算。

任务 1   代收、预收款项和代管资金的核算

【知识准备】

3.1.1 代收、预收款项和代管资金核算的主要内容

物业服务企业在经营过程中,经常接受有关单位和其他产权人的委托向

业主或物业使用人代收预收有关费用和代交有关费用,如代收水电费、煤气费、有线(闭路)电视费、电话费、城市生活垃圾处理费、治安费等。代收费用要按合同规定的时间集中支付给有关单位,并在会计上形成一种单位往来关系。物业服务企业提供代收款项服务的同时,按合同规定收取一定的代办手续费。有时物业服务企业按合同规定向有关单位预收公共性服务费,并按期结算预拨款项。

代管资金是指企业接受业主委员会或物业产权人、使用人委托,代管的住宅专项维修资金。代管资金作为企业长期负债管理。

根据财政部和建设部出台的《住宅专项维修资金管理办法》第七条规定,商品住宅的业主、非住宅的业主按照所拥有物业的建筑面积交存住宅专项维修资金,每平方米建筑面积交存首期住宅专项维修资金的数额为当地住宅建筑安装工程每平方米造价的5%~8%。直辖市、市、县人民政府建设(房地产)主管部门应当根据本地区情况,合理确定、公布每平方米建筑面积交存首期住宅专项维修资金的数额,并适时调整。第八条规定,出售公有住房的,按照下列规定交存住宅专项维修资金:

①业主按照所拥有物业的建筑面积交存住宅专项维修资金,每平方米建筑面积交存首期住宅专项维修资金的数额为当地房改成本价的2%。

②售房单位按照多层住宅不低于售房款的20%、高层住宅不低于售房款的30%,从售房款中一次性提取住宅专项维修资金。

3.1.2 代收、预收款项、代管资金核算应开设的账户及其核算

为了正确记录代收款项和预收款项的经济业务,应设置"代收款项""预收账款""其他应付款"等总分类账户;为了正确核算和监督代管基金的经济业务,应设立"代管基金"总分类账户。

1)"代收款项"账户

该账户属于负债类账户,核算物业服务企业因代收代交有关费用等应付给有关单位的款项,如代收水电费、煤气费、电话费、卫生费等。物业服务企业受物业产权人委托收取的房租,也在本账户核算。本账户应按代收代交种类设置明细账户。当企业收到代收的各种款项时,借记"银行存款""库存现金"等账户,贷记本账户;交给有关单位时,借记本账户,贷记"银行存款""库存现金"等账户。收取代办手续费等服务收入时,借记本账户,贷记"其他业务收入"账户。

本账户贷方余额,反映企业尚未支付的代收款项。

2)"预收账款"账户

该账户属于负债类账户,核算企业按合同规定向有关单位和个人预收的款项,如企业为物业产权人、使用人提供的公共卫生清洁、共用设施的维修保养和保安、绿化等预收的公共服务性服务费等。企业向有关单位和个人预收的款项,借记"银行存款""库存现金"等账户,贷记本账户;收入实现时,借记本账户,贷记"主营业务收入""其他业务收入"账户。有关单位和个人补付的款项,借记"银行存款""库存现金"等账户,贷记本科目;退回多付的款项,做相反会计分录。预收账款情况不多的物业服务企业,也可以将预收的款项直接记入"应收账款"账户的贷方,不设本账户。本账户应按有关单位和个人设置明细账。

该账户期末贷方余额,反映企业向有关单位和个人预收的款项;期末如为借方余额,反映应由有关单位和个人补付的款项。

3)"其他应付款"账户

该账户属于负债类账户,核算企业应付、暂收其他单位和个人的款项,如物业产权人、使用人入住时或入住后准备进行装修时,企业向物业产权人、使用人收取的可能因装修而发生的毁损修复、安全等方面费用的保证金等。发生的各种应付、暂收款项,借记"银行存款""库存现金"等账户,贷记本账户;支付时,借记本账户,贷记"银行存款"等账户。本账户应按债权人或应付、暂收款项的类别设置明细账。该账户期末余额,反映企业尚未支付的其他应付款。

4)"代管基金"账户

"代管基金"账户属于负债类账户,核算企业接受委托管理的房屋共用设施和共用设备维修基金。当企业收到代管资金时,借记"银行存款——代管基金存款"账户,贷记本账户。企业收到银行计息通知,属于代管基金存款的利息收入,借记"银行存款——代管基金存款"账户,贷记本账户。企业有偿使用产权属全体业主所有的商业用房和共用设施设备,应负担的有关费用,如租赁费、承包费、有偿使用费等,应按受益对象,借记"主营业务成本""管理费用""其他业务成本"账户,贷记本账户。

代管资金按规定用途使用,应分别以下两种情况进行处理:

①由本企业承接房屋共用部位、共用设施设备大修、更新、改造任务的,实际发生的工程支出,借记"物业工程"账户,贷记"银行存款""原材料"等有关账户;工程完工,其工程款经业主委员会或者物业产权人、使用人签证认可后进行

转账,借记本账户,贷记"主营业务收入——物业大修收入"账户;结转已完工物业工程成本,借记"主营业务成本"账户,贷记"物业工程"账户。

②由外单位承接大修任务的,工程完工,其工程款经业主委员会或者物业产权人、使用人签证认可后与承接单位进行结算,借记本账户,贷记"银行存款"等账户。本账户期末贷方余额,反映代管基金的结余。本账户应按单幢房屋设置明细账。

【操作示范】

【例3.1】 8月21日,华宏物业服务有限公司代收水费21 000元,代收电费74 000元,按双方合同规定代办手续费按收取款项的1%收取。会计处理如下:

```
借:库存现金                                    95 000
  贷:代收款项——水费(自来水公司)                    21 000
          ——电费(供电局)                        74 000
借:代收款项——水费(自来水公司)                      20 790
        ——电费(供电局)                          73 260
  贷:银行存款                                    94 050
借:代收款项——水费(自来水公司)                         210
        ——电费(供电局)                             740
  贷:其他业务收入——手续费                             950
```

【例3.2】 8月25日,华宏物业服务有限公司受物业产权人王金星委托向装修公司收取房屋装修保证金2 000元;某物流公司占用公共部位堆放物品,物业公司受业主委员会委托预收某物流公司清洁卫生费1 200元。

```
借:库存现金                                     2 000
  贷:其他应付款——装修公司                           2 000
借:银行存款                                     1 200
  贷:预收账款——某物流公司                           1 200
```

【例3.3】 10月25日,装修公司装修完工,物业服务企业检查发现装修公司装修时将楼道外墙面毁坏,装修公司拒绝修复,公司决定没收其装修保证金。

```
借:其他应付款——装修公司                           1 000
  贷:代管基金                                    1 000
```

【例3.4】 10月26日,华宏物业服务有限公司收到房地产开发公司交来的该物业小区的房屋共用部位维修基金和共用设施设备维修基金 2 150 000元,存入银行专户。

  借:银行存款——代管基金存款   2 150 000

   贷:代管基金   2 150 000

  【例3.5】 11月1日,华宏物业服务有限公司所属香源小区物业管理处租用权属业主的公共用房一处,作为办公室,租期1年,年租金9 600元,并交纳本月租金800元。

  借:主营业务成本   800

   贷:代管基金   800

任务2 物业工程的核算

【知识准备】

3.2.1 物业工程核算的主要内容

  物业工程是指物业服务企业承接的房屋共同部位、共同设施设备大修、更新改造及对业主委员会或者物业产权人、使用人提供的管理用房、商业用房进行装饰装修等工程。

  物业工程按其实施的方式不同一般可分为两种:

  ①自营方式。自营方式指物业服务企业接受物业产权人、使用人或业主委员会的委托自行组织施工。

  ②出包方式。出包方式是指物业产权人、使用人或业主委员会委托外单位承包工程。

3.2.2 物业工程核算应开设的账户及核算

  物业服务企业如果承接了对共用设施和房屋进行维修改造的任务,工程所发生的支出需要设置专门的账户进行核算。在维修开始前,要进行一系列准备工作,如编制维修工程预算,制订经费计划,采购工程所需材料、物资等。

1)"物业工程"账户

  为了正确核算和监督物业维修业务,设立"物业工程"总分类账户。"物业工程"账户,用来核算企业承接物业工程所发生的各项支出。企业对业主委员会或者物业产权人、使用人提供的管理用房、商业用房进行装饰装修发生的支出,也在该账户核算。

企业承接的房屋共用部位、共用设施设备大修、更新、改造工程发生的各项支出,借记该账户,贷记"银行存款""原材料"等账户;工程完工,其工程款经业主委员会或者物业产权人、使用人签证认可后进行转账,借记"银行存款"账户,贷记"主营业务收入——物业大修收入"账户;结转已完物业工程成本,借记"主营业务成本"账户,贷记该账户。

企业对业主委员会或者物业产权人、使用人提供的管理用房、商业用房进行装饰装修发生的支出,借记该账户,贷记"银行存款""原材料"等有关账户;工程完工结转成本,借记"长期待摊费用"账户,贷记该账户。本账户应按工程项目设置明细账。

该账户期末借方余额,反映在建工程的实际成本。企业可以根据实际业务需要,增设相应的账户。

2)"物资采购"账户

"物资采购"账户属于资产类账户,本账户核算企业购入各种物资的采购成本。购入物资的采购成本包括:①买价;②运杂费;③运输途中的合理损耗;④入库前的整理费用;⑤税金;⑥应分配负担的采购保管费。

根据发票、账单支付物资和各项费用时,借记"物资采购"账户,贷记"银行存款""库存现金""应付账款""应付票据"账户。物资到达并验收入库时,按采购成本借记"原材料""库存设备""低值易耗品"账户,贷记"物资采购"账户。

本账户期末余额,反映货款已经支付而物资尚未到达或尚未验收入库的在途物资。

本账户的日常核算根据实际情况,既可采用实际成本,也可采用计划成本,并按物资品种设置明细账进行核算。

3)"原材料"账户

"原材料"账户属于资产类账户,核算企业各种库存材料计划成本和实际成本。购入并验收入库的材料,借记该账户,贷记"物资采购"账户。领用或加工发出的材料按计划成本和实际成本,借记"物业工程",贷记该账户。采用计划成本进行材料核算的企业,还应结转材料成本差异;采用实际成本进行材料核算的企业,可选用"先进先出法""加权平均法""移动平均法""后进先出法"等方法进行计价。本账户按材料品种设置明细账进行核算。

【操作示范】

【例3.6】 华宏物业服务有限公司9月12日购入油漆10罐,每罐500元,进价5 000元,运输费50元,材料已验收入库,并支付货款和运费。按实际成本计价。

根据业务部门转来的购货发票和支付凭证,编制如下分录:

借:物资采购——油漆 5 050
    贷:银行存款 5 050
借:原材料——油漆 5 050
    贷:物资采购——油漆 5 050

【例3.7】 华宏物业服务有限公司承接了对小区道路进行改造的任务(自营方式),实际发生材料费80 000元、人工费40 000元。工程已完工,并经业主委员会验收后投入使用,其工程款经业主委员会签证认可进行转账。

根据业务部门转来的材料出库单、工资发放表,编制会计分录如下:

①计算物业工程成本:
借:物业工程——道路 120 000
    贷:原材料——建筑材料 80 000
        应付职工薪酬 40 000

②工程完工后,经业主委员会签证认可,结转物业大修收入:
借:银行存款 120 000
    贷:主营业务收入——物业大修收入 120 000

③结转已完物业工程成本:
借:主营业务成本——物业大修成本 120 000
    贷:物业工程——道路 120 000

【例3.8】 华宏物业服务有限公司自行组织对业主委员会提供的管理用房进行装修,耗用装饰装修材料及备用件6 000元、施工工人工资5 000元。会计分录如下:

①计算物业工程成本:
借:物业工程——装修工程 11 000
    贷:原材料——装修材料 6 000
        应付职工薪酬 5 000

②工程完工后,结转工程成本:

借:长期待摊费用   11 000

    贷:物业工程——装修工程   11 000

③假设工程成本分 5 年摊销,每年摊销 2 200 元。则摊销时:

借:管理费用   2 200

    贷:长期待摊费用   2 200

如果物业产权人、使用人或业主委员会委托外单位承包工程时,即工程出包方式,具体核算在承包单位进行。"物业工程"账户实际是物业服务企业与承包单位的结算账户。支付工程价款时,借记"物业工程",贷记"银行存款";工程完工交付使用时,其工程款经业主委员会或者物业产权人、使用人签证认可后进行转账,借记"代管基金"账户,贷记"主营业务收入——物业大修收入"账户;结转已完物业工程成本,借记"主营业务成本——物业大修成本"账户,贷记"物业工程"账户。

任务3　经营成本的核算

【知识准备】

3.3.1　经营成本的确认与计量

1)经营成本的概念

企业在销售商品、提供劳务等日常活动中,必然要发生各种耗费,包括原材料等劳动对象的耗费、机器设备等劳动手段的耗费和人工等劳动力的耗费及其他有关的各项支出等,这些耗费与支出即构成企业的费用。因此,费用是指企业在日常活动中发生的、会导致所有者权益减少的、与向所有者分配利润无关的经济利益的总流出。物业企业费用是指物业服务企业在从事物业管理活动中,为物业产权人、使用人提供维修、管理和服务等过程中发生的各项支出。按照经济用途,可分为经营成本和期间费用两大类。

物业服务企业的经营成本是指物业服务企业在从事物业管理活动中,为物业产权人、使用人提供维修、管理和服务等劳务所发生的各项实际支出。

2）经营成本的核算对象

物业服务企业经营成本的核算，首先要确定成本核算对象。成本核算对象是指以一定时期和空间范围为条件而存在的成本计算实体，是企业归集分配费用的对象。物业管理过程中所发生的各项成本支出，应按照成本核算对象进行归集。成本核算对象一般应根据现行财务管理办法和会计制度的有关规定，结合物业管理的特点和实际情况，按照业务的服务类别及营业收入明细核算的类别来确定。经营成本核算对象应为：物业管理成本、物业经营成本、物业大修成本等；成本项目包括：直接人工、直接材料和间接费用。

3）经营成本核算的原则

经营成本核算要求真实反映和准确计算物业服务企业在物业经营过程中所发生的各种耗费，并按照一定的程序、标准和方法对这些耗费加以归集和分配，以计算某核算对象的成本水平。经营成本的核算应遵循以下原则：

（1）严格遵守国家规定的成本、费用开支范围原则

成本、费用开支范围是指国家对企业发生的支出，允许其在成本费用中列支的范围。例如，物业服务企业中经营过程中消耗的直接材料、直接人工和间接费用，允许计入经营成本。而发生的管理费用、财务费用、营业费用则只能计入期间费用，月末冲减当期损益。

（2）正确划分各期费用的界限原则

根据权责发生制原则，有些费用虽然是本期发生的，却不都由本期负担，如待摊费用；有些费用，虽然本期并未支付，却应由本期负担，如预提费用。划清各期产品成本与费用的依据是权责发生制原则，只有正确划分各期费用的界限，才能真实反映各期的成本和损益水平。

（3）加强成本核算的基础工作原则

这不仅是保证成本核算的前提，也是保证成本数据资料准确性的基本要求。为此，物业服务企业必须做到：建立、健全原始记录制度；制订合理的定额；严格物资计量、收发、领退制度；建立健全企业内部计划价格制度；建立科学、正确的成本核算程序。企业应遵守国家规定的财产物资的计价和价值转移的方法，这些方法一经确定，就应保持其相对稳定，不得随意变动，更不得利用财产物资的计价和价值转移技巧，人为地调节成本、收入和利润。

（4）正确划分主营业务成本与其他业务成本的界限

物业企业的收入包括主营业务收入和其他业务收入，因此，根据配比原则其经营成本包括为取得主营业务收入而发生的各项支出，即主营业务成本和为

取得主营业务收入以外的其他收入而发生的支出,即其他业务支出。物业企业应当对主营业务收支和其他业务收支进行严格的划分,不能互相挤占,从而正确地计算主营业务利润。

4)经营成本的分类

按照计入经营成本的方式不同,物业服务企业的经营成本分为直接费用和间接费用两种。

①直接费用,是指物业服务企业从事物业管理活动中所发生的直接人工费、直接材料费和其他直接费。

直接人工费,是指物业服务企业中直接从事物业管理活动的人员的工资、奖金及职工福利费等。

直接材料费,是指物业服务企业在从事物业管理活动中直接消耗的各种材料、辅助材料、燃料和动力、机械配件、零件、低值易耗品和包装物等。

其他直接费,是指物业服务企业发生的除直接材料费和直接人工费以外的,与从事物业管理活动有直接关系的费用。

直接费用应当按照其实际发生数进行核算,按照物业管理项目进行归集,直接计入物业管理项目的经营成本。

②间接费用,是指物业服务企业中各部门管理人员的工资、奖金及职工福利费、固定资产折旧费及修理费、水电费、取暖费、办公费、差旅费、邮电通讯费、交通运输费、租赁费、财产保险费、劳动保护费、保安费、绿化维护费、低值易耗品摊销及其他费用等。

间接费用应当按一定的程序和方法进行分配,计入相关物业管理项目的经营成本。实行一级成本核算的企业可不设间接费用,有关支出直接计入"管理费用"账户。

此外,经营成本还包括企业所属各物业管理单位经营共用设施设备,如经营停车场、游泳池、各类球场等共用设施支付的有偿使用费和对管理用房进行装饰装修发生的各项支出等。因此,经营成本按照与取得收入配比的原则又分为主营业务成本和其他业务成本。

3.3.2 经营成本的账户设置与核算

1)经营成本的账户设置

(1)主营业务成本

为了总括反映和监督物业服务企业主营业务成本发生和结转的情况,企业应设置"主营业务成本"账户,该账户属损益类账户,借方登记各类实际成本的发生数,贷方登记主营业务成本的结转数,期末转入"本年利润"账户后,本账户应无余额。在"主营业务成本"账户下,应按与经营收入相对应的经营成本的种类设置"物业管理成本""物业经营成本""物业大修成本"等明细账户,进行明细核算。企业为物业产权人、使用人提供公共性服务、公众代办性服务及特约服务所发生的直接费用,直接记入本账户,借记本账户,贷记"银行存款""原材料""应付账款"等账户。

(2)其他业务成本

为了总括反映和监督其他业务成本的发生和结转情况,企业设置的"其他业务成本"账户。该账户属于损益类账户,借方登记各种其他业务成本的增加数,贷方登记其他业务成本的结转数。期末将发生额全部结转记入"本年利润"账户,期末无余额。在"其他业务成本"账户下,应按其他业务成本的种类设置明细账,进行明细核算。

2)主营业务成本的核算

(1)物业管理成本的核算

物业管理成本是指物业服务企业为物业产权人、使用人提供服务,为保证房产物业完好无损而从事的日常维修、管理活动而发生的支出。物业管理成本一般由以下部分构成:管理服务人员的工资、社会保险和按规定提取的福利费等;物业共用部位、共用设施设备的日常运行和维护费用;物业管理区域清洁卫生费用;物业管理区域绿化养护费用;物业管理区域秩序维护费用;办公费用;物业服务企业固定资产折旧;物业共用部位、共用设施设备及公众责任保险费用;经业主同意的其他费用。

为了将物业服务企业所发生的支出与收入相配合,应按成本对象进行归集,结合物业企业的管理特点和实际情况,物业管理的成本又可分为:公共性服务成本、代办性服务成本、特约服务成本。下面按物业管理不同服务类别,分别核算其成本。

①公共性服务成本的核算。公共性服务成本是物业管理经营成本中的主要内容。它包括对公共设施——电梯、水泵、照明、消防、水箱、停车棚等的使用管理和维修保养费,以及公共环境卫生的清洁费用、绿化费用、保安费用等支出。

公共性服务根据具体的服务内容,可由物业服务企业自营,也可采用出包方式进行。采用自营方式进行公共性服务的,可直接将发生的各项直接费用记入"主营业务成本——物业管理——公共性服务成本"科目的借方和"银行存款""原材料""低值易耗品""应付职工薪酬"等科目的贷方;物业服务企业对部分公共性服务内容也可以采取出包方式进行。例如,对住宅小区的环境绿化工作,一般出包给有关园艺公司管理,物业服务企业按签订的服务承包合同付款,其成本为合同标的结算款。合同价款的结算办法一般可按月预支,年度一次性结算差额。

a. 材料费支出的核算。公共性服务各种材料费的支出可以借记"主营业务成本"账户,贷记"银行存款""原材料""燃料""低值易耗品"等账户。

b. 人工费的核算。对于公共性服务人工费的核算,一般根据物业服务企业的"工资汇总表"进行。每月在发放工资之前,财会部门应根据劳动人事部门转来的当月职工录用、调动、考勤、工资调整、津贴变动等情况通知单,计算出每个职工的应付工资和实发工资,制成"工资汇总表"。

企业应付职工工资,无论是否当月支付,都通过"应付职工薪酬"账户进行核算。该账户借方反映企业实际发放的工资和各种代扣的款项;贷方反映本月企业付给全体职工的工资总额。如果企业当月的工资在当月结算、发放、该账户月末无余额;如果在下月发放,则该账户月末有贷方余额,表示尚未支付的工资总额,构成企业的一项负债。

②公众代办性服务成本的核算。在公众代办服务中,其成本主要是人工费及应分摊的各种间接费用。人工费的核算主要是通过"作业派工单"及"工资汇总表"所列人工费成本核算,发生时借记"主营业务成本"账户,贷记"应付职工薪酬"或"现金"等账户。

③特约服务成本的核算。物业服务企业受房屋业主或租住户委托完成特约服务,其成本主要部分是人工费和所需材料费,特约服务人工费按服务所需时间和难易程度,物业服务企业有具体规定,所耗材料根据领料单和购料单实际成本计算。例如,为维修家电所耗电器零件、修理用耗材和人工费即构成家电特约服务的经营成本。

（2）物业经营成本的核算

物业服务企业经营由业主委员会或物业产权人、使用人提供的房屋建筑物及其他共同设施等,应付给物业产权人或使用人的租赁费,借记"主营业务成本——物业经营成本"账户,贷记"应付账款"等账户。

（3）物业大修成本的核算

物业服务企业的大修是指受物业产权人、使用人的委托,对房屋共用部位、共用设备进行大修支付的费用。该类大修业务一是物业企业自行组织工程维修组对其进行修理,二是将工程出包,委托专业队伍进行维修。无论采用哪种修理所发生的维修费均借记"主营业务成本——物业大修成本"账户,贷记"原材料""低值易耗品""应付职工薪酬""银行存款"等账户。大修的特点是间隔时间长,费用支出大,因而核算工作量也较大。

3)其他业务成本的核算

(1)其他业务成本的内容

其他业务成本包括房屋中介机构的支出、销售的材料物资的成本以及商业用房经营成本。商业用房经营成本包括对物业产权人、使用人所提供的经营用房添加一部分经营设施的支出,以及商店、饭店、洗衣店、美容、美发店等的经营成本。上述各种成本,无论是何种种类,均作为其他业务成本处理。发生时,借记"其他业务成本"账户,贷记"银行存款""应付职工薪酬""库存商品""低值易耗品""原材料"等账户,期末将"其他业务成本"结转本年利润。

(2)其他业务成本的核算

①销售材料成本的核算。物业服务企业销售材料物资取得的收入作为其他业务收入核算,发生的材料物资成本作为其他业务成本核算。

②餐饮业服务成本的核算。餐饮业的营业成本中占比例较大的是材料消耗和人工费。对材料成本的核算可采用倒轧成本法。购入时记入原材料账户,领用时不进行账户处理,月末根据实际盘存原材料倒轧成本。人工费的核算通过"工资汇总表"进行核算。

3.3.3　期间费用的核算

物业服务企业的期间费用,是指物业服务企业当期发生的必须从当期收入得到补偿的费用。由于它仅与当期实现的收入相关,必须计入当期的损益,所以称为期间费用。期间费用主要包括管理费用、营业费用和财务费用。

管理费用,是指物业服务企业为组织和管理物业企业服务活动所发生的各种费用。

营业费用,是指物业服务企业专设营销机构的各项经费及其他营销费用。

账务费用,是指物业服务企业为筹集物业服务企业管理和服务活动所需资金而发生的费用。

1)费用开支范围

要正确组织费用的核算,加强费用管理,必须明确规定费用的开支范围,划清哪些开支属于费用开支,哪些开支不属于费用开支,防止乱挤费用,挪用经营资金,侵占国家税利现象的发生。

（1）物业服务企业费用开支范围

①支付给物业管理人员的工资、福利费、工资性的津贴和奖金。

②支付给其他部门的劳动报酬及运杂费、邮电费、广告费和手续费等。

③物业服务企业在经营过程中的各种物资消耗,如固定资产的折旧、低值易耗品的摊销、燃料消耗等。

④按现行制度规定列入费用的税金支出,如房产税、车船使用税、印花税和土地使用税等。

⑤企业在经营过程中发生的利息净支出、汇兑净损失、支付给金融机构的手续费等。

⑥经营过程中发生的必要开支。

凡在经营过程中,同企业经营没有直接关联,或者在经营中非正常的耗费,都不能列作费用开支。

（2）不属于费用开支的支出

①购建固定资产、无形资产和其他资产的各项开支。

②对外投资的支出。

③赞助和捐赠的支出。

④支付的赔偿金、违约金、罚款和滞纳金等。

⑤被没收的财产物资,与企业经营无直接关系的各项开支。例如,固定资产盘亏、固定资产损失等都不能在费用中列支。

2）费用的账户设置

（1）管理费用

为了总括反映和监督企业管理费用的发生和结转情况,企业应设置"管理费用"账户。该账户属于损益类账户,借方登记企业发生的各项管理费用,贷方登记期末转入当期损益的管理费用,结转后该账户应无余额。在"管理费用"账户下,应管理费用的项目设置明细账户,进行明细核算。

（2）财务费用

为了总括反映和监督企业账务费用的发生和结转情况,企业应设置"账务费用"账户。该账户属于损益类账户,借方登记企业发生的各项财务费用,贷方登记期末转入当期损益的账务费用,结转后该账户应无余额。在"账务费用"账户下,应按账务费用的项目设置明细账户,进行明细核算。

（3）营业费用

为了总括反映和监督企业营业费用的发生和结转情况，企业应设置"营业费用"账户。该账户属于损益类账户，借方登记企业发生的各项营业费用，贷方登记期末转入当期损益的营业费用，结转后该账户应无余额。在"营业费用"账户下，应按营业费用的项目设置明细账户，进行明细核算。

3）管理费用

（1）管理费用的内容

管理费用是指企业管理部门为组织和管理企业经营活动而发生的各种费用以及由企业统一负担的费用，一般包括下列项目。

①公司经费。是指公司本部的行政经费。包括管理人员的工资、奖金；按规定标准计提的职工福利费；管理人员发生的差旅费；办公费；固定资产折旧费；办公用房屋、设备、家具、器具等维修费；各种物料消耗、低值易耗品以及其他经费。

②工会经费。是指按职工工资总额一定比例计提拨交工会的经费。

③职工教育经费。是指按职工工资总额一定比例计提的、用于企业职工学习先进技术和提高文化水平的费用。

④劳动保险费。是指企业支付离退休职工的退休金（包括企业参加离退休统筹保险按规定提取的离退休统筹基金）、各种价格补贴、医药费（包括企业支付离退休人员参加医疗保险的费用）；退职职工的退职金；6个月以上病假人员的工资；职工死亡丧葬补助费、抚恤费；按规定支付给离休干部的各项经费。

⑤待业保险费。是指企业按照国家规定缴纳的待业保险基金。

⑥董事会费。是指因企业最高权力机构及其成员执行职能而发生的各项费用，如差旅费、会议费等。

⑦咨询费。是指企业向有关咨询机构进行科学、技术、经营管理咨询而支付的费用。包括聘请经济技术顾问、法律顾问等支付的费用。

⑧审计费。是指企业聘请中国注册会计师进行查账、验资、资产评估等发生的各项费用。

⑨诉讼费。是指企业起诉或应诉而发生的各项费用。

⑩绿化费。是指企业对办公区域进行绿化而发生的零星绿化费用。

⑪排污费。是指企业排污按规定缴纳的费用。

⑫税金。是指企业按照规定缴纳的房产税、车船使用税、土地使用税、印花税等。

⑬技术开发费。是指企业研究开发新产品、新技术、新工艺所发生的新产品设计费、工艺规程制定费、设备调试费、原材料及半成品试验费、技术图书资料费、未纳入国家计划中间试验费、研究人员的工资、研究设备的折旧费、与新产品试制和技术研究有关的其他经费、委托其他单位进行的科研试制费用以及试制失败发生的损失费用等。

⑭无形资产摊销。是指专利权、商标权、著作权、土地使用权、非专利技术等无形资产摊销。

⑮业务招待费。是指企业为业务经营的合理需要而支付的招待费用。

⑯坏账损失。是指企业应收账款确认为坏账所形成的损失(包括实行坏账准备金制度的企业按规定标准计提的坏账准备金)。

⑰其他管理费用。是指除上述费用之外的其他管理费用。

(2)管理费用的核算

企业设置"管理费用"账户核算管理费用的支出和结存情况。发生时,根据有关原始凭证或计算表,借记"管理费用"账户,贷记"现金""银行存款""应付职工薪酬""累计摊销""累计折旧""应交税费""坏账准备"等账户。期末结转"管理费用"发生额时,借记"本年利润"账户,贷记"管理费用",结转后,本账户无余额。

管理费用按具体项目设置明细账进行明细分类核算,其格式大多采用借方多栏式账,也可采用三栏式账。

4)财务费用

(1)财务费用的概念及其内容

财务费用是指物业服务企业筹集物业管理和服务所需资金而发生的费用。它具体包括的项目内容为:利息净支出减利息收入后的支出、汇兑净损失(减汇兑收益后的损失)、金融机构手续费以及筹集生产经营资金发生的其他费用等。

①利息支出。利息支出是指企业向银行和其他金融机构支付的短期借款利息、长期借款利息(不包括与固定资产购建有关的,在固定资产尚未达到预定使用状态之前,应计入固定资产购建成本的利息支出)、商业汇票贴现利息,以及向投资者支付的应付债券利息和向供货单位支付的应付票据利息,企业的利息支出还包括逾期未归还银行贷款时,银行在正常贷款利率基础上加收的罚息。

②金融机构手续费。金融机构手续费是指企业与银行及其他金融机构发生的有关费用,如企业采用各种结算方式时向金融机构支付的手续费、委托金

融机构发行债券时支付的费用等。

企业发生的汇兑损益,如果数额较小,也可并入财务费用。

(2)财务费用的核算

为了反映和监督财务费用的发生情况,企业应设置"财务费用"账户。企业发生财务费用时,应借记"财务费用"账户,贷记"银行存款""预提费用""应付债券——应计利息""长期借款——应计利息"等账户,物业服务企业发生利息收入、汇兑收益时,借记"银行存款"等科目,贷记该科目。期末将"财务费用"发生额转入"本年利润"账户的借方后,该账户应无余额。财务费用账户应按费用项目进行明细核算。

5)营业费用

营业费用,是指物业服务企业专设营销机构的各项经费及其他营销费用。主要包括:营业部门人员的工资及按工资总额的一定比例计提的福利费、运输费、包装费、装卸费、水电费、差旅费、保险费、展览费、广告费、燃料费、物料消耗费、折旧费、修理费、低值易耗品摊销、经营租赁费等。营业费用按具体项目设置明细账进行明细分类核算。物业服务企业可以根据各自业务的需要,增加、减少或合并营业费用的有关明细账户,进行明细分类核算。

为了反映和监督营业费用的核算情况,企业应单独设置"营业费用"账户。发生时,根据有关原始凭证或计算表,借记"营业费用"账户,贷记"现金""银行存款""应付职工薪酬"等账户。期末结转"营业费用"发生额时,借记"本年利润"账户,贷记本账户,结转后,本账户无余额。

3.3.4 营业税金及附加的规定与核算

物业服务企业在其经营过程中,应按税法规定,以经营收入为对象和计算依据,向税务机关交纳一定数量的营业税金及附加,包括:营业税、城市维护建设税、教育费附加等。

1)物业服务企业流转税征收的有关规定

(1)属于物业管理费用收入的征税规定

①物业服务企业为业主提供服务而收取的管理费。

②物业服务企业为业主提供服务而收取的服务费,如保洁费、停车费、保安费、公共设施养护费等。

③收取的维修费用,包括维修材料费及人工费。

物业服务企业以上各项收入,均属于提供劳务而获得的收入,属于营业税中服务业税目,按5%征收营业税。

④收取的装修保证金。物业服务企业收取业主的装修保证金,如果到期退还给业主及租住户的,不征收营业税。如果到期不退还或作为业主装修违规行为予以没收的,属于物业服务企业管理性收入之外的价外费用收入,应并入该物业服务企业营业额,征收5%的营业税,但如果作为公共维修资金处理,所有权属于业主,物业服务企业只是代管,则不征税。

⑤公共维修基金。物业服务企业向房屋业主收取的公共维修基金,所有权属于业主委员会,物业服务企业仅是代管使用、专款专用,按实列支,暂不征收营业税。如果物业服务企业从维修基金中以提供维修劳务形式提取劳务收入,则应征收5%的营业税。

(2)属于代办性收入的征税规定

①代办购物手续费。

②代办收费取得的收入。例如,为房屋业主代收代缴水、电、煤气、电话费等各项业务而取得的手续费。

以上两项均属物业服务企业提供代办服务而取得的服务性收入,按5%征收营业税。

(3)属于多种经营取得收入的征税规定

①物业服务企业下属的中介咨询机构的咨询劳务收入。

②物业服务企业兼营的餐饮服务收入。

③物业服务企业举办的娱乐业务场所的收入。

④物业服务企业下属的独立核算的商店销售货物取得的收入。

上述的①和②项收入,属于服务收入,按5%征收营业税;③项收入属于娱乐业收入,按5%~20%税率征收营业税;④项收入属于增值税征收范围,征收增值税。

2)营业税金及附加的账户设置

为了总括反映和监督物业企业营业税金及附加的计算及缴纳的情况,应设置"营业税金及附加"账户。该账户属于损益类账户,借方登记应缴纳的营业税金及附加,贷方登记转入当期损益的税金及附加。结转后该账户无余额。根据经营收入和规定税率计算应缴纳税金时,借记"营业税金及附加"账户,贷记"应交税费"账户;期末结转时,借记"本年利润"账户,贷记"营业税金及附加"账户。本账户期末无余额。其他业务收入应交的税金及附加通过"其他业务成本"科目进行算。企业月底计提的营业税、城市维护建设税记入"应交税费"科目;计提的教育费附加记入"其他应交款"科目;待实际缴纳时,再冲销"应交税费"及"其他应交款"科目。

【操作示范】

【例3.9】　材料费支出的核算。

华宏物业服务有限公司2月份对辖区内水泵进行维修。领用螺钉20个,每个1.5元;领用皮垫20个,每个2元;另以现金购入配件2个,每个25元。根据出库单及购货凭证,有关账务处理如下。

```
借:主营业务成本——公共性服务成本        120
    贷:原材料                                70
        库存现金                             50
```

【例3.10】　人工费的核算。

华宏物业服务有限公司2010年7月各部门的工资总额为242 100元(见表3.1),其中应代扣个人所得税为20 120元。

表3.1　工资结算表

单位:元

部门人员	工资额
行政管理人员	102 500
公共服务人员	84 900
特约服务人员	31 200
停车场管理人员	6 500
便利店工作人员	5 600
美发厅工作人员	8 200
洗衣房工作人员	3 200
合　计	242 100

有关账务处理如下。

①结转本月应付工资时:

```
借:管理费用——工资                   102 500
    主营业务成本——公共性服务成本       84 900
              ——特约服务成本           31 200
```

	——停车场	6 500
其他业务成本	——便利店	5 600
	——美发厅	8 200
	——洗衣房	3 200
贷:应付职工薪酬		242 100

②结转代扣个人所得税时:

借:应付职工薪酬 20 120

贷:应交税费——代扣个人所得税 20 120

③按实发数签发支票,从银行提取现金:

借:库存现金 221 980

贷:银行存款 221 980

④发放工资:

借:应付职工薪酬 221 980

贷:库存现金 221 980

如有职工在规定期间未领工资,应按发放单位及时交回财会部门,借记"库存现金"账户、贷记"其他应付款——×××"账户的会计处理。

【例3.11】 间接费用的核算。

华宏物业服务有限公司本月绿化部领用劳保服8套,每套110元;领用劳保手套16双,每双22元。根据出库单,有关账务处理如下。

借:主营业务成本——公共性服务成本 1 232

贷:原材料 1 232

【例3.12】 部分公共性服务内容采用出包形式核算。

华宏物业服务有限公司将绿化服务工作出包给市园艺所,合同规定每月支付3 200元绿化服务费,绿化所需花草树木费用单独核算。本年度年终结算,绿化服务费及花草树木所需费用13 100元,根据付款凭证,有关账务处理如下。

①每月预付服务费时:

借:主营业务成本——公共性服务成本 3 200

贷:银行存款 3 200

②年终结算补差时:

借:主营业务成本——公共性服务成本 13 100

贷:银行存款 13 100

【例3.13】 公众代办性服务成本的核算。

华宏物业服务有限公司客户服务部本月份发生工资19 400元,根据"作业派工单"汇总，本月实际总工时1 980小时，其中各种代办服务为235小时，则：

代办费成本 = (19 400元÷1 980小时)×235小时 = 2 303元

有关账务处理如下。

借：主营业务成本——代办性服务成本　　　　　　　2 303

　　贷：应付职工薪酬　　　　　　　　　　　　　　　　2 303

【例3.14】　特约服务成本核算。

华宏物业服务有限公司本月为业主李阳提供特约服务，实耗材料560元，实际人工费分摊180元；有关账务处理如下。

借：主营业务成本——特约服务成本　　　　　　　　740

　　贷：应付职工薪酬　　　　　　　　　　　　　　　　180

　　　　原材料　　　　　　　　　　　　　　　　　　　560

【例3.15】　物业经营成本的核算。

华宏物业服务有限公司使用物业产权人提供的房屋，经结算应支付租金20 000元。

借：主营业务成本——物业经营成本　　　　　　　20 000

　　贷：应付账款　　　　　　　　　　　　　　　　　20 000

【例3.16】　物业大修成本的核算。

华宏物业服务有限公司接受业主委员会委托对全辖区管道进行大修，共支付材料费13 470元，支付低值易耗品1 800元，发生工资费用2 600元，有关账务处理如下。

借：主营业务成本——物业大修成本　　　　　　　17 870

　　贷：原材料　　　　　　　　　　　　　　　　　　13 470

　　　　低值易耗品　　　　　　　　　　　　　　　　1 800

　　　　应付职工薪酬　　　　　　　　　　　　　　　2 600

【例3.17】　销售材料成本的核算。

华宏物业服务有限公司本月转让三合板18块，每块转让价58元，原购价53元。根据有关会计凭证，账务处理如下。

①收到现金：

借：库存现金　　　　　　　　　　　　　　　　　　1 044

　　贷：其他业务收入　　　　　　　　　　　　　　　1 044

②同时结转成本：

借：其他业务成本　　　　　　　　　　　　　　　　954

　　贷：原材料　　　　　　　　　　　　　　　　　　954

【例3.18】 餐饮业服务成本的核算。

华宏物业服务有限公司所属美食美容餐馆,7月末"原材料"账户余额3 400元,8月份购进各种材料合计21 200元,8月末盘存仓库存货金额合计8 800元,"工资汇总表"上餐馆全体职工本月应付职工工资23 560元。有关账务处理如下。

①8月份各类材料购进时:

借:原材料　　　　　　　　　　　　　　　　21 200

　　贷:银行存款　　　　　　　　　　　　　　　　21 200

②月末,结转材料实际成本时:

发出材料成本 = 3 400 元 + 21 200 元 − 8 800 元 = 15 800 元

借:其他业务成本　　　　　　　　　　　　　15 800

　　贷:原材料　　　　　　　　　　　　　　　　15 800

③结转本月应付职工工资时:

借:其他业务成本　　　　　　　　　　　　　23 560

　　贷:应付职工薪酬　　　　　　　　　　　　　23 560

【例3.19】 管理费用的核算。

华宏物业服务有限公司本月发生应计入管理费用的部分如下:管理人员工资228 600元,按工资总额14%提福利费18 004元,支付印花税230元,房产税2 100元,土地使用税3 100元,固定资产折旧31 600元,支付管理事故赔偿费3 200元,有关账务处理如下。

①分配职工工资、计提福利费时:

借:管理费用——工资　　　　　　　　　　　246 604

　　贷:应付职工薪酬——工资　　　　　　　　　246 604

②支付印花税时:

借:管理费用——印花税　　　　　　　　　　　230

　　贷:银行存款　　　　　　　　　　　　　　　　230

③计算应缴纳的房产税,土地使用税时:

借:管理费用——房产税　　　　　　　　　　　2 100

　　　　　　　——土地使用税　　　　　　　　　3 100

　　贷:应交税费——应交房产税　　　　　　　　　2 100

　　　　　　　——应交土地使用税　　　　　　　　3 100

④计提固定资产折旧时:

借:管理费用——折旧费　　　　　　　　　　31 600

　　贷:累计折旧　　　　　　　　　　　　　　　　　　　31 600
　　⑤支付管理事故赔偿费时:
　　借:管理费用　　　　　　　　　　　　　　　　　　　3 200
　　　贷:库存现金　　　　　　　　　　　　　　　　　　　3 200
　　⑥月末将管理费用结转时:
　　借:本年利润　　　　　　　　　　　　　　　　　　 286 834
　　　贷:管理费用　　　　　　　　　　　　　　　　　 286 834

【例3.20】　财务费用核算。

　　华宏物业服务有限公司本月发生财务费用如下:以存款支付转账手续费350元,发行三年期债券发生手续费12 500元,计提本月借款利息5 400元,收到银行通知存款利息690元入账。根据有关原始凭证,做账务处理如下。

　　①支付转账手续费时:
　　借:财务费用　　　　　　　　　　　　　　　　　　　 350
　　　贷:银行存款　　　　　　　　　　　　　　　　　　　 350
　　②支付发行债券手续费时:
　　借:财务费用　　　　　　　　　　　　　　　　　　 12 500
　　　贷:银行存款　　　　　　　　　　　　　　　　　 12 500
　　③计提当月借款利息时:
　　借:财务费用　　　　　　　　　　　　　　　　　　　5 400
　　　贷:预提费用　　　　　　　　　　　　　　　　　　　5 400
　　④收到存款利息时:
　　借:银行存款　　　　　　　　　　　　　　　　　　　 690
　　　贷:财务费用　　　　　　　　　　　　　　　　　　　 690
　　⑤月末将财务费用结转时:
　　借:本年利润　　　　　　　　　　　　　　　　　　 18 940
　　　贷:财务费用　　　　　　　　　　　　　　　　　　 18 940

【例3.21】　营业费用的核算。

　　华宏物业服务有限公司便利店接到银行发来的通知,已支付当月水费380元、电费340元,计提本月便利店固定资产折旧1 800元;领用低值易耗品一批,价值800元(采用一次摊销法);全年已付广告费60 000元,本月应负担5 000元,全年已付保险费120 000元,本月应负担10 000元。根据有关原始凭证,做账务处理如下。

　　①支付水电费时:

借:营业费用——水电费　　　　　　　　　　　　　720

　　贷:银行存款　　　　　　　　　　　　　　　　　　　720

②计提固定资产折旧时:

借:营业费用——折旧费　　　　　　　　　　　　1 800

　　贷:累计折旧　　　　　　　　　　　　　　　　　　1 800

③领用低值易耗品时:

借:营业费用——低值易耗品摊销　　　　　　　　800

　　贷:低值易耗品　　　　　　　　　　　　　　　　　800

④摊销广告费和保险费时:

借:营业费用——广告费　　　　　　　　　　　　5 000

　　　　　　——保险费　　　　　　　　　　　10 000

　　贷:待摊费用　　　　　　　　　　　　　　　　15 000

⑤月末将营业费用结转时:

借:本年利润　　　　　　　　　　　　　　　　18 320

　　贷:营业费用　　　　　　　　　　　　　　　　18 320

【例3.22】　营业税金及附加的核算。

华宏物业服务有限公司当月主营业务收入共计800 000元,其他业务收入共计150 000元,按5%交纳营业税,按营业税的7%交纳城市维护建设税,按营业税的3%交纳教育费附加。计算应交纳的营业税及附加,做会计分录如下。

①计算营业税:

主营业务收入应缴纳营业税 =800 000元×5% =40 000元

其他业务收入应缴纳营业税 =150 000元×5% =7 500元

借:营业税金及附加　　　　　　　　　　　　40 000

　　其他业务成本　　　　　　　　　　　　　　7 500

　　贷:应交税费——应交营业税　　　　　　　　47 500

②计算城市维护建设税:

主营业务收入应缴纳城市维护建设税 =40 000元×7% =2 800元

其他业务收入应缴纳城市维护建设税 =7 500元×7% =525元

借:营业税金及附加　　　　　　　　　　　　　2 800

　　其他业务成本　　　　　　　　　　　　　　　525

　　贷:应交税费——城市维护建设税　　　　　　　3 325

③计算教育费附加:

主营业务收入应缴纳教育费附加 =40 000元×3% =1 200元

其他业务收入应缴纳教育费附加 = 7 500 元 × 3% = 225 元

借:营业税金及附加　　　　　　　　　　　1 200

　　其他业务成本　　　　　　　　　　　　　225

　　贷:其他应交款——应交教育费附加　　　　　　1 425

任务4　经营收入的核算

【知识准备】

3.4.1　经营收入的确认和计量

1)经营收入的概念

收入是指企业在销售商品、提供劳务及让渡资产使用权等日常经营活动中所形成的、会导致所有者权益增加的、与所有者投入资本无关的经济利益的总流入,包括销售商品收入、提供劳务收入和让渡资产使用权收入。所谓"日常活动",是指企业为完成其经营目标所从事的经营活动以及与之相关的其他活动。

物业服务企业的经营收入,是指物业服务企业从事物业管理服务活动和其他经营活动所取得的收入。

2)经营收入的特点

①收入从企业的日常活动中产生,而不是从偶发的交易或事项中产生。如物业服务企业为物业产权人、使用人提供维修、管理和服务等劳务而取得的收入;有些偶然发生的交易或事项虽然也能为企业带来经济利益,但由于不是企业的日常经济活动,其经济利益的流入乃是利得,而非收入。例如,出售固定资产,因固定资产是为使用而不是为出售而购入的,出售固定资产并不是企业的经营目标,也不属于企业的日常活动,因此,出售固定资产取得的收益不作为收入核算。

②收入表现为企业资产的增加或负债的减少。收入可能表现为企业资产的增加,如物业服务企业提供劳务取得的收入,将会导致企业银行存款或应收账款的增加;收入也可能表现为企业负债的减少,如物业企业为业主提供公共设备的大修服务将会导致长期负债的减少。

③收入能引起企业所有者权益的增加。如上所述,收入能增加资产或减少

负债。因此,根据公式"资产－负债＝所有者权益"的等式,企业所取得的收入一定能增加企业的所有者权益。这里所说的收入能增加所有者权益,仅指收入本身的影响,而收入扣除相关成本费用后的净额,可能增加所有者权益,也可能减少所有者权益。

④收入只包括本企业经济利益的流入,而不包括为第三方或客户代收的款项。如企业代国家收取的税金。代收的款项,一方面增加企业的资产,另一方面增加企业的负债,因此不增加企业的所有者权益,也不属于本企业经济利益的流入,不能作为本企业的收入。

3)经营收入的分类

物业服务企业的经营内容包括对房屋建筑物及其附属设施设备进行维修、管理、为物业产权人和使用人提供服务,以使房产物业完好无损,达到社会效益和环境效益的和谐统一。随着市场经济的发展,物业服务企业已逐步形成"一业为主,多种经营"的经营模式。任何企业都可能提供各种不同的商品和劳务,其中有一些明显不属于企业的主要经营范围。因此根据物业企业的经营特点,按照经营业务在企业经营中的重要性将物业服务企业的经营收入分为主营业务收入和其他业务收入。凡是物业服务企业在物业管理活动中,为物业产权人、使用人提供服务,为保持房屋建筑物及其附属设备完好无损而进行的维修、管理所取得的收入,作为主营业务收入;主营业务以外,从事交通运输、饮食服务、商业贸易等经营活动所取得的收入作为其他业务收入。

(1)主营业务收入

主营业务收入是指企业在从事物业管理活动中,企业为完成其经营目标而从事的日常活动中的主要项目而取得的经营收入,也就是物业服务企业为物业产权人、使用人提供维修、管理和服务取得的收入,它在企业经营收入中占有较大的比重,直接影响着企业的经营成果。包括物业管理收入、物业经营收入和物业大修收入。

①物业管理收入,是指物业服务企业利用自身的专业技术,为物业产权人、使用人提供服务,为保持房产物业完好无损而从事日常维修、管理活动而取得的公共性服务费收入、公众代办性服务收入和特约服务收入。

②物业经营收入,是指企业经营业主委员会或物业产权人、使用人提供的房屋建筑物和公共设施取得的收入,如房屋租金收入和经营停车场、游泳池、各类球场等共用设施收入。

③物业大修收入,是指企业接受业主委员会或者物业产权人、使用人的委

托,对房屋共用部位、共用设施设备进行大修取得的收入。

（2）其他业务收入

其他业务收入是指企业从事主营业务以外的其他业务活动取得的收入,包括利用业主公共部位经营取得的收入。房屋中介代销手续费收入、材料物资销售收入、废品回收收入、商品用房经营收入及无形资产使用权转让收入等。

①利用业主公共部位经营取得的收入。这是指物业服务企业利用业主的公共部位开展经营活动,从经营收入中取得的部分分成或全部收入。

②房屋中介代销手续费收入。物业服务企业在从事物业维修和服务的同时,受房地产开发商的委托,对其开发的房屋从事代理销售活动,在代销房屋过程中取得代销手续费。这种手续费收入,在物业企业中称为房屋中介代销手续费收入。

③材料物资销售收入,是指物业服务企业将不需用的材料物资对外出售所取得的收入。

④商业用房经营收入,是指物业服务企业利用业主委员会或者物业产权人、使用人提供的商业用房,从事经营活动所取得的收入,例如,超市、饮食店、美容美发店、彩扩中心、歌舞厅等为物业产权人、使用人提供方便的服务项目所取得的经营收入。

4）经营收入的确认

收入的确认实际上是解决收入要不要记在账上以及何时记在账上,并在损益表上反映的问题。从总体来说,企业的收入应依据权责发生制原则确认,但具体的收入确认原则应依不同的收入类别而定。企业应当合理确认经营收入的实现,并将已实现的收入按时入账。

以权责发生制为基础,按实现原则确认收入必须同时满足4个条件:

其一,企业已将商品所有权及主要风险和报酬转移给购货方;

其二,企业既没有保留通常与所有权相联系的继续管理权,也没有对已出售的商品实施控制;

其三,与交易相关的经济利益能够流入企业;

其四,相关的收入和成本能够可靠计量。

只有在同时具备上述条件时,才能确认收入的实现。

依据我国《企业会计准则》,将物业服务企业经营收入的确认原则规定为"企业应当在劳务已经提供,同时收讫价款或取得收取价款的凭证时确认为经营收入的实现"。同时,根据物业服务企业的经营特点,对经营收入的确认原则又作了两方面具体补充规定：

①企业与业主委员会或者物业产权人、使用人双方签订付款合同或协议的,应当根据合同或者协议所规定的付款日期,作为经营收入的实现。在这一日期,无论企业是否实际收到价款,均应作为经营收入处理。例如,公共性服务费收入和公众代办性服务费收入,平时均采用预收方式。按照这一原则,必须采用权责发生制原则每期结转收入,不能以收付实现制代替权责发生制。

②物业大修收入,应当根据业主委员会或者物业产权人、使用人签证认可的工程价款结算账单确认经营收入实现。物业服务企业接受业主委员会或物业产权人、使用人委托,对住宅小区和商业楼宇等进行物业大修理等工程施工活动,由物业服务企业自行出具工程价款结算账单,但必须经委托方签章认可后,才能作为经营收入处理。

3.4.2　经营收入的核算

1)主营业务收入的核算

为了总括反映和监督物业服务企业的主营业务收入的发生和结转情况,企业应设置"主营业务收入"账户。该账户属于损益类账户,贷方登记企业实现的主营业务收入,借方登记经营收入的结转数,月末将当期发生的全部主营业务收入结转"本年利润"账户后,期末没有余额。在"主营业务收入"账户下,应按收入类型设置"物业管理收入""物业经营收入""物业大修收入"明细账户,进行明细核算。

（1）物业管理收入的核算

①公共性服务收入的核算。公共性服务收入主要是指物业服务公司向业主和非业主使用人提供公共性服务收取的物业服务费用。物业服务费用的核算一般有两种收取方法:按月收取或定期预收,按规定可以 6 个月收取一次,分月度计算主营业务收入。

第一种方法,按月收取。按月收取公共服务费时,借记"库存现金"或"银行存款"账户,贷记"主营业务收入——物业管理收入——公共服务费"账户。

第二种方法,定期预收。预收时,借记"库存现金"或"银行存款"账户,贷记"预收账款"账户;分月结转主营业务收入时,借记"预收账款"账户,贷记"主营业务收入——物业管理收入——公共服务费"账户。

②公众代办服务费收入的核算。公众代办性服务费收入是指物业服务企业接受有关部门委托代收水电费、煤气费、有线电视费、电话费等服务而收取的

收入。该项收费根据物业服务企业与有关部门之间进行协商,收取一定服务费。该项收费标准,须经当地物价部门认可后,方能向有关部门收取。当收到公众代办服务收入时,借记"库存现金"或"银行存款"账户,贷记"主营业务收入——物业管理收入——公众代办服务费"和"其他应付款"账户。"其他应付款"账户下按代收项目分设自来水公司、电业局等明细账。以银行存款解缴各部门账时,借记"其他应付款",贷记"银行存款"。

③特约服务收入的核算。特约服务收入是指物业服务企业为满足房屋业主和使用人的特殊需求,受托进行服务而取得的收入。通常包括房屋装修和自用设备维修、家政服务等。对这类特约服务的收费,除物价部门规定有统一收费标准的内容之外,其余一律实行市场调节价,由物业服务企业和业主协商定价。当收取服务费时,借记"库存现金"或"银行存款"账户,贷记"主营业务收入——物业管理收入——特约服务费"账户。

(2)物业经营收入的核算

物业经营收入是物业服务企业主营业务收入的一部分,是指物业服务企业经营业主委员会或物业产权人、使用人提供的房屋、建筑物和共用设施取得的收入。包括房屋出租收入和经营停车场、游泳池、各类球场等共用设施的收入。房屋出租收入是指物业服务企业对业主委员会或者物业产权人、使用人提供的房屋不添加任何设施,直接用作出租,其租金作为主营业务收入。如果物业服务企业根据经营需要,对业主委员会或者物业产权人、使用人提供的房屋,再添加一部分设施,增加房屋的经济功能,用于健身房、卡拉 OK 歌舞厅、美容美发厅、商店、饭店等经营活动所取得的收入,应作为物业服务企业的其他业务收入。根据《物业管理条例》的规定,物业出售单位应提供物业管理用房及相关的配套设施,如道路、绿地、停车场等。上述房屋及设施归全体业主共同所有,因此物业服务企业应与业主委员会协商后,有偿使用上述全体业主的共有财产,并将其收入冲减一部分物业管理费。

物业服务企业收到各种经营收入时,借记"库存现金"或"银行存款"账户,贷记"主营业务收入——物业经营收入"账户。

(3)物业大修收入的核算

物业大修收入是指物业服务企业接受业主委员会或者物业产权人、使用人的委托,对房屋共用部位,共用设施设备进行大修等活动所取得的收入。

对房屋共用部位、公用设施设备进行大修所需的费用,按规定从住宅专项维修资金开支。当物业服务企业开展大修取得收入时,借记"银行存款"账户、贷记"主营业务收入——物业大修收入"账户。住宅专项维修资金如果由物业服务企业代管,物业服务企业应设置"长期应付款——代管基金"账户。

物业服务企业收到代管基金时,借记"银行存款"账户,贷记"长期应付款——代管基金"账户,企业维修工程部对房屋维修完毕时,借记"长期应付款——代管基金"账户,贷记"主营业务收入——物业大修收入"账户。

2)其他业务收入的核算

物业服务企业除主营业务以外,为取得更多收益,广开经营门路,发展物业管理以外的各种服务业务,诸如开办房屋中介机构,利用商业用房经营各种服务业等。这些业务收入按照物业企业财务会计管理制度属于其他业务收入。

为了总括反映和监督物业服务企业的其他业务收入的发生和结转情况,企业应设置"其他业务收入"账户。该账户属于损益类账户,贷方登记实现的其他业务收入;借方登记其他业务收入的结转数;月末将当期发生的全部其他业务收入结转"本年利润"账户后,期末没有余额。在"其他业务收入"账户下,应按收入类型设置明细账户,进行明细核算。

(1)利用业主公共部位经营取得的收入

物业服务企业利用属于业主的公共部位开展经营活动取得收入时,借记"库存现金""银行存款"账户,贷记"其他业务收入"账户。

(2)房屋中介代销手续费收入

物业服务企业代客户销售房屋,按照销售房屋的收入金额,收取代销手续费。按照房屋中介服务收费的有关规定,房屋中介代销手续费按成交价格的2%计算,允许上下浮动1%,即房屋中介代销手续费不低于房屋成交价格的1%,不得超过房屋成交价格的3%。如为独家中介代理,收费标准不得超过成交价格的3%。收到手续费时,借记"库存现金"或"银行存款"账户,贷记"其他业务收入"账户。

(3)材料物资销售收入

物业服务企业将不需用的材料物资对外出售所取得收入时,借记"银行存款"账户,贷记"其他业务收入——材料物资销售"账户。

(4)废品回收收入

物业服务企业在提供服务过中,处理一定量的废品取得的收入,记入"其他业务收入"。收到收入时借记"库存现金"账户,贷记"其他业务收入"账户。

(5)商业用房经营收入

商业用房是物业产权人、使用人为物业服务企业提供的。但一般来讲,物业服务企业往往根据需要,对其重新进行改造,添加一部分经营设施,增加这些房屋的经济功能,用于从事营业性经营活动。由于这种商业用房的经营收入不仅仅是房屋本身带来的,而是企业利用房屋作为载体从事某种营业性活动所带来的一种收益,因而它不能构成物业服务企业的主营业务收入,只能依据有关的财务制度规定,作为物业服务企业的其他业务收入核算。商业用房经营活动内容非常广泛,包括开办美容美发厅、洗浴中心、洗衣房、商店、餐饮等服务行业。因此,对该类经营业务的会计核算内容也较多。

①美容美发、洗浴、照相等经营收入的核算。这些行业的经营活动一般实行先收款后服务。顾客到收款处按要求的服务项目交费,领取服务凭证,由服务员提供服务并收回凭证。每日终了,收款员服务员进行钱证核对,无误后连同营业日报表等原始单据交会计部门据以记账。

②洗染业经营收入的核算。洗染业是从事服装、被褥及纺织品的洗烫、染色、织补、干洗、印字等业务。该行业营业收款方法实行先服务、后收款。营业员接受来件时,填制"取衣单",该凭单顾客带走一联,另一联业务部门保存并据以登记日记账,顾客凭取衣单来取衣物。每日终了,营业员将收取的现金连同营业日记账送交财务部门,会计据以记账。

③餐饮服务收入的核算。餐饮服务业的收款方式有柜台统一售票,服务员开票收款,先餐后结算等方式。无论采用哪一种结算方式,当日营业结束后,由收款员根据"收款核对表""收款登记单"和"产销核对表"等凭证,汇总编制"经营收入日报表"和所收现金一并交财务部门,或由收款人自行填写现金解款单存至银行。

【操作示范】

【例3.23】 公共性服务收入的计算。

①某幢房屋建筑面积为80 000平方米,其中,各套房屋"自用"建筑面积总和为66 720平方米,"公用"建筑面积13 280平方米,则分摊率为:

各套房屋"自用"建筑面积应分摊的"公用"建筑面积的分摊率 = (13 280平方米÷66 720平方米)×100% = 19.9%

某套出售房屋的"自用"建筑面积为115平方米,则该套房屋建筑面积 = 115平方米×(1 + 19.9%) = 137.89平方米

②华宏物业服务有限公司通过对每个分项进行详细计算,得出各个费用项目每平方米月金额为1.20元。详见物业管理服务费测算表(表3.2)。

表 3.2　管理服务费测算表

序号	项目	金额/[元/(月·平方米)]	总费用比例/%
1	工资、福利费	0.426	35.50
2	维修费	0.118	9.83
3	绿化管理费	0.096	8.00
4	清洁卫生费	0.113	9.42
5	保安费	0.115	9.59
6	办公费	0.098	8.17
7	折旧费	0.043	3.58
8	利润	0.124	10.33
9	税费	0.067	5.58
10	合计	1.200	100.00

该物业企业有多种经营收入的补贴,如小区配套建房出租收入的补贴、停车费收入的补贴。各项补贴合计数被该物业服务企业管理建筑面积除,分摊到每平方米建筑面积为 0.30 元/(月·平方米)。则该小区物业管理应收服务费为:

1.20 元/(月·平方米) − 0.30 元/(月·平方米) = 0.9 元/(月·平方米)

③根据上面计算该物业管理小区公共服务费收费标准为 0.9 元/元/(月·平方米),则该套房屋业主每月应交公共性服务费为:

137.89 平方米 × 0.9 元/(月·平方米) = 124.10 元/月

【例 3.24】　公共服务费收入的核算。

①华宏物业服务有限公司收取 1 月份公共性服务费,业主李阳"自用"建筑面积 115 平方米,经"公用"建筑面积分摊后,计算公共性服务费的建筑面积为 137.89 平方米。每月每平方米收费标准 0.9 元,则房屋业主当月公共性服务费为 124.10 元。收到款项时,根据收款凭证,有关账务处理如下。

借:库存现金　　　　　　　　　　　　　　　　　　124.10

　　贷:主营业务收入——物业管理收入——公共服务费　124.10

②华宏物业服务有限公司收取 1—6 月份公共性服务费。业主李阳"自用"建筑面积 115 平方米,经"公用"建筑面积分摊后,计算公共性服务费的建筑面积为 137.89 平方米,每月每平方米收费标准为 0.9 元,则房屋业主预付公共服

务费 744.60 元。

　　当物业服务企业收到此款时：

　　借：库存现金　　　　　　　　　　　　　　744.60
　　　　贷：预收账款——李阳公共服务费　　　　　　　744.60

　　每月结转收入时：

　　借：预收账款——李阳公共服务费　　　　　124.10
　　　　贷：主营业务收入——物业管理收入——公共服务费　124.10

　　此项结转的账务处理，1—6 月份各月均相同。

　　【例 3.25】　公众代办服务费收入的核算。

　　华宏物业服务有限公司 8 月份向各物业产权人、使用人代收代缴自来水费、电费，按 1% 向委托单位收取代办服务费 1 160 元。

　　根据收款凭证，有关账务处理如下：

　　借：库存现金　　　　　　　　　　　　　　1 160
　　　　贷：主营业务收入——物业管理收入——公众代办服务费

　　　　　　　　　　　　　　　　　　　　　　　　　1 160

　　【例 3.26】　特约服务收入的核算。

　　①华宏物业服务有限公司接受该管理区内业主刘刚特约委托接送小孩上学，每次 10 元，本月共接送 40 次，收取服务费 400 元，另有业主张晨特约委托家政服务，收费 12 元/小时，本月共提供服务 16 小时，收特约服务费 192 元。根据收款凭证，有关账务处理如下：

　　借：库存现金　　　　　　　　　　　　　　592
　　　　贷：主营业务收入——物业管理收入——特约服务费　592

　　②华宏物业服务有限公司接受业主应姗姗委托对该套三室二厅房屋进行装修，按照业主要求，该工程承包者——房屋装修公司的预算额为 85 000 元，物业服务企业按 2% 收取特约服务费 1 700 元。

　　根据合同及收款凭证，有关账务处理如下：

　　借：库存现金　　　　　　　　　　　　　　86 700
　　　　贷：其他应付款——房屋装修公司　　　　　　　85 000
　　　　　　主营业务收入——物业管理收入——特约服务费　1 700

　　该项工程在合同期间完工，业主验收满意，物业服务企业将装修费用支付装修公司时，根据付款凭证，有关账务处理如下：

　　借：其他应付款——房屋装修公司　　　　　85 000
　　　　贷：银行存款　　　　　　　　　　　　　　　85 000

【例3.27】 物业经营收入的核算。

华宏物业服务有限公司当月停车场收入现金20 600元。根据收到款时的收款收据,编制收款凭证,有关账务处理如下:

借:库存现金 20 600

贷:主营业务收入——物业经营收入 20 600

【例3.28】 物业大修收入的核算。

华宏物业服务有限公司接受房屋业主委员会委托,对公共通道进行维修。共需支付给物业企业工程修理部18 000元,经业主委员会审核同意。工程验收完工,有关账务处理如下:

借:长期应付款——代管基金 18 000

贷:主营业务收入——物业大修收入 18 000

【例3.29】 其他业务收入的核算。

①房屋中介代销手续费收入。

华宏物业服务有限公司从事房屋中介代销业务,按1.5%计收手续费。现取得中介服务费收入32 000元,有关账务处理如下:

借:银行存款 32 000

贷:其他业务收入——房屋中介手续费 32 000

②材料物资销售收入。

华宏物业服务有限公司将积压的水泥18袋出售,每袋185元,收到现金。根据收款凭证,有关账务处理如下:

借:库存现金 3 330

贷:其他业务收入——材料物资销售收入 3 330

③废品回收收入。

华宏物业服务有限公司保洁部收集整理垃圾后,将废品出售,取得现金收入1 200元。

借:库存现金 1 200

贷:其他业务收入——废品回收收入 1 200

④商业用房经营收入。

a.美容美发、洗浴、照相等经营收入的核算。

华宏物业服务有限公司所属美容美发厅取得现金收入1 850元。有关账务处理如下:

借:库存现金 1 850

贷:其他业务收入——美容美发 1 850

b. 洗染业经营收入的核算。

华宏物业服务有限公司所属洗衣房取得现金收入580元。有关账务处理如下：

借：库存现金　　　　　　　　　　　　　　　　580

　　贷：其他业务收入——洗衣房　　　　　　　　580

c. 餐饮服务收入的核算。

华宏物业服务有限公司所属餐厅取得现金收入21 400元。有关账务处理如下：

借：库存现金　　　　　　　　　　　　　　　　21 400

　　贷：其他业务收入——餐厅　　　　　　　　　21 400

任务5　经营利润的核算

【知识准备】

3.5.1　利润总额的构成

利润是指物业服务企业在一定会计时期的经营成果。物业服务企业作为独立的经济实体，应当以自己的经营收入抵补其支出，并且实现赢利。企业赢利能力的大小，不仅在很大程度上反映企业经营的效益，而且也反映企业为整个社会所作的贡献。企业必须把利润放在首位，采取各种有效手段和措施，努力降低各种费用消耗，扩大经营范围，提高服务质量，从而提高企业的经济效益。

物业服务企业的利润，就其构成来看，既有通过经营活动而获得的，也有通过投资活动而获得的，还包括那些与经营活动无直接关系的事项所引起的盈亏。根据我国企业会计准则的规定，利润包括收入减去费用后的净额、直接计入当期利润的利得和损失。从利润的构成看，利润由营业利润、利润总额和净利润三部分构成。

1）营业利润

营业利润是指收入减去费用后的净额，即物业服务企业销售产品、提供劳务以及让渡资产使用权等活动发生的收入与费用的差额。营业利润是企业利润的重要来源,能够比较恰当地反映企业管理者的经营业绩。

营业利润 = 经营收入 - 营业成本 - 营业税金及其附加 - 营业费用 - 管理费用 - 财务费用 - 资产减值损失 + 公允价值变动损益(-公允价值变动损失) + 投资收益(-投资损失)

其中,经营收入是指企业经营业务所确认的收入总额,包括主营业务收入和其他业务收入。

营业成本是指企业经营业务所发生的实际成本总额,包括主营业务成本和其他业务成本。

资产减值损失是指企业计提各项资产减值准备所形成的损失。

公允价值变动损益(或损失)是指企业交易性金融资产等公允价值变动形成的应计入当期损益的利得(或损失)。

投资收益(或损失)是指物业服务企业对外投资活动所取得的收益,减去损失和计提的投资损失准备后的净额。

2)利润总额

利润总额 = 营业利润 + 营业外收入 - 营业外支出

其中,营业外收入是指企业发生的与其日常活动无直接关系的各项利得。如处置非流动资产利得、非货币性资产交换利得、债务重组利得、罚没利得、政府补助利得、确实无法支付而按规定程序批准后转作营业外收入的应付款项等。

营业外支出是指企业发生的与其日常活动无直接关系的各项损失。如处置非流动资产损失、非货币性资产交换损失、债务重组损失、罚款支出、捐赠支出、非常损失等。

3)净利润

净利润 = 利润总额 - 所得税费用

其中,所得税费用是指企业确认的应从当期利润总额中扣除的所得税费用。

3.5.2 利润形成的核算

1)账户的设置

为了核算和监督企业利润(或亏损)的形成情况,物业服务企业应设置如下账户:

①"本年利润"账户,该账户属于所有者权益类账户,用来核算企业在本年

度实现的利润（或亏损）总额。期末结转利润时，该账户贷方登记企业当期实现的各项收入等，即企业将"主营业务收入""其他业务收入""营业外收入"账户的余额转入该账户的贷方；借方登记当期实现的各项成本、费用、支出等，即将"主营业务成本""营业费用""营业税金及附加""其他业务成本""管理费用""财务费用""营业外支出"等账户的余额转入该账户的借方；将"投资收益"账户的贷方余额转入该账户的贷方，如为借方余额则记入相反方向。"本年利润"账户余额在贷方，为本年度自年初开始累计实现的利润数；余额在借方，为本年度自年初开始累计发生的亏损数。年终将"本年利润"账户的余额全部转入"利润分配"账户，结转后本账户没有余额。

②"投资收益"账户，该账户为损益类账户，用以核算企业对外投资取得的收入或发生的损失。企业取得投资收入时，借记"银行存款""长期股权投资"等账户，贷记本账户；企业转让、出售股票、债券，借记"银行存款"等账户，贷记"交易性金融资产""长期股权投资""其他应收款"账户，借记（或贷记）本账户；债券到期，收回本息，借记"银行存款"等账户，贷记"长期股权投资""交易性金融资产"账户和本账户；收回其他投资时，其收回的投资与投出资金的差额，做增减投资收益处理。期末应将本账户余额转入"本年利润"账户，结转后本账户应无余额。

③"营业外收入"账户，该账户属于损益类账户，贷方登记本期发生的各项营业外收入，借方平时不登记，期末应将本账户的余额从借方转入"本年利润"账户贷方。结转后，该账户无余额。该账户应按收入项目设置明细账。

④"营业外支出"账户，该账户属于损益类账户，用来核算企业发生的各项营业外支出及结转情况，包括非流动资产处置损失、盘亏损失、罚款损失、公益性捐赠支出、非常损失等。借方登记本期发生的各项营业外支出，贷方平时不登记，期末应将本账户的余额从贷方全部转入"本年利润"账户借方。结转后，本账户应无余额。该账户应按照营业外支出的项目进行明细账核算。

2）利润的核算方法

在实际工作中，利润的核算通常有两种方法：

（1）账结法

账结法是指每月末应将各损益类账户的余额转入"本年利润"账户，通过"本年利润"账户结出本月份利润或亏损总额以及本年累计利润或亏损总额的方法。采用账结法时，"本年利润"账户每月都要使用，各损益类账户的余额月末都要结清，"本年利润"账户的余额在年末一次转入"利润分配——未分配利润"账户。

（2）表结法

表结法是指每月结账时,不需要将各损益类账户的余额结转到"本年利润"账户,只需要结出各损益类账户的本年累计余额,计算出从年初起至本月末止的累计利润额,然后减去截至上月末的累计利润总额,求得该月的利润总额;年末进行决算时,再利用账结法将各损益类账户的全年累计余额转入"本年利润"账户,计算出本年的利润总额或亏损总额。采用表结法时,平时（1—11月）"本年利润"账户不发生记录,只在年终（12月末）将各损益类账户的余额转入时才使用该账户;各损益类账户平时有余额,年末结清;"本年利润"账户的余额在年度终了时同账结法一样,需要一次转入"利润分配——未分配利润"账户。

3.5.3　利润分配

1）利润分配的程序

利润分配是对企业实现的净利润按规定在企业、职工和投资者之间进行的分配。物业服务企业实现的利润总额,在按照税法规定交纳所得税后的净利润,应按国家的有关法律和财务制度或企业章程、协议规定进行合理分配。合理分配企业的净利润,有利于维护投资者权益,保证企业稳定持续发展。

除国家另有规定外,物业服务企业实现的净利润按下列顺序进行分配:

①被没收的财物损失,支付各种税收的滞纳金和罚款;

②弥补企业以前年度亏损;

③提取法定盈余公积和任意盈余公积金;

④提取法定公益金;

⑤向投资者分配利润。

如为股份制企业,其净利润分配顺序如下:

①弥补以前年度亏损;

②提取法定盈余公积;

③提取公益金;

④支付优先股股利;

⑤提取任意盈余公积;

⑥支付普通股股利;

⑦转作资产（股本）的普通股股利。

企业按此顺序分配后,其余额加上期初未分配利润,为可供普通股股本分派股利的利润总额,若公司无以前年度的亏损,则本年度税后利润加减上述各项后,即为本年度未分配利润。

2) 利润分配的核算

为了总括地反映和监督净利润的分配(或亏损的弥补)和历年分配(或弥补)后的积存金额,物业服务企业应设置"利润分配"账户。该账户借方登记本年发生的亏损或本年进行的利润分配数,贷方登记企业本年实际净利润数,期末贷方余额,反映企业结存的未分配利润,期末借方余额,则表示企业发生的尚未弥补的亏损。

3) 净利润的结转

年度终了,企业应将全年实现的净利润,自"本年利润"账户转入,借记"本年利润"账户,贷记"利润分配——未分配利润"账户中,如为净亏损,作相反的会计处理。

4) 弥补以前年度亏损

按所得税法规定,企业发生的年度亏损,可以用下一年度的税前利润弥补;下一年度利润不足弥补的,可以在以后连续 5 年内用税前利润弥补。5 年内仍不足弥补的,从第 6 年开始,用税后利润弥补。如果税后利润还不够弥补亏损,则可以用发生亏损以前提取的盈余公积来弥补,盈余公积中用于弥补亏损的数额,应为超过注册资本 25% 的部分。

亏损弥补的账务处理为:用利润弥补,无需作账务处理。因为企业的未分配利润就是"未分配利润"账户贷方余额;企业发生的亏损,应在期末时转入"未分配利润"账户的借方,如果结转后"未分配利润"账户仍有贷方余额,即为弥补亏损后的剩余利润。但如果用盈余公积弥补亏损,则应借记"盈余公积"账户,贷记"利润分配——其他转入"账户。

5) 提取盈余公积

物业服务企业的税后利润在弥补了以前年度亏损后,如果还有剩余,应按 10% 的比例计提法定盈余公积,用以防范经营风险,以便弥补亏损,或用于扩大经营规模。同时为了筹集职工集体福利基金,企业还应从净利润中提取一定比例的公益金。法定盈余公积达到注册资本的 50% 时可不再提取。

物业服务企业从净利润中提取盈余公积和公益金分别在"利润分配——提取法定盈余公积""利润分配——提取公益金"两个明细账中核算。

6）向投资者分配利润

企业当年实现的净利润在扣除提取盈余公积和公益金后的余额，加上年初未分配利润，即为当年可供分配的利润总额。企业可以在此限额内向投资者分配利润。企业向投资者分派利润，可在"利润分配——应付利润"明细账户中核算。

7）年终利润分配的结转

年底终了，物业服务企业要结转当年的利润分配情况，即将"利润分配"账户下的其他明细账户余额全部转入"利润分配"账户"未分配利润"明细账户。结转后，除"利润分配——未分配利润"账户外，"利润分配"账户的其他明细账户均无余额。"利润分配"账户年末余额，反映企业历年积存的未分配利润（或未弥补亏损）。

【操作示范】

【例 3.30】 利润的核算。

①华宏物业服务有限公司年终结转出售固定资产的净收入 5 800 元。有关账务处理如下：

借：固定资产清理	5 800
贷：营业外收入	5 800

②华宏物业服务有限公司支付救灾捐赠款 100 000 元。有关账务处理如下：

借：营业外支出——公益救济性捐赠	100 000
贷：银行存款	100 000

③华宏物业服务有限公司因违规，按规定支付罚金 3 000 元。有关账务处理如下：

借：营业外支出——违约金	3 000
贷：银行存款	3 000

④期末，将本期发生的营业外支出 103 000 元结转"本年利润"账户。

借：本年利润	103 000
贷：营业外支出	103 000

⑤期末，将本期发生的营业外收入 5 800 元结转"本年利润"账户。

借：营业外收入	5 800
贷：本年利润	5 800

【例3.31】 利润的核算。

华宏物业服务有限公司2009年末未分配利润为56 000元。2010年各损益类账户的发生额如下:主营业务收入180 000元,其他业务收入53 000元,投资收益12 000元,营业外收入5 000元;主营业务成本110 000元;营业税金及附加10 080元;其他业务成本32 000元;管理费用12 360元;财务费用3 440元;营业外支出1 000元;公允价值变动损益(借方)2 000元;资产减值损失4 000元。所得税税率33%(无纳税调整项目)。

该公司采用账结法核算本年利润,2010年末有关利润及其分配的账务处理如下:

①计算和记录所得税:

利润总额 = 营业利润 + 营业外收入 - 营业外支出

    = 营业收入 - 营业成本 - 营业税金及附加 - 营业费用 - 管理费用 - 财务费用 - 资产减值损失 + 公允价值变动损益(- 公允价值变动损失) + 投资收益(- 投资损失) + 营业外收入 - 营业外支出

    = [(180 000 + 53 000) - (110 000 + 32 000) - 10 080 - 12 360 - 3 440 - 2 000 - 4 000 + 12 000 + 5 000 - 1 000]元

    = 75 120 元

所得税 = 75 120 元 × 33% ≈ 24 790 元

借:所得税   24 790

 贷:应交税费——应交所得税   24 790

②月末,将各收益类账户的余额转入"本年利润"账户贷方:

借:主营业务收入   180 000

 其他业务收入   53 000

 投资收益   12 000

 营业外收入   5 000

 贷:本年利润   250 000

③将各成本费用类账户的余额转入"本年利润"账户借方:

借:本年利润   199 670

 贷:主营业务成本   110 000

  营业税金及附加   10 080

  其他业务成本   32 000

管理费用	12 360
财务费用	3 440
营业外支出	1 000
公允价值损益	2 000
资产减值损失	4 000
所得税	24 790

企业的净利润为 250 000 元 – 199 670 元 = 50 330 元

【例 3.32】 利润分配的核算。

①华宏物业服务有限公司本年实现净利润 320 000 元,有关账务处理如下:

借:本年利润 320 000

   贷:利润分配——未分配利润 320 000

假如实现的是亏损 3 860 元,有关账务处理如下:

借:利润分配——未分配利润 3 860

   贷:本年利润 3 860

②提取盈余公积。

华宏物业服务有限公司 2008 年实现净利润 320 000 元,企业根据有关规定按 10% 提取法盈余公积,按 5% 提取公益金。有关账务处理如下:

提取盈余公积金:320 000 元 × 10% = 32 000 元

提取公益金:320 000 元 × 5% = 16 000 元

借:利润分配——提取盈余公积 32 000

       ——提取公益金 16 000

   贷:盈余公积——法定公积金 32 000

       ——公益金 16 000

③向投资者分配利润。

华宏物业服务有限公司年初未分配利润 100 000 元,当年实现利润 320 000 元,企业按 10% 提取法定盈余公积金,按 5% 提取公益金后,剩余利润按 40% 向投资者分配,有关账务处理如下:

进行利润分配:

可分配的利润 = 100 000 元 + 320 000 元 – 320 000 元 × 15%

          = 372 000 元

分配给投资者的利润 = 372 000 元 × 40% = 148 800 元

借:利润分配——应付利润 148 800

　贷：应付股利　　　　　　　　　　　　　　148 800
　支付利润时：
　借：应付股利　　　　　　　　　　　　　　148 800
　　贷：银行存款　　　　　　　　　　　　　　　148 800
④年终利润分配的结转。

2008年年末，华宏物业服务有限公司"利润分配"账户有关明细账借方余额是"利润分配——提取盈余公积"账户借方余额32 000元，"利润分配——提取公益金"账户借方余额16 000元，"利润分配——应付利润"账户借方余额148 800元，有关账务处理如下：

　借：利润分配——未分配利润　　　　　　　196 800
　　贷：利润分配——提取盈余公积　　　　　　　32 000
　　　　　　　　——提取公益金　　　　　　　　16 000
　　　　　　　　——应付股利　　　　　　　　148 800

结转后，华宏物业服务有限公司"利润分配——未分配利润"账户贷方金额是：

320 000元 – (32 000 + 16 000 + 148 800)元 = 123 200元

拓展训练

一、单项选择题

1.在预收服务费的情况下，经营收入的确认以（　　）为依据。
　A.预收服务费
　B.预收服务费，并且已提供全部服务
　C.提供服务
　D.物业服务合同的规定

2.各套房屋"自用"建筑面积应分摊的"公用"建筑面积的分摊率应为（　　）。
　A.该套房屋"公用"建筑面积与该幢房屋"自用"建筑面积总和之比
　B.该幢楼房"自用"建筑面积与该幢房屋"公用"建筑面积总和之比
　C.该套房屋"公用"建筑面积与该套房屋"自用"建筑面积总和之比
　D.该幢楼房"公用"建筑面积与该幢楼房"自用"建筑面积总和之比

3.接受业主委托代收的水电费按2%收取的服务费属于(　　)。

　　A.公共性服务费收入　　　　　　B.特约服务费收入

　　C.公众代办性服务费收入　　　　D.其他业务收入

4.下列不属于其他业务收入的是(　　)。

　　A.材料物资销售收入　　　　　　B.房屋中介服务费收入

　　C.商业用房经营收入　　　　　　D.物业大修收入

5.下列不属于主营业务收入的是(　　)。

　　A.物业管理收入　　　　　　　　B.物业经营收入

　　C.物业大修收入　　　　　　　　D.商业用房经营收入

二、多项选择题

1.属于公共性服务收入的有(　　)。

　　A.收取的绿化管理费　　　　　　B.代收的有线电视费

　　C.收取的楼道清洁费　　　　　　D.房屋中介服务费

2.属于物业服务企业营业成本的有(　　)。

　　A.楼内电梯维修费　　　　　　　B.绿化维护费

　　C.公司办公费　　　　　　　　　D.借款利息

3.以下费用属于公共性服务成本的有(　　)。

　　A.楼道照明电费　　　　　　　　B.停车棚修理费

　　C.住户冰箱修理费　　　　　　　D.小区绿化费

4.下列费用属于期间费用的有(　　)。

　　A.营业费用　　　　　　　　　　B.管理费用

　　C.财务费用　　　　　　　　　　D.折旧费用

5.应征收5%的营业税的收费项目有(　　)。

　　A.保安费　　　　B.停车费　　　　C.保洁费　　　　D.绿化费

三、练习成本的核算

资料:永明物业服务有限公司负责康乐小区的物业管理工作,2010年6月发生如下业务。

①对小区水箱进行清洗,共耗费材料1 050元,人工费480元,以现金支付。

②公司将小区内的绿化服务工作出包给园林局,合同规定每半年结算一次。上半年实际发生的花草树木费及人工费共18 780元(已预提15 000元),以银行存款支付。

③以现金支付配电房修理费1 380元。

④领用运垃圾用手推车 3 辆,价值 4 800 元,领用时予以一次摊销。

⑤开出支票支付公司广告宣传用品制作费 3 200 元。

⑥本月"作业派工单"列示,公司所属服务组代办服务 38 工时,经计算工资总额中应分配 300 元为代办服务成本。

⑦开出现金支票,从银行提取现金 150 000 元备发工资。

⑧结转分配本月应付职工工资,其中,花开管理处 32 000 元,美德管理处 20 000 元,康乐管理处 39 000 元,公司总部管理人员 59 000 元。并按工资总额的 14% 计提集体福利费。

⑨开出支票 5 300 元购买玻璃钢瓦,用于更换停车棚的顶棚。

⑩永福楼 108 号住户下水道堵塞,公司派临时工疏通,以现金支付人工费 120 元。

⑪本月特约服务"物料耗用单"列示共耗用材料 680 元;"工时耗用单"列示实际人工费 210 元。

⑫项目部李丽出差预借现金 5 000 元。

⑬修理公司附设浴室,共耗材料 1 342 元。

⑭公司所属出租房本月应摊销修理费 2 468 元。

⑮月末公司附设餐厅计算实际耗用材料 8 904 元,予以结转。

⑯公司所属出租房年摊销率为 25%,原值 600 000 元,按月计提出租房摊销。

⑰检修小区内路灯,发现损坏灯泡 8 个。配置灯泡支出 20 元,以现金支付。

⑱项目部李丽出差报销差旅费 4 120 元,余款退回。

⑲公司经理室本月复印资料费 412 元,以现金支付。

⑳银行开来公司借款利息结算单,实际应交借款利息款 2 020 元,已预提 1 800元。

㉑行政办公室领用办公椅 3 把,计 540 元,予以一次摊销。

㉒本月公司的各种服务收入 182 050 元,按 5% 计算营业税。

㉓按营业税的 7% 计算城市维护建设税,按营业税的 2% 计算教育费附加。

㉔计算本月应缴车船使用税 4 200 元。

㉕以银行存款上缴以上各种税金。

要求:根据以上资料进行账务处理。

四、练习收入的核算

资料:永明物业服务有限公司负责康乐小区的物业管理工作,6月份发生以下经营业务。

①小区中永福楼的建筑面积共为 15 200 平方米,其中各套房屋"自用"面积总和为 12 000 平方米,"公用"建筑面积为 3 200 平方米。则各套房屋"自用"建筑面积应分摊"公用"建筑面积的分摊率是多少?

②永福楼 802 室的"自用"建筑面积为 110 平方米,如果每月公共性服务收费标准为 0.95 元/平方米,则该套房屋业主每月应交公共性服务费是多少?

③预收上述业主下半年的公共性服务费。

④为自来水公司代收第三季度的自来水费 42 600 元现金,按 1% 收取代办服务费 426 元,其余 42 174 元开出支票解缴给自来水公司。

⑤接受永康楼 1201 室业主特约委托对其房屋进行装修,装修工程出包给某房屋装饰工程公司,其预算额为 80 000 元,物业服务企业按 2% 收取特约服务费 1 600 元,存入银行。

⑥收取租住户本月房租现金共计 1 670 元。

⑦接受某产权单位委托,代管永康楼 201 和 202 室,按照委托合同,本月应收取这两套房的管理服务费 1 000 元,存入银行。

⑧收到公司所属咖啡厅本月现金收入 21 200 元。

要求:根据以上资料对①—②题进行相关计算,对③—⑧题进行账务处理。

五、综合练习题

永明物业服务有限公司在某月发生如下经济业务:

①收到房地产开发公司交来的该物业小区的房屋共用部位维修资和共用设施设备维修资金 200 000 元,存入银行。

②租用权属业主的公共用房一处,作为办公室,租期 3 年,年租金 9 600 元,本月租金 800 元以现金支付。

③自行组织对业主委员会提供的管理用房进行装修,耗用装饰装修材料及备用件 12 000 元、施工工人工资 7 000 元。

④接收委托对一套二室二厅房屋进行装修,按照业主的装修要求,工程预算额为 40 000 元,按 2% 收取特约服务费 800 元。

⑤为各房屋业主和租住户代缴自来水费共计 12 000 元,按 1% 收取代办服

务费 120 元。

⑥承接某楼共用电梯的大修任务,实际发生工程支出 13 500 元,工程完工,工程价款 14 000 元已经业主委员会签证认可。

⑦当月经营收入共计 180 000 元,其他业务收入共计 10 000 元,按 5% 计算并交纳营业税,按营业税的 7% 计算并交纳城市维护建设税,按营业税的 3% 计算并交纳教育费附加。

⑧当月应结转经营收入 180 000 元,其他业务收入 10 000 元,营业外收入 400 元,投资收益 5 300 元,主营业务成本 110 000 元,营业税金及附加 3 400 元,营业费用 3 100 元,其他业务成本 5 400 元,管理费用 16 300 元,财务费用 3 400 元,营业外支出 600 元。

要求:根据上述经济业务,编制会计分录。

项目4　物业服务企业资产管理

【知识目标】

了解我国现行的有关现金、银行存款的管理制度；了解银行支付结算办法的种类及具体规定。掌握应收账款的概念、确认原则；掌握应收票据取得、收回、转让及贴现的账务处理；掌握存货入账价值的确定方法和发出的计价方法；熟悉固定资产的概念和确认标准；了解固定资产的分类方法；掌握固定资产折旧的计提范围、计提方法及账务处理；了解影响固定资产折旧的因素；了解无形资产管理的内容。掌握无形资产的概念及确认条件。

【能力目标】

1. 能按现行管理制度要求进行现金、银行存款的使用；
2. 培养对应收账款进行管理，具有账务处理的能力；
3. 能对应收票据进行账务处理；
4. 培养对存货计价的能力；
5. 具有对固定资产计提折旧的技能；
6. 培养分析、判断无形资产特征的能力；
7. 培养处理无形资产的取得、摊销、处置等主要业务的能力。

任务 1 流动资产管理

【知识准备】

流动资产,是指可以在 1 年或者超过 1 年的一个营业周期内变现或耗用的资产,主要包括货币资金、交易性金融资产、应收及预付款项、待摊费用、存货等。物业服务企业的流动资产主要包括货币资金、应收及预付款项、存货。下面将对货币资金、应收账款、应收票据及存货的管理进行介绍。

4.1.1 货币资金管理

货币资金是停留在货币形态,可以随时用作购买手段和支付手段的资金,在企业的各项经济活动中起着非常重要的作用。按其用途和存放地点的不同,可分为库存现金、银行存款和其他货币资金。现金的概念有狭义和广义之分。狭义的现金是指企业的库存现金;广义的现金是指除了库存现金外,还包括银行存款和其他符合现金定义的票证。我国会计上所说的现金仅指企业的库存现金,即狭义的现金,包括库存的人民币和外币。银行存款是指企业存放在银行或其他金融机构的货币资金。其他货币资金是指除现金、银行存款以外的其他各种货币资金,包括外埠存款、银行汇票存款、银行本票存款、信用证保证金存款、信用卡存款和存出投资款等。

1)货币资金的特点

在物业服务企业经营活动中,货币资金收支业务十分频繁。收取物业管理费、代收代缴水电费、发放工资、上缴税款、购买物品等都要涉及货币资金。货币资金作为企业的一种特殊资产,具有以下两个主要特点:

①流动性强。资产的流动性是指将某项资产转换为现金的速度及难易程度。如果一项资产很容易在短期内以合理的价格转换为现金,则该种资产具有较高的流动性。从这个意义上讲,货币资金的流动性比其他任何资产都强,它可以直接用于支付各种费用及偿还各种到期债务。

②收益率低。对于库存现金来讲,其收益率为零。对于银行短期存款来讲,其收益率极低,明显低于国债的收益率,与固定资产投资收益率相比差距更大。

2）货币资金管理的意义

（1）确保生产经营活动正常进行

物业服务企业从开业到清算的整个存续过程中，货币资金与各业务循环存在着广泛而紧密的联系，企业必须拥有一定数量的货币资金，作为支付工具和偿债手段，满足交易动机、预防动机和投机动机的需要。因此，企业应通过货币资金管理使货币资金的流入、流出在时间上、数量上能配合协调，满足生产经营的需要。

（2）提高资金的使用效益

企业货币资金存量过少或过多都不好，过少会削弱企业的支付能力和偿债能力，给企业带来负面影响；过多会出现资金闲置，降低资金的使用效益，在通货膨胀时还要面临购买力损失的风险。因此，企业应通过货币资金管理，使其保持在一个合适的水平上，既能满足生产经营的最低需要，又不浪费资金。

（3）有效地防止不法行为

由于货币资金具有最易流动和最易被人们普遍接受的特点，如果在货币资金收支业务中，缺乏严密的控制管理，就容易发生侵吞、盗窃和挪用等不法行为，危害企业的财产安全。因此企业应通过加强货币资金管理，保证货币资金收入确实，支出正当，保管妥善，从而有效地防止不法行为的发生。

3）货币资金管理的内容

（1）加强货币资金内部控制制度建设

货币资金的内部控制制度是指处理各种业务活动时，依照分工负责的原则在有关人员之间建立的相互联系、相互制约的管理体系，是企业的一项极其重要的内部管理制度。

①严格岗位分工，执行授权批准制度。企业应建立货币资金业务的岗位责任制，明确相关部门和岗位的职责、权限，确保办理货币资金业务的不相容岗位由不同的人员担任，形成严密的内部牵制制度，以减少和降低货币资金管理上舞弊的可能性。如实行签章分管，出纳人员不得兼管总账，不得兼任稽核、会计档案保管以及收入、支出、费用、债权、债务账目的登记工作，不得由一人办理货币资金业务的全过程。

企业应当建立严格的货币资金授权批准制度。审批人应当根据货币资金授权批准制度的规定，在授权范围内进行审批，不得超越审批权限；经办人应当在职责范围内，按照审批人的批准意见办理货币资金业务；未经授权的部门和人员一律不得办理货币资金业务。

②加强现金和银行存款的管理,实行交易分开。企业应当加强库存现金限额的管理,超过库存限额的现金应当及时存入银行,应严格按规定在银行开立账户,办理存款、取款和转账业务。企业取得的货币资金收入必须及时入账,不得私设"小金库",不得账外设账,严格禁止收不入账的违法行为。

③实行内部稽核,加强监督检查。企业应当建立对货币资金业务的监督检查制度,设置内部稽核单位和人员,定期和不定期对货币资金的安全进行检查,及时发现货币资金管理中存在的问题,以及时改进对货币资金管理的控制。

④实施定期轮岗制度。企业对涉及货币资金管理和控制的业务人员要定期轮岗。通过岗位轮换,减少货币资金控制中产生舞弊的可能性,并及时发现有关人员的舞弊行为。

(2)明确企业持有货币资金的动机

物业服务企业持有一定数量的货币资金,主要基于以下3个方面的动机:

①交易性动机,即企业在正常经营秩序下应当保持一定的货币资金支付能力。物业服务企业为了组织日常的服务管理活动,必须保持一定数量的货币资金余额,用于购买维修材料、支付工资和代收款、缴纳税款、清偿债务等。由于企业每天的货币资金流入量与货币资金流出量在时间上与数额上通常存在一定程度的差异,因此,企业持有一定数量的货币资金余额以应付日常开支是十分必要的。

②预防性动机,即企业为应付紧急情况而需要保持的货币资金支付能力。企业有时会发生预料之外的支出,如偶发事件的赔款等,因此需要保留一定数量的预防性货币资金。

③投机性动机,即企业为了抓住各种瞬息即逝的市场机会,获取较大的利益而准备的货币资金余额。如利用证券市价大幅度跌落时购入有价证券,以期在价格反弹时卖出证券获取高额价差收入。对物业服务企业而言,专为投机性需求而设立货币资金储备的情况不多,面临不寻常的购买机会时常通过筹集临时资金来解决货币资金需求。

企业除了以上3项原因持有货币资金外,也会基于满足将来某一特定要求或者为在银行维持补偿性余额等其他原因而持有货币资金。企业在确定货币资金余额时,一般应综合考虑各方面的持有动机。

(3)合理确定并降低企业持有货币资金的成本

物业服务企业持有货币资金的成本通常由以下3个部分组成:

①持有成本。持有成本指企业因保留一定货币资金余额而增加的管理费用及丧失的再投资收益。

企业保留货币资金,对货币资金进行管理,会发生一定的管理费用,如管理人员工资及必要的安全措施费等。这部分费用具有固定成本的性质,它在一定范围内与货币资金持有量的多少关系不大。

再投资收益是企业不能同时用该货币资金进行有价证券投资所产生的机会成本。由于将准备持有的货币资金用于投资可以获得一定数量的收益,而持有货币资金是不能赢利的,这就造成了收益损失,也就是持有货币资金付出的成本,这是一种机会成本。它与货币资金持有量的多少密切相关,即货币资金持有量越大,机会成本越高,反之就越小。

②转换成本。转换成本指企业用货币资金购入有价证券以及转让有价证券换取货币资金时付出的交易费用,即货币资金同有价证券之间相互转换的成本,如委托买卖佣金、委托手续费等。在货币资金需要量既定的前提下,每次货币资金持有量即有价证券变现额的多少,必然对有价证券的变现次数产生影响,也就是货币资金持有量越少,进行证券变现的次数越多,相应的转换成本就越大;反之,货币资金持有量越多,证券变现的次数就越少,需要的转换成本也就越小。

③短缺成本。短缺成本指在货币资金持有量不足而又无法及时通过有价证券变现加以补充而给企业造成的损失。货币资金的短缺成本随货币资金持有量的增加而下降,随货币资金持有量的减少而上升,即与货币资金持有量负相关。

企业货币资金管理就是要在资产的收益性和流动性之间找到一个最佳平衡点。

(4)确定最佳货币资金持有量

基于交易、预防、投机等动机的需要,物业服务企业必须保持一定数量的货币资金余额。确定最佳货币资金持有量的方法有很多种,这里介绍几种常见的模式。

①成本分析模式。它是根据货币资金有关成本,分析预测其总成本最低时货币资金持有量的一种方法。运用成本分析模式确定最佳持有量,只考虑因持有一定量的货币资金而产生的持有成本和短缺成本,而不考虑转换成本。

前已述及,在货币资金有关成本中,管理费用具有固定成本的性质,与货币资金持有量不存在明显的线性关系;机会成本与货币资金持有量正相关;短缺成本同货币资金持有量负相关。这些成本同货币资金持有量之间的关系可以从图4.1反映出来。

从图4.1可以看出,由于各项成本同货币资金持有量的变动关系不同,使得总成本曲线呈抛物线形,抛物线的最低点,即为成本最低点,该点所对应的货币资金持有量便是最佳货币资金持有量,此时总成本最低。

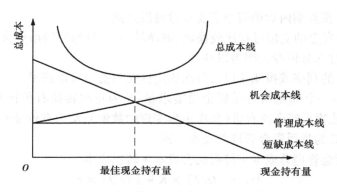

图4.1 货币资金成本与持有量关系图

成本分析模式正是运用上述原理确定货币资金最佳持有量的。在实际工作中运用该模式确定最佳货币资金持有量的具体步骤为：

a. 根据不同货币资金持有量测算并确定有关成本数值。

b. 按照不同货币资金持有量及其有关成本资料编制最佳货币资金持有量测算表。

c. 在测算表中找出总成本最低时的货币资金持有量，即最佳货币资金持有量。

②存货模式。存货模式又称鲍莫模式，它是由美国经济学家 William J. Baumol首先提出的，他认为公司货币资金持有量在许多方面与存货相似，存货经济订货批量模型可用于确定目标货币资金持有量，并以此为出发点，建立了鲍莫模型。

存货模式的着眼点在于货币资金有关成本最低。在货币资金成本中，固定费用相对稳定，同货币资金持有量的多少关系不大，因此在存货模式中将其视为决策无关成本而不加以考虑。由于货币资金是否会发生短缺、短缺多少、概率多大以及各种短缺情形发生时可能的损失如何，都存在很大的不确定性和无法计量性，因而，在利用存货模式计算货币资金最佳持有量时，对短缺成本也不予考虑。机会成本和转换成本随着货币资金持有量的变动而呈现出相反的变动趋向，这就要求企业必须对货币资金与有价证券的分割比例进行合理安排，从而使机会成本与转换成本保持最佳组合。换言之，能够使货币资金管理的机会成本与转换成本之和保持最低的货币资金持有量，即为最佳货币资金持有量。

运用存货模式确定最佳货币资金持有量时，要以下列假设为前提：

a. 企业所需的货币资金可通过证券变现取得，且证券变现的不确定性很小。

b. 企业预算期内货币资金需要总量可以预测。

c. 货币资金的支出过程比较稳定,波动较小,而且每当货币资金余额降至 0 时,均可通过部分证券变现得以补足。

d. 证券的利率或报酬率以及每次固定性交易费用可以获悉。

设 T 为一个周期内货币资金总需求量;F 为每次转换有价证券的固定成本;Q 为最佳货币资金持有量(每次证券变现的数量);K 为有价证券利息率(机会成本);TC 为货币资金管理总成本。则

货币资金管理总成本 = 持有机会成本 + 转换成本

$$TC = (Q/2) \times K + (T/Q) \times F \qquad (4.1)$$

货币资金管理总成本与持有机会成本、转换成本的关系如图 4.2 所示。

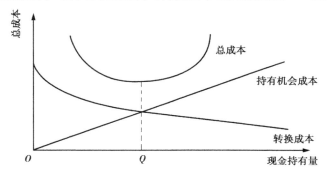

图 4.2　货币资金成本与持有量关系图

从图 4.2 可以看出,货币资金管理的总成本与货币资金持有量呈凹形曲线关系。持有货币资金的机会成本与证券变现的交易成本相等时,货币资金管理的总成本最低,此时的货币资金持有量为最佳货币资金持有量,即:

$$Q = \sqrt{\frac{2 \times T \times F}{K}} \qquad (4.2)$$

将公式(4.2)代入公式(4.1)得:

最佳货币资金管理总成本 $TC = \sqrt{2 \times T \times F \times K}$

确定最佳货币资金持有量的模型很多,最主要的是存货模型。但这一模型的缺点是假设货币资金均匀支出,企业只有在支出稳定的情况下才能使用。

(5)货币资金日常控制

为了提高货币资金使用效率,货币资金的日常控制应努力做到以下几点:

①力争货币资金流量同步。对于物业服务企业而言,由于它不涉及产品的生产,也不涉及产品的销售,其资金流动状况同一般的生产企业或商业企业相

比较为简单,对于未来货币资金流入流出的估计也相对比较可靠。因此,货币资金流入与货币资金流出发生的时间尽量趋于一致,使所持有的交易性货币资金余额降到最低水平,是物业服务企业进行货币资金收支管理的一个行之有效的方法。

②合理利用现金浮游量。从企业开出支票,到对方企业收到支票并解入银行,经过银行交换系统,到银行最终将款项划出企业账户,中间需要一段时间,这笔资金在这段时期内就被称为现金浮游量。也就是说,企业在开出支票后的一段时间内仍可使用这笔款项。在利用现金浮游量时尤其要注意时间上的配合,否则就会发生银行存款的透支。

③加速收款。主要指缩短应收账款的回收时间。

④推迟应付账款的支付。企业在不影响自己的信誉和经济利益不受损害的前提下,充分利用供货方提供的商业信用,尽可能地推迟应付款的支付。

【操作示范】

【例4.1】 某物业服务企业现有A,B,C,D 4种货币资金持有量方案,有关成本资料如表4.1所示。

表4.1 货币资金持有量备选方案

方案	A	B	C	D
货币资金持有量/元	20 000	40 000	60 000	80 000
机会成本率/%	7	7	7	7
管理成本/元	5 000	5 000	5 000	5 000
短缺成本/元	8 500	6 500	4 000	0

根据表4.1编制该企业最佳货币资金持有量测算表,如表4.2所示。

表4.2 最佳货币资金持有量测算表　　　　单位:元

方案及货币资金持有量	机会成本	管理成本	短缺成本	总成本
A(20 000)	1 400	5 000	8 500	14 900
B(40 000)	2 800	5 000	6 500	14 300
C(60 000)	4 200	5 000	4 000	13 200
D(80 000)	5 600	5 000	0	10 600

通过分析比较表 4.2 中各方案的总成本可知,D 方案的总成本最低,因此企业持有 80 000 元货币资金时,各方面的总代价最低,80 000 元为货币资金最佳持有量。

【例 4.2】 某物业服务企业收支状况比较稳定,预计全年(按 360 天计算)需要货币资金 800 000 元,货币资金与有价证券的转换成本为每次 600 元,有价证券的年利率为 6%,则:

$$最佳货币资金持有量 Q = \sqrt{\frac{2 \times 800\ 000\ 元 \times 600\ 元}{6\%}}$$
$$\approx 120\ 650\ 元$$

$$最低货币资金管理成本 TC = \sqrt{2 \times 800\ 000\ 元 \times 600\ 元 \times 6\%}$$
$$\approx 7\ 590\ 元$$

其中转换成本 = (800 000 元 ÷ 120 650 元) × 600 元 ≈ 3 980 元

持有机会成本 = 120 650 元 ÷ 2 × 6% ≈ 3 620 元

有价证券交易次数 = T/Q = 800 000 元 ÷ 120 650 元 ≈ 6.6

有价证券交易间隔期:360 天 ÷ 6.6 ≈ 55 天

4)现金的管理

(1)现金的使用范围

物业服务企业应当按照国家法律、法规的规定办理有关现金收支业务。按照《现金管理条例》的规定,企业发生的经济往来,可以在下列范围内使用现金:

①职工工资、津贴。

②个人劳动报酬。

③根据国家规定颁发给个人的科学技术、文学艺术、体育等各种奖金。

④各种劳保、福利费用以及国家规定的对个人的其他支出等。

⑤向个人收购农副产品和其他物资的款项。

⑥出差人员必需随身携带的差旅费。

⑦结算起点(1 000 元人民币)以下的零星支出。

⑧中国人民银行确定需要支付现金的其他支出。

除上述情况可以用现金外,其他款项的支付应通过转账结算。

(2)现金的限额

库存现金的限额是指为了保证企业日常零星开支的需要,允许单位留存现金的最高数额。这一限额由开户银行根据单位的实际需要核定,一般为 3 ~ 5 天日常零星开支需要量。边远地区和交通不便地区的企业,库存现金限额为多于5天但不超过15天的日常零星开支量。企业必须严格按规定的限额控制现金结余量,超过部分应于当日终了前存入银行,库存现金低于限额时,可以签发现金支票从银行提取现金,以补足限额。

（3）现金收支的规定

开户单位收入的现金应于当日送存开户银行,当日送存银行确有困难的,由银行确定送存时间;开户单位支付现金,可以从本单位库存现金中支付或从开户银行提取,不得从本单位的现金收入中直接支付,即不得"坐支"现金,因特殊情况需要坐支现金的,应事先报经有关部门审查批准,并在核定坐支范围和限额内进行,同时,收支的现金必须入账。

开户单位从开户银行提取现金时,应如实写明提取现金的用途,由本单位财会部门负责人签字盖章,并经开户银行审查批准后予以支付。此外,不准用不符合财务制度的凭证顶替库存现金,即不得"白条抵库";不准谎报用途套取现金;不准用银行账户代其他单位和个人存入或支取现金;不准用单位收入的现金以个人名义存储,不准保留账外公款,即不得"公款私存",不得私设"小金库"等,银行对于违反上述规定的单位,将按照违规金额的一定比例予以处罚。

5）银行存款的管理

银行存款是指企业存放于银行或其他金融机构的各种款项。按照国家《支付结算办法》的规定,物业服务企业应当根据业务需要,按照规定在其所在地银行开立账户,运用所开设的账户,进行存款、取款以及各种收支转账业务的结算。

（1）遵守银行存款开户的有关规定,正确使用银行存款账户

按照国家有关规定,除了在规定的范围内可用现金直接支付的款项外,物业服务企业在管理服务、经营过程中发生的一切货币收支业务,都必须通过银行存款账户进行核算。银行存款结算账户分为基本存款账户、一般存款账户、临时存款账户和专用存款账户4种。

①基本存款账户。指物业服务企业办理日常转账结算和现金收付需要开立的账户。该账户是存款人的主办账户,存款人日常经营活动的资金收付及其工资、奖金和现金的支取,应通过该账户办理。

②一般存款账户。指企业因借款或其他结算需要,在基本存款账户开户银行以外的银行营业机构开立的银行结算账户,本账户可以办理存款人借款转存、借款归还和其他结算的资金收付,以及现金缴存,但不得办理现金支取。

③临时存款账户。指企业因临时需要并在规定期限内使用而开立的银行

结算账户。如设立临时机构、异地临时经营活动、注册验资等,根据有关开户证明文件确定的期限或存款人的需要确定有效期限,最长不得超过 2 年。

④专用存款账户。指物业服务企业按照法律、行政法规和规章,对其特定用途资金进行专项管理和使用而开立的银行结算账户,如"代管基金"账户。

根据银行账户管理的有关规定,一个企业只能选择一家银行的一个营业机构开立一个基本存款账户,不得在多家银行机构开立基本存款账户,也不能在同一家银行的几个分支机构开立多个一般存款账户。

企业在银行开立银行存款基本账户时,必须填制开户申请书,提供当地工商行政管理机关核发的《企业法人营业执照》或《营业执照》正本等有关证件,送交盖有企业印章的印鉴卡片,经银行审核同意,才能开设中国人民银行当地分支机构核发的基本存款账户。企业申请开立一般存款账户、临时存款账户和专用存款账户,应填制开户申请书,提供基本存款账户企业同意其附属的非独立单位开户的证明等证件,送交盖有企业印章的卡片,银行审核同意后开立账户。企业在银行开立账户后,可到开户银行购买各种银行往来使用的凭证(如送款单、进账单、现金支票、转账支票等),用以办理银行存款的收付款项。

(2)切实加强银行存款的收支管理

物业服务企业收入的款项,应当在国家规定的时间内送存到开户银行;支出的款项,除规定可以用现金支付的以外,应当按照银行规定,通过银行办理转账结算。物业服务企业支付款项时,银行存款账户内必须有足够的资金。

(3)遵守银行的结算纪律

企业通过银行办理支付结算时,应当认真执行国家各项管理办法和结算制度,定期与银行核对账目,保证货币资金的安全。

银行结算账户的开立和使用应当遵守法律、行政法规,中国人民银行颁布的《支付结算办法》规定:单位和个人办理支付结算,不得利用银行结算账户进行偷逃税款、逃废债务、套取现金及其他违法犯罪活动;不得出租、出借银行结算账户;不得利用银行结算账户套取银行信用;不得将单位款项转入个人银行结算账户。不准签发没有资金保证的票据或远期支票,套取银行信用;不准签发、取得和转让没有真实交易和债权债务的票据,套取银行和他人资金;不准无理拒付款,任意占用他人资金;不准违反规定开立和使用账户。

(4)选择适当的银行转账结算方式

银行转账结算,是指单位、个人在社会经济活动中使用票据、信用卡和汇兑、托收承付、委托收款等结算方式进行货币给付及资金清算的行为。企业在办理支付结算业务时,必须根据不同的款项收支,考虑结算金额的大小、结算距离的远近、利息支出和对方信用等因素,进行综合分析,选择适当的银行转账结算方式,以缩短结算时间,减少结算资金占用,加速资金周转。目前银行转账结算方式主要有支票、银行本票、商业汇票、银行汇票、信用卡、汇兑、委托收款、托收承付八种。

①支票。支票是指单位或个人签发的,委托办理支票存款业务的银行在见票时无条件支付确定的金额给收款人或者持票人的票据。

支票结算方式是同城结算中应用比较广泛的一种结算方式。单位和个人在同一票据交换区域的各种款项结算,均可使用支票。支票上印有"现金"字样的为现金支票,现金支票只能用于支取现金。支票上印有"转账"字样的为转账支票,转账支票只能用于转账。支票上未印有"现金"或"转账"字样的为普通支票,普通支票可以用于支取现金,也可以用于转账。在普通支票左上角划两条平行线的,为划线支票,划线支票只能用于转账,不得支取现金。

支票的提示付款期限为自出票日起10日,但中国人民银行另有规定的除外。超过提示付款期限提示付款的,持票人开户银行不予受理,付款人不予付款。转账支票可以根据需要在票据交换区域内背书转让。

企业财会部门在签发支票之前,出纳人员应该认真查明银行存款的账面结余数额,防止签发超过存款余额的空头支票。签发空头支票,银行除退票外,还按票面金额处以5%但不低于1 000元的罚款。持票人有权要求出票人赔偿支票金额2%的赔偿金。签发支票时,使用蓝黑墨水或碳素墨水,将支票上的各要素填写齐全,并在支票上加盖其预留银行印鉴。出票人预留银行的印鉴是银行审核支票付款的依据。银行也可以与出票人约定使用支付密码,作为银行审核支付支票金额的条件。

②银行汇票。银行汇票是指汇款人将款项交存当地银行,由出票银行签发的由其在见票时按照实际结算金额无条件支付给收款人或者持票人的票据。银行汇票有使用灵活、票随人到、兑现性强等特点,适用于钱货两清或先收款后发货的单位和个人各种款项的结算,银行汇票一般用于转账,填明"现金"字样的银行汇票,也可以用于支付现金。银行汇票的提示付款期为自出票日起1个月内。银行汇票的收款人可以将银行汇票背书转让他人,背书金额以不超过出票金额的实际结算金额为限。

银行汇票的出票人为银行。按规定,银行应在收妥银行汇款申请人款项后,才签发银行汇票给申请人持往异地办理转账结算或支取现金。单位和个人的各种款项结算,均可使用银行汇票。

③银行本票。银行本票是指银行签发的、承诺自己在见票时无条件支付确

定的金额给收款人或者持票人的票据。银行本票分为定额本票和不定额本票，定额本票为 1 000 元、5 000 元、10 000 元、50 000 元。

银行本票由银行签发并保证兑付，而且见票即付，具有信誉高、支付能力强等特点。无论单位或个人，凡需要在同一票据交换区域支付款项的，都可以使用银行本票。银行本票可以用于转账，注明"现金"字样的银行本票可以用于支取现金。银行本票的提示付款期限自出票日起最长不得超过 2 个月。申请人取得银行本票后，即可向填明的收款单位办理结算。收款企业在持收到的银行本票向开户银行提示付款时，应填写进账单，连同银行本票一并交开户银行办理转账。填明"现金"字样的银行本票可以挂失止付，收款人也可以在票据交换区域内将银行本票背书转让。

④商业汇票。商业汇票是指出票人签发的、委托付款人在指定日期无条件支付确定的金额给收款人或者持票人的票据。在银行开立存款账户的法人以及其他组织之间须具有真实的交易关系或债权债务关系，才能使用商业汇票。商业汇票的付款期限由交易双方商定，但最长不得超过 6 个月。商业汇票的提示付款期限为自汇票到期日起 10 日内。

存款人领购商业汇票，必须填写"票据和结算凭证领用单"并加盖预留银行印章，存款账户结清时，必须将剩余的空白商业汇票全部交回银行注销。

商业汇票可以由付款人签发并承兑，也可以由收款人签发交付款人承兑。商业汇票可以在出票时向付款人提示承兑后使用，也可以在出票后先使用再向付款人提示承兑。定日付款或者出票后定期付款的商业汇票，持票人应当在汇票到期日前向付款人提示承兑；见票后定期付款的汇票，持票人应当在出票日起 1 个月内向付款人提示承兑。汇票未按规定期限提示承兑的，持票人丧失对其前手的追索权。付款人应当自收到提示承兑的汇票之日起 3 日内承兑或拒绝承兑。付款人拒绝承兑的，必须出具拒绝承兑的证明。

商业汇票可以背书转让。符合条件的商业汇票持票人可持未到期的商业汇票连同贴现凭证，向银行申请贴现。

商业汇票按承兑人的不同分为商业承兑汇票和银行承兑汇票两种。

a. 商业承兑汇票。商业承兑汇票是由银行以外的付款人承兑。商业承兑汇票按交易双方约定，由销货企业或购货企业签发，由购货企业承兑。承兑时，购货企业应在汇票正面记载"承兑"字样和承兑日期并签章。承兑不得附有条件，否则视为拒绝承兑。汇票到期时，购货企业的开户银行凭票将票款划给销货或贴现银行。销货企业应提示付款期限内通过开户银行委托收款或直接向付款人提示付款。汇票到期时，如果购货企业的存款不足以支付票款，开户银行应将汇票退给销货企业,银行不负责付款,由购销双方自行处理。

　　b.银行承兑汇票。银行承兑汇票由银行承兑,由在承兑银行开立存款账户的存款人签发。承兑银行应按票面金额向出票人收取万分之五的手续费。购货企业将银行承兑汇票交给销货企业后,应于汇票到期前将款项足额交存其开户银行,以备由承兑银行在汇票到期日或到期日后的见票当日支付票款。销货企业应在汇票到期时将汇票连同进账单送交开户银行以便转账收款。承兑银行凭汇票将承兑款项无条件转给销货企业,如果购货企业于汇票到期日未能足额交存票款,承兑银行除凭票向持票人无条件付款外,对出票人尚未支付的汇票金额按照每天万分之五计收罚息。商业汇票的处理流程如图4.3所示。

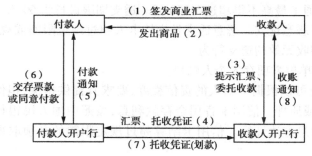

图4.3　商业汇票的处理程序

　　⑤信用卡。信用卡是指商业银行向个人和单位发行的,凭以向特约单位购物、消费和向银行存取现金,且具有消费信用的特制载体卡片。

　　信用卡按使用对象分为单位卡和个人卡,按信用等级不同分为金卡和普通卡。商业银行、非银行金融机构未经中国人民银行批准不得发行信用卡,非银行金融机构、境外金融机构的驻华代表机构不得发行信用卡和代理收单结算业务。凡是在中国境内金融机构开立基本存款账户的单位可申请单位卡。单位卡可申领若干张,持卡人资格由申领单位法定代表人或其委托的代理人书面指定或注销。凡具有完全民事行为能力的公民可申领个人卡,个人卡的主卡持卡人可为其配偶及年满18周岁的亲属申领附属卡(申领的附属卡不得超过两张),也有权要求注销其附属卡。单位和个人申请领用信用卡应按规定填制申领表,连同有关资料一并送交发卡银行。符合条件并按银行要求交存一定金额的备用金后,银行为申领人开立信用卡存款账户,并交给信用卡。

　　单位申请信用卡,需要向发卡银行缴存一定金额的保证金,银行为申请人开立信用卡存款账户。单位使用信用卡有如下规定:

　　a.单位卡账户资金一律从基本存款账户转账存入,不得交存现金,不得从卡中支取现金,不得将销售收入的款项存入其账户。

b. 信用卡仅限于合法持卡人本人使用,持卡人不得出租、出借或转让信用卡。

c. 单位卡不得用于 10 万元以上的商品交易、劳务供应款项的结算。

d. 持卡人可持信用卡在特约商户购物消费。持卡人凭卡购物、消费时,需将信用卡和身份证件一并交特约商户,智能卡(IC 卡)、照片卡可免验身份证件。特约商户不得拒绝受理持卡人合法持有的、签约银行发行的有效信用卡,不得收取信用卡的附加费。

e. 信用卡在规定的限额和期限内允许善意透支,透支额金卡最高不得超过 10 000 元,普通卡最高不得超过 5 000 元。透支期限最长为 60 天。持卡人使用信用卡时不得恶意透支。恶意透支是指持卡人超过规定限额或规定期限,并且经发卡银行催收无效的透支行为。

f. 严禁将单位款项存入个人账户。

发卡银行可以根据申请人的资信程度,要求其提供担保,担保的方式可采用保证、抵押或质押。信用卡备用金存款利息,按照中国人民银行规定的活期存款利率及计息方法计算。信用卡结算超过规定限额的必须取得发卡银行的授权。

按规定,单位卡一律不得支取现金。透支利息,自签单日或银行记账日起 15 日内按日息万分之五计算,超过 15 日按万分之十计算,超过 30 日或透支金额超过限额的,按日息万分之十五计算,透支计息不分段,按最后期限或最高透支额的最高利息档次计息。单位卡在使用过程中,需要向其账户续存资金的,一律从其基本存款账户存入特约单位受理信用卡。信用卡结算流程如图 4.4 所示。

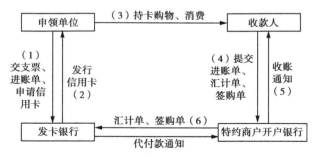

图 4.4　信用卡结算流程

⑥汇兑。汇兑是指汇款人委托银行将其款项支付给收款人的结算方式。

单位和个人的任何款项结算,均可使用汇兑结算。

汇兑按款项划转方式不同,可分为信汇和电汇两种。信汇是指汇款人委托银行通过邮寄方式将款项划给收款人。电汇是指汇款人委托银行通过电报将款项划转给收款人。这两种汇兑方式由汇款人委托银行根据需要选择使用。汇兑结算方式适用于异地之间的单位和个人的各种款项结算,其手续简便,划款迅速。

采用这一结算方式,在汇款单位汇出款项时,应填写银行印发的汇款凭证,列明收款单位名称、汇款金额及汇款的用途等项目,送达开户银行。汇出银行受理汇款单位签发的汇兑凭证,经审查无误后,应及时向汇入银行办理汇款,并向付款单位签发汇款回单。对开立存款账户收款人,汇入银行应将汇给其的款项直接转入收款人账户,并向其发出收账通知。汇兑结算方式流程如图4.5所示。

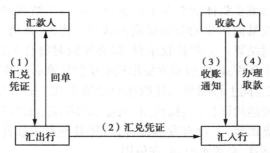

图4.5 汇兑结算方式流程

⑦委托收款。委托收款是指收款人委托银行向付款人收取款项的结算方式。委托收款按结算款项的划回方式不同,可分为邮寄和电报两种,由收款人选择。

委托收款便于收款人主动收款,在同城、异地均可以办理,且不受金额限制,无论是单位还是个人凭已承兑商业汇票、债券、存单等付款人债务凭证办理款项的结算,均可使用委托收款结算方式。委托收款还适用于收取电费、水费、电话费、有线电视费、煤气费等付款人众多、分散的公用事业费等有关款项。

企业委托开户银行收款时,应填写银行印制的委托收款凭证并提供有关的债务证明,在委托收款凭证中写明付款单位的名称、收款单位名称、账号及开户银行等项目,经开户银行审查后,据以办理委托收款。企业的开户银行受理委托收款后,将收款凭证寄交付款单位开户银行,由付款单位开户银行审核,并通知付款单位。

付款单位收到银行交给的委托收款凭证及债务证明,应签收并在 3 日内审查债务证明是否真实,是否是本单位的债务,确认之后通知银行付款。如果付款单位不通知银行,银行视其为同意付款,并在第 4 日从单位账户中付出此笔托收款项。付款单位在 3 日内审查有关债务凭证后,对收款企业委托收取的款项需要拒绝付款的,应出具拒绝证明,连同有关债务证明,凭证送交开户银行,开户银行不负审查责任,只将拒绝证明等凭证一并寄给收款企业开户银行,转交收款企业,在付款日期满,付款单位如无足够资金支付全部款项,其开户银行应将其债务证明连同未付款项通知书邮寄收款企业银行转交收款企业。

⑧托收承付。托收承付是指根据购销合同由收款人发货后委托银行向异地付款人收取款项,由付款人向银行承认付款的结算方式。

根据《支付结算办法》的规定,托收承付的适用范围是:a. 使用该结算方式的收款单位和付款单位必须是国有企业、供销合作社以及经营管理较好并经开户银行审查同意的城乡集体所有制工业企业。b. 办理结算的款项必须是商品交易以及因商品交易而产生的劳务供应的款项。代销、寄销、赊销商品的款项不得办理托收承付结算。办理托收承付,除必须同时符合上述两项规定外,还必须具备另外 3 个条件:a. 收付双方使用托收承付结算必须签有符合《合同法》的购销合同,并在合同上订明使用托收承付结算方式。b. 收款人办理托收,必须具有商品确已发运的证件(包括铁路、航运、公路等运输部门签发的运单、运单副本和邮局包裹回执)。没有发运证件,可凭其他有关证件办理。c. 收付双方办理托收承付结算,必须重合同、守信用。

符合上述使用范围和适用条件的企业间的款项结算可采用托收承付结算方式。托收承付结算每笔的金额起点为 10 000 元。

购货企业按照购销合同发货后,填写托收承付凭证,盖章后连同发运凭证或其他符合托收承付结算的有关证明和交易单证送交开户银行办理托收手续。销货企业开户银行接到托收凭证及其附件后,应当按照托收范围、条件和托收凭证填写的需求认真进行审查,经审查无误的,将有关托收凭证连同交易单证一并寄交购货企业开户银行。购货企业开户银行收到托收凭证及其附件后,应及时通知并转交购货企业。购货企业在承付期内审查核对,安排资金以备承付。购货企业的承付期应在双方签订合同时约定验单还是验货付款,验单付款的承付期为 3 天,验货付款的承付期为 10 天。承付期内购货企业未表示拒绝付款的,银行视为同意承付,于承付期满的次日上午银行开始营业时,将款项划给销货企业。购货企业不得在承付货款中扣抵其他款项或以前托收的货款。

对于下列情况,购货企业可以在承付期内向银行提出全部或部分拒绝付款。购货企业提出拒绝付款时,必须填写"拒绝付款理由书"并签章,购货企业开户银行必须认真审查拒绝付款的理由,查验合同。银行同意部分或全部拒绝付款的,应在"拒绝付款理由书"上签注意见,并将拒绝付款理由书、拒付证明、拒付商品清单和有关单证邮寄销货企业开户银行转交销货企业。

购货企业在承付期满,如无足够资金支付,其不足部分即为逾期未付款项,开户银行根据逾期付款金额和逾期天数,按每天万分之五计算逾期付款赔偿金。赔偿金实行定期扣付,每月计算一次,于次月3日内单独划给销货企业。当购货企业账户有款时,开户银行必须将逾期未付款项和应付的赔偿金及时扣划给销货企业,不得拖延扣划。

物业服务企业经营方式的特殊性,决定其不会使用托收承付结算方式向服务对象收取货款。一般情况下,物业服务企业由于经营所需,可能因购买物资而使用托收承付结算方式向购货方支付货款。

4.1.2　应收账款的管理

1)应收账款概述

应收账款,是物业服务企业因提供劳务等业务而应向接受劳务的单位或个人收取的款项。主要包括应收取物业管理费,特约服务费,出售商品、材料,提供劳务等应收取的价款、税金及代购货方垫付的运杂费等。它代表企业能获得的未来现金流入。形成应收账款的直接原因是劳务费赊销。虽然大多数企业希望现销而不愿赊销,但是面对竞争,为了稳定自己的营销渠道、增加收入,不得不面向客户提供信用业务。应收账款的形成增加了企业风险,因此,企业必须加强应收账款的管理,正确衡量信用成本和信用风险,合理确定信用政策,及时收回账款。

2)应收账款的入账价值

应收账款应于收入实现时予以确认。通常按实际发生额记账。也就是说,在商品、产品已经交付、劳务已经提供、合同已经履行、销售手续已经完备时,确认应收账款的入账金额。在有销售折扣的情况下,还应考虑折扣因素。

(1)商业折扣

商业折扣是指企业根据市场供需情况,或针对不同的顾客,在商品标价上给予的扣除。商业折扣是企业最常用的促销手段,如物业服务企业所属便利店销售某种冷饮,售价每个5元,购10个以上优惠5%,20个以上优惠10%。由于商业折扣是根据销售数量的多少所给予的价格优惠,在交易发生时就已经确定,所以应收账款的入账金额按扣除商业折扣后的实际价格确认。

（2）现金折扣

现金折扣是指企业为鼓励客户在一定期限内早日偿还货款,而向客户提供的债务扣除。现金折扣一般用符号"折扣/付款期限"表示。通常要在发票上标明付款条件,如"2/10;1/20;N/30"表示:如果客户在 10 天内付款可按售价给予 2% 的折扣,如果客户在 20 天内付款可按售价给予 1% 的折扣,如果客户在 30 天内付款则不给折扣。

现金折扣使企业应收账款的实际收回金额因客户的付款时间而异,其应收账款入账金额的确定有两种方法:一种是总价法,另一种是净价法。

总价法是将未减去现金折扣前的金额作为应收账款的入账金额。净价法是将扣减最大现金折扣后的金额作为应收账款的入账金额。如某物业服务有限公司为鼓励业主及时、提早缴纳物业服务费,该物业公司给出的条件为"2/10;1/20;N/30",即如果业主在 10 天内缴费可给予 2% 的折扣,如果业主在 20 天内缴费给予 1% 的折扣,如果业主在 30 天内付款则不给折扣。如果该公司某服务各心应收取物业管理费为 80 000 元,在总价法下,应收账款的入账金额为 80 000 元。在净价法下,应收账款的入账金额为 78 400 元。我国的会计实务中,通常采用总价法。

3）应收账款的融通

在商业信用比较发达的情况下,因业务经营的需要,若企业出现暂时的货币资金紧缺,又不能及时从银行取得信用借款或以其他财产抵押借款时,可以利用应收账款的融通业务筹集所需的资金。

所谓应收账款融通,是指通过应收账款的抵借或让售等方式筹集资金的行为。应收账款的抵借或让售,必须与银行或金融公司签订有关的合同,明确规定双方的权利和责任。

（1）应收账款的抵借

应收账款抵借是指企业（承借人）用应收账款作为抵押担保而向银行或金融公司（出借人）借入现款的融资方式。企业以应收账款抵借方式取得借款时,抵借合同主要规定借款期限和借款限额。借款限额即借款额度,是企业可取得的最高借款额,其数量视应收账款的债务人的信誉程度和借款单位的经营情况而定,一般为应收账款的 70% ~ 80%。应收账款与借款额度之间的差额,是为了应付销货折扣、销售退回、销售折让等事项或用于支付利息。应收账款抵借后,并不改变其所有权,不需通知购买单位。待收到应收账款后,再将借款归还信贷公司,并支付利息。承借人实际借款时,还应出具应收票据。

根据《小企业会计制度》,若小企业以应收账款等应收债权为质押取得银行借款时,应按照实际收到的款项,借记"银行存款"账户;按实际支付的手续费,借记"财务费用"账户;按银行借款本金并考虑借款期限,贷记"短期借款"等账户。

（2）应收账款的让售

应收账款让售是指应收账款持有人（出让方）将应收账款所有权让售给金融机构（受让方）,由它直接向客户收账的交易行为。它是企业将应收账款出售给金融机构以取得急需资金的一种融资方式。金融公司在购买应收账款时不仅要考虑利息、融资手续费、将来可能发生的销售折扣、销售退回和销售折让等因素,而且要考虑应收账款的收款风险。

应收账款总额扣除最大现金折扣额、手续费以及扣留款后的余额,即为企业出售应收账款后,可向信贷公司取得的筹款总额。应收账款让售分为无追索权让售和有追索权让售。有追索权让售是指应收账款被让售后原债权单位应向购买者即金融机构承担追索账款的责任,在已让售应收账款上发生的任何坏账损失,均应由原债权单位承担。无追索权让售是指应收账款被让售后原债权单位将不再承担追索账款的责任,如果欠款单位无力偿还账款,则造成的坏账损失转嫁给金融机构。因此,应收账款让售后,应立即通知赊购方,通知其将账款直接付给信贷公司。

4）应收账款的成本

企业有了应收账款,不仅会造成资金成本和管理费用的增加,还有坏账损失的可能。因此,应收账款的成本包括机会成本、管理成本和坏账成本。

①机会成本。应收账款作为企业用于强化竞争、扩大市场占用率的一项短期投资占用,明显丧失了该部分资金投入证券市场及其他方面的收入。企业用于维持赊销业务所需要的资金乘以市场资金成本率（一般可按有价证券利息率）之积,便可得出应收账款的机会成本。

②管理成本。即指企业对应收账款的全程管理所耗费的开支,主要包括对客户的资信调查费用,应收账款账簿的记录费用,收账过程开支的差旅费、通讯费、人工工资、诉讼费以及其他费用等。

③坏账成本。因应收账款存在着无法收回的可能性,所以就会给债权企业带来坏账损失,即坏账成本。企业应收账款余额越大,坏账成本就越大。

以上前两项构成应收账款的直接成本,第三项为应收账款的风险成本,这三项就是企业提供给客户商业信用的付出代价。

5）应收账款的信用政策

制定合理的信用政策是加强应收账款管理,提高应收账款投资效益的重要前提。信用政策即应收账款的管理政策,是指企业为对应收账款投资进行规划与控制而确立的基本原则与行为规范,包括信用标准、信用条件和收账政策3部分内容。

（1）信用标准

信用标准是指卖方企业在给买方客户提供商业信用时,要求客户达到的信用程度,通常以预期的坏账损失率表示。信用标准的高低决定了企业信用政策的严格程度,也直接影响企业的销售水平及应收账款的风险与成本。企业信用标准的制定必须是适当和有效的。信用标准的确定,通常可以从定性和定量两方面进行。

①定性分析,也称为影响因素分析。影响企业信用标准的基本因素包括:

a.同行业竞争对手的情况。企业首先应对同行业市场占有率的分配情况进行调查和分析,确定自身在行业中所处的地位与主要竞争优势,据以确定出企业的主要竞争对手,在此基础上调查了解主要竞争对手所执行的信用标准。

b.企业自身承受违约风险的能力。若企业的风险承受能力较强,可采用较宽松的信用标准,以扩大市场占有率;反之,就只能以稳健的策略,即选择较严格的信用标准,以保证企业的经营活动能够正常、持续地进行。

c.客户的资信程度。企业在制定信用标准时必须对客户的资信程度进行调查、分析。在判断客户的资信程度时,可以用"5C"系统来确定。"5C"主要指:

信用品质(character)。指客户的信誉,这是评价客户资信程度的首要因素。企业必须对客户过去的付款记录进行详细了解,以判断其是否能履行偿债义务。

偿付能力(capacity)。指客户实际偿还债务的能力。这就需要对客户的财务报表进行分析,根据其流动资产的数量和质量以及与流动负债的比例来判断偿债能力的大小。一般而言,客户的流动资产越多,对流动负债的比值越大,表明其偿付债务的能力就越强。此外,企业还应注意对资产质量,即变现能力以及资产的流动性进行分析。

资本(capital)。指客户的经济实力和财务状况,表明客户可能偿还债务的背景。通过对客户资本的了解,可以测定其净资产的大小及其获利的可能性。

抵押品(collateral)。指客户拒付或无力支付款项时能被用作抵押的资产。

能够作为信用担保的抵押财产,必须为客户实际所有,并且应具有较高的变现能力。这对向不知底细或对其信用状况存在争议的客户提供信用的企业尤为重要。在这种情况下,只要客户能够提供足够的高质量的抵押品,企业就可向其提供信用。

经济状况(conditions)。指可能影响客户付款能力的经济环境,包括一般经济发展趋势和某些地区的特殊发展情况。企业必须了解客户在以前的经济衰退或通货紧缩时期的付款情况。

企业在收集客户上述信用资料的基础上,为便于定量管理,还需要将其转换为信用等级,以便对不同等级的客户采取不同的信用政策。信用等级一般是根据客户可能发生坏账损失的概率而确定的。其分类办法如表4.3所示。

表4.3

坏账损失率/%	0	0~0.5	0.5~1	1~2	2~5	5~10	10~20	20以上
客户信用级别	1	2	3	4	5	6	7	8

企业对信用等级为1~5级的客户采用一般的信用标准,对6~7级的客户采用较严格的信用标准,对8级客户则不提供赊销。

②定量分析。对信用标准进行定量分析的目的在于解决三个问题:首先,确定客户拒付账款的风险,即坏账损失率;其次,具体确定客户的信用等级,以作为给予或拒绝信用的依据;再次,确定信用额度。

a.信用等级的评价。评价客户的信用等级是通过计算信用等级评价指标进行的。具体步骤如下:

首先,设定信用等级的评价标准。即根据对客户信用资料的调查分析,确定评价信用优劣的数量标准。这可以通过查阅各个客户过去年度的信用资料,以一组具有代表性、能够说明付款能力和财务状况的若干比率作为信用等级评价指标,包括:流动比率、速动比率、应收账款周转率、存货周转率、资产负债率、赊购付款履约情况等。根据数年内最坏年度的相关数据,分别计算出"信用好"和"信用差"两类客户的上述比率的平均值,并以此平均值作为对其他客户进行信用等级评价的信用标准(表4.4)。

表4.4 信用标准一览表

信用等级评价指标/%	信用标准		信用等级评价指标/%	信用标准	
	信用好	信用差		信用好	信用差
流动比率	2.0	1.2	应收账款周转率	14	7

续表

信用等级评价指标/%	信用标准		信用等级评价指标/%	信用标准	
	信用好	信用差		信用好	信用差
速动比率	1.0	0.7	存货周转率	7	4
现金流动负债比率	0.5	0.2	总资产报酬率	30	15
资产负债率	0.6	3.0	赊购付款履约情况	及时	拖欠

其次,确定拒付风险系数。根据客户的财务报表数据计算表4.4所列的各项指标,将计算结果与表中的标准值进行比较,然后给出每个项目的拒付风险系数,汇总各项目便可得出某客户的拒付风险系数。具体确定方法如下:若客户的某项指标值等于或低于坏的信用标准,则该客户的拒付风险系数(即坏账损失率)增加10%;若客户的某项指标值介于好与差的信用标准之间,则其拒付风险系数增加5%;当客户某项指标值等于或高于好的信用指标时,则视该客户的这一指标无拒付风险,其拒付风险系数为0;最后,将客户的各项指标的拒付风险系数累加,即可作为该客户发生坏账损失的总比率。

承表4.4,某客户的各项指标及累计拒付风险系数如表4.5所示。

表4.5　某客户信用状况及风险系数表

信用等级评价指标/%	信用状况	拒付风险系数/%
流动比率	2.1	0
速动比率	1.2	0
现金流动负债比率	0.3	5
资产负债率	0.7	0
应收账款周转率	17	0
存货周转率	6	5
总资产报酬率	28	5
赊购付款履约情况	及时	0
拒付风险综合系数		15

最后,确定信用等级。首先,依据上述风险系数分析数据,按照客户累计风险系数由小到大进行排序。然后,结合企业承受违约风险的能力及市场竞争的

需要,具体划分客户的信用等级。一般的,将拒付风险系数在5%以下的客户评为A级,拒付风险系数在5%～10%的客户评为B级,拒付风险系数在10%～15%的客户评为C级等。对于不同信用等级的客户,应分别采取不同的信用政策。

b.确定信用额度。信用额度是指根据本企业的实际状况和客户的偿付能力所给予该客户的最大赊销额。信用额度的确定在企业应收账款管理中具有特殊意义,它能防止由于给予客户过度的赊销信用,从而造成企业不必要的损失。当客户的订单不止一份,或在一定时期内连续发生多次购货业务时,为了避免重复对客户进行信用分析和信用标准评价,就可对不同的客户制定相应的信用额度,这样便能有效地控制客户在一定时期内应收账款金额发生的最高限度。

在日常业务中,对于每个客户,只要赊销额没有超过规定的信用额度,就可以连续地接受客户的订单。如发现某客户的赊销额已达到信用限额,但其赊销规模仍在不断扩大,首先应停止其赊销业务,其次对其信用状况进行重新测评,如属状况良好则可以追加信用额度;反之,如果发现其财务状况不良或属恶意赊销的,则应及时终止该客户的赊销业务,确保企业的利益不被损害。

(2)信用条件

信用条件是指企业向客户提供赊销信用时所提出的付款要求,主要包括:信用期限、折扣期限及现金折扣等。

①信用期限。信用期限是指企业给予客户延期付款的最长期限。一般而言,企业设置信用期限时必须考虑:

第一,购买者不会付款的概率。购买者处于高风险行业,企业也许会提出相当苛刻的信用期限。

第二,交易金额的大小。如果金额较小,信用期限则可相对短一些。这是因为,小金额应收账款的管理费用相对较高,而其对企业的重要性也相对低一些。

第三,商品是否易保存。如果存货的变现价值低,而且不能长时间保存,企业则应提供比较宽松的信用期限。

②折扣期限与现金折扣。折扣期限是指给予客户的可享受现金折扣的优惠期限。现金折扣是指企业为了吸引顾客能在规定的期限内提前付款,而给予其在折扣期限内一定货款减除的优惠率。现金折扣率的大小总是与折扣期限联系在一起,折扣期限越短,折扣率就越大。一般情况下,现金折扣率介于1%～3%之间。企业究竟应当核定多长的折扣期限以及给予客户怎样程度的

现金折扣优惠,必须与信用期限、加速收款所得到的收益以及付出的现金折扣成本结合起来考察。如果加速收款带来的机会收益能够大于现金折扣成本,企业就可以采取现金折扣政策,反之则不实行。

(3)收账政策

收账政策是指当客户违反信用条件,拖欠甚至拒付账款时,企业所采取的收账策略与措施。企业在向客户提供商业信用时,应当考虑3个问题:一是客户是否会拖欠或拒付账款;二是怎样最大限度地防止客户拖欠账款;三是一旦账款遭到拖欠或拒付时,企业应采取什么样的对策。前两个问题主要依靠信用调查和严格信用审批制度来控制,第三个问题则必须通过制定完善的收账政策,采取有效的收账措施才能予以解决。

①确定收账费用投入量。对于过期的应收账款,企业应当采取一定的催收措施。企业投入一定的资金用于催收过期应收账款,会使坏账损失率大大降低,缩短平均收账期,减少应收账款的资金占用。但这并不意味着收账费用的投入量总是与其所产生的效益成正比例关系,二者之间的关系如图4.6所示。

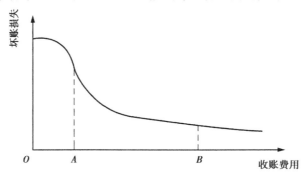

图4.6　收账费用与坏账损失关系图

从图4.6可以看出,通常最初用于催收过期应收账款所投入的少量费用只能使坏账损失略有下降;当收账费用投入量增加到一定水平(图中 A 点)时,进一步增加收账费用就会使坏账损失大幅度下降。然而,当收账费用增加到另一水平(图中 B 点)时,再增加收账费用则对减少坏账损失几乎不起作用,因此 B 点被称为收账费用饱和点。它说明一定的坏账损失总是无法避免的。

②确定收账程序。在购货方逾期拖欠或拒付时,销货方通常采用的收账程序如下:首先检查现行的信用标准及信用审批制度是否存在纰漏,并重新对违约客户的资信等级进行调查、评价;然后对于信用品质低劣的客户,应当将其从信用名单中剔除,对其所拖欠的款项可先通过信函、电讯甚至派员的方式进行

催收,态度可以渐加强硬,并提出警告;最后,当上述措施无效时,可以通过法院裁决。为了提高诉讼效果,有必要联合其他经常被该客户拖欠或拒付账款的企业协同向法院起诉,以增强该客户信用品质不良的证据力。但是,对于信用记录一向正常的客户,在去电、去函的基础上,可以派人与客户直接进行协商,彼此沟通意见,达成谅解协议。这样,既可密切相互之间的关系,又有助于拖欠问题的解决。

6)应收账款的控制与监督

对已发生的应收账款,物业服务企业还应进一步强化日常管理工作,采取有力的措施进行分析、控制和监督,及时发现问题,提前采取对策。这些措施主要包括:

（1）应收账款追踪分析

应收账款一旦形成,企业就必须考虑如何按期足额收回的问题。这样,赊销企业就有必要在收款之前,对该项应收账款的运行过程进行追踪分析,重点要放在赊销商品的变现方面。企业要对赊购者的信用品质、偿付能力进行深入调查,分析客户货币资金的持有量与调剂程度能否满足兑现的需要。应将那些挂账金额大、信用品质差的客户的欠款作为考察的重点,以防患于未然。

（2）收账款账龄分析

企业已发生的应收账款时间长短不一,有的尚未超过信用期,有的则已逾期拖欠。一般来讲,逾期拖欠时间越长,账款催收的难度越大,成为坏账的可能性也就越高。因此,进行账龄分析,密切注意应收账款的回收情况,是提高应收账款收现效率的重要环节。

应收账款账龄分析,也称为应收账款账龄结构分析。所谓应收账款的账龄结构,是指各账龄应收账款的余额占应收账款总计余额的比重（表4.6）。

表4.6　应收账款账龄分析表

应收账款账龄	A公司		B公司		C公司		合计	
	金额/万元	比重/%	金额/万元	比重/%	金额/万元	比重/%	金额/万元	比重/%
信用期内(设平均为3个月)	32	16	52	26	26	13	110	55
超过信用期1个月内	20	10					20	10
超过信用期2个月内			12	6			12	6

续表

应收账款账龄	A公司		B公司		C公司		合计	
	金额/万元	比重/%	金额/万元	比重/%	金额/万元	比重/%	金额/万元	比重/%
超过信用期3个月内					8	4	8	4
超过信用期4个月内	14	7					14	7
超过信用期5个月内					10	5	10	5
超过信用期6个月内	4	2					4	2
超过信用期6个月以上	12	6			10	5	22	11
应收账款余额总计	82		64		54		200	100

表4.6表明,该企业应收账款余额中,有110万元尚在信用期内,占全部应收账款的55%。过期数额90万元,占全部应收账款的45%,其中逾期在1,2,3,4,5,6个月内的,分别为10%,6%,4%,7%,5%,2%;另有11%的应收账款已经逾期半年以上。此时,企业对逾期账款应予以足够重视,查明具体属于哪些客户,这些客户是否经常发生拖欠情况,发生拖欠的原因何在。一般而言,账款的逾期时间越短,收回的可能性越大,亦即发生坏账损失的可能性相对越小;反之,收账的难度及发生坏账损失的可能性也就越大。因此,对不同拖欠时间的账款及不同信用品质的客户,企业应采取不同的收账方法,制定出经济可行的不同收账政策、收账方案;对可能发生的坏账损失,需提前做出准备,充分估计这一因素对企业损益的影响。对尚未过期的应收账款,也不能放轻管理、监督,以防发生新的拖欠。通过应收账款账龄分析,提示财务管理人员在把过期款项视为工作重点的同时,有必要进一步研究与制定新的信用政策。

(3)建立应收账款坏账准备制度

不管企业采用怎样严格的信用政策,只要存在着商业信用行为,坏账损失的发生总是不可避免的。按现行制度规定,确定坏账损失的标准主要有两条:

①因债务人破产或死亡,依照民事诉讼法以其破产财产或遗产(包括义务担保人的财产)清偿后,确实无法收回的应收账款。

②经主管财政机关核准的债务人逾期未履行偿债义务超过 3 年仍无法收回的应收账款。

企业的应收账款只要符合上述任何一个条件,均可作为坏账损失处理。企业要遵循稳健性原则,对坏账损失的可能性预先进行估计,积极建立弥补坏账损失的准备制度。根据《企业会计准则》的规定:应收账款可以计提坏账准备金。企业要按照期末应收账款的一定比例提取坏账准备,以促进企业健康发展。

4.1.3 应收票据

1)应收票据概述

(1)应收票据的概念

应收票据是指物业服务企业因销售商品、提供劳务等而收到的商业汇票。应收票据是企业未来收取货款的权利,这种权利和将来应收取的货款金额以书面文件的形式约定下来,因此它受到法律的保护,具有法定的权利。

(2)应收票据的种类

商业汇票必须经承兑后方可生效。

商业汇票按承兑人的不同,可分为银行承兑汇票和商业承兑汇票。银行承兑汇票的承兑人是承兑申请人的开户银行,商业承兑汇票的承兑人是付款人。

商业汇票按是否带息,可分为不带息商业汇票和带息商业汇票。不带息商业汇票是指商业汇票到期时,承兑人只按票面金额(即面值)向收款人或被背书人支付款项的汇票。带息商业汇票是指商业汇票到期时,承兑人必须按票面金额加上应计利息向收款人或被背书人支付票款的票据。

商业汇票按是否带有追索权,可分为带追索权的商业汇票和不带追索权的商业汇票。追索权是企业在转让应收款项的情况下,接受应收款项转让方遭拒付或逾期时,向该应收款项转让方索取应收金额的权利。在我国,商业汇票可背书转让,持票人可以对背书人、出票人以及其他债务人行使追索。

2)应收票据的确认

(1)应收票据的入账价值

在我国,商业票据的期限一般较短(最长不超过 6 个月),为了简化会计核算手续,应收票据一般按其面值入账,即企业在收到开出、承兑的商业汇票时,按应收票据的票面价值入账;对于带息的应收票据,应在期末(指中期期末和年度终止)计提利息,计提的利息应增加应收票据的账面余额。

相对应收账款而言,应收票据发生坏账的风险比较小,因此,一般不对应收票据计提坏账准备,超过承兑期收不回的应收票据,转作应收账款后,对应收账款计提坏账准备。

（2）应收票据到期价值的确定

票据到期价值 = 应收票据面值 × (1 + 票面利率 × 票据期限)

公式中的利率一般以年利率表示;"期限"是指签发日到到期日的时间间隔。在实际业务中,票据的期限一般有按月表示和按日表示两种。

票据期限按月表示时,票据的期限不考虑各月份实际天数多少,统一以到期月份中与出票日相同的那一天为到期日。如 1 月 18 日签发的 3 个月票据,到期日应为 4 月 18 日。

月末签发的票据,不论月份大小,以到期月份的月末那一天为到期日。与此同时,计算利息使用的利率要换算成月利率(年利率 ÷ 12)。

票据期限按日表示时,票据的期限不考虑月数,应从出票日起按实际经历天数计算。通常出票日和到期日只能计算其中的一天,即"算尾不算头"或"算头不算尾"。例如 1 月 18 日签发的 90 天票据,其到期日应为 4 月 18 日。具体算法为:

"算尾不算头":90 天 – 1 月份剩余天数(不含签发日) – 2 月份实有天数 – 3 月份实有天数 = [90 – (31 – 18) – 28 – 31] 天 = 18 天。

"算头不算尾":90 天 – 1 月份剩余天数(含签发日) – 2 月份实有天数 – 3 月份实有天数 – 1 = [90 – (31 – 17) – 28 – 31 – 1] 天 = 18 天。

同时,计算利息使用的利率要换算成日利率(年利率 ÷ 360)。

3）应收票据的核算

（1）应收票据的账户设置

为了总括地反映和监督应收票据的取得和收回情况,企业应设置"应收票据"账户。该账户属于资产类账户,借方登记收到开出、承兑的商业汇票的票面金额及其各中期期末应计提的利息;贷方登记应收票据的减少,包括票据到期收回的金额、贴现票据的票面金额和不能收回而转为应收账款的金额。期末余额在借方,反映企业持有的应收票据的票面价值和应计利息。在"应收票据"账户下,应按不同的收款单位分别设置明细账,进行明细核算。

（2）应收票据的账务处理

①不带息应收票据。不带息应收票据的到期价值等于应收票据的面值,物业服务企业收到商业汇票时,按票面金额借记"应收票据"账户,按确认的营业收入贷记"主营业务收入"等账户;商业汇票到期,应按实际收到的金额,借记

"银行存款"账户,按商业汇票的票面金额,贷记"应收票据"账户。应收票据到期收回时,承兑人违约拒付或无力偿还票款时,收款企业应将到期票据的票面金额转入"应收账款"账户。

②带息应收票据。对于带息应收票据,应当计算票据利息。物业服务企业应于中期期末和年度终了,按规定计算票据利息,并增加应收票据的票面价值,同时,冲减财务费用。

带息的应收票据到期收回时,应按收到的本息,借记"银行存款"账户,按账面价值,贷记"应收票据"账户,按其差额,贷记"财务费用"账户。

4)应收票据转让

应收票据转让是指持票人因偿还前欠货款等原因,将未到期的商业汇票背书转让给其他单位或个人的业务活动。

企业可以将自己持有的商业汇票背书转让。背书是指持票人在票据背面签字,签字人成为背书人,背书人对票据的到期付款负连带责任。

企业将持有的应收票据背书转让,以取得所需物资时,按应计入物资成本的金额,借记"物资采购",按商业汇票的票面金额,贷记"应收票据"账户,如有差额,借记或贷记"银行存款"等账户,涉及增值税进项税额的,还应进行相应的处理。

5)应收票据贴现

(1)应收票据贴现的计算公式

物业服务企业在持有的应收票据到期前,如果出现资金短缺,可以持未到期的商业汇票向其开户银行申请贴现,以便获得所需的资金。"贴现"是指票据持有人将未到期的票据在背书后抵押给银行,银行受理后从票据到期值中扣除按银行贴现率计算确定的贴现利息,然后将余额付给持票人,作为银行对企业的短期贷款。可见,票据贴现实质上是企业融通资金的一种形式。

票据贴现的有关计算公式如下:

票据到期价值 = 票据面值 × (1 + 年利率 ÷ 360 × 票据到期天数)

对于无息票据来说,票据的到期价值就是其面值。

贴现息 = 票据到期价值 × 贴现率 ÷ 360 × 贴现天数

贴现天数 = 贴现日至票据到期日实际天数 - 1

贴现净额 = 票据到期价值 - 贴现息

按照中国人民银行《支付结算办法》的规定,实际贴现金额按到期价值扣除贴现日至汇票到期前一日的利息计算,承兑人在异地的,贴现利息的计算应另加 3 天的划款日期。

（2）应收票据贴现的账务处理

企业将未到期的应收票据向银行贴现,应按实际收到的金额(即减去贴现息后的净额),借记"银行存款"账户;按贴现息部分,借记"财务费用"账户;按商业汇票的票面金额,贷记"应收票据"账户;如为带息应收票据,应按实际收到金额,借记"银行存款"账户,按应收票据的账面金额,贷记"应收票据"账户;按其差额,借记或贷记"财务费用"账户。

如果贴现的票据是银行承兑汇票,这种汇票到期时不会发生收不回票款的情况。如果贴现的是商业承兑汇票,完成贴现只是促成货币追索权由一种形式转化为另一种形式,即把商业信用转化为银行信用。然而这并不意味着贴现企业作为原债权人完全解脱了当事人的责任。企业申请贴现时,因背书转让而在法律上负有连带偿还责任。这就是说,如果票据到期,承兑人的银行存款账户数额不足以偿还到期票款时,贴现银行一般不承担向主债务人的追索责任,而是将票据退还给贴现企业,并追索票据的完整价值。贴现企业的这种连带偿还责任,在贴现时表现为一种潜在负债,会计上称之为或有负债。此时,贴现企业应将所付票据本息转作应收账款,借记"应收账款"账户,贷记"银行存款"账户,如果申请贴现企业的银行存款账户余额不足,银行将作为逾期贷款处理,贴现企业应借记"应收账款"账户,贷记"短期借款"账户。

6）应收票据登记簿

为了加强对应收票据的管理,物业服务企业应同时设置"应收票据登记簿",以便随时了解所持债权票据的经办情况,及时进行恰当处理。"应收票据登记簿"平时应逐笔记录每一应收票据的种类、号数、出票日期、票面金额、交易合同和付款人、承兑人、背书人姓名或单位名称,到期日期和利率、贴现日期、贴现率和贴现净额,以及收款日期和收回金额等资料。应收票据到期收清票款后,应在"应收票据登记簿"内逐笔注销,如表4.7所示。

表4.7　应收票据登记簿

登记日期	出票人	付款银行	有效期限	到期日	票面利率	利率	利息	贴现金额	贴现率	收款日期	备注	注销

【操作示范】

【例4.3】　某物业服务企业所属装饰工程部为乙公司进行室内装修,装修费180 000元尚未收回。有关账务处理如下。

①根据完工验收单：

借：应收账款——乙公司   180 000

    贷：主营业务收入——特约服务费收入   180 000

②收到货款时：

借：银行存款   180 000

    贷：应收账款——乙公司   180 000

【例4.4】 某物业服务企业赊销给某业主一批装饰材料，价款50 000元，付款条件为2/10、N/30。有关账务处理如下。

①商品交付并办妥托收手续时：

借：应收账款   50 000

    贷：其他业务收入   50 000

②上述购货单位在10天之内交付款项时：

借：银行存款   49 000

  财务费用   1 000

    贷：应收账款   50 000

③上述购货单位在10—30天付款时：

借：银行存款   50 000

    贷：应收账款   50 000

【例4.5】 某物业服务企业向甲公司提供物业服务，于2010年6月1日收到甲公司签发的期限为3个月，面值为12 000元的商业承兑汇票一张，用以抵付物业服务费，有关账务处理如下。

①提供服务，取得票据：

借：应收票据——甲公司   12 000

    贷：主营业务收入   12 000

②3个月后，应收票据到期收回，票面金额为12 000元，存入银行：

借：银行存款   12 000

    贷：应收票据——甲公司   12 000

③如果该票据到期时，甲公司无力偿还票款：

借：应收账款——甲公司   12 000

    贷：应收票据——甲公司   12 000

【例4.6】 某物业服务企业2010年10月1日向丙公司提供物业服务，物业服务费96 000元。2010年10月8日收到丙公司交来的商业汇票一张，期限为4个月，票面利率为8%。有关账务处理如下。

①收到票据时:

借:应收票据——丙公司   96 000

  贷:主营业务收入   96 000

②年度终了计提票据利息时:

票据利息 = 96 000 元 × 8% ÷ 12 × 3 = 1 920 元

借:应收票据——丙公司   1 920

  贷:财务费用   1 920

③2011 年 1 月 8 日票据到期收回物业服务费时:

收款金额 = 96 000 元 × (1 + 8%) ÷ 12 × 4 = 98 560 元

借:银行存款   98 560

  贷:应收票据   97 920

   财务费用   640

【例 4.7】 2009 年 8 月 12 日,某物业服务企业持所收到的出票日期为 6 月 18 日、期限为 6 个月、面值为 120 000 元的不带息商业承兑汇票一张到银行办理贴现,假设该企业与票据承兑企业在同一票据交换区域内,银行贴现利率为 10%。该票据的到期值、贴现息和贴现净额计算如下。

贴现天数 = [(20 + 30 + 31 + 30 + 18) − 1] 天 = 128 天

或:贴现天数 = (19 + 30 + 31 + 30 + 18) 天 = 128 天

贴现息 = (120 000 × 10% ÷ 360 × 128) 元 ≈ 4 267 元

贴现净额 = (120 000 − 4 267) 元 = 115 733 元

根据上述计算结果和收款通知,有关账务处理如下。

借:银行存款   115 733

  财务费用   4 267

  贷:应收票据   120 000

【例 4.8】 假设上例某物业服务企业收到的是票面利率为 9% 的带息银行承兑汇票,现向银行申请贴现,则有关账务处理如下。

票据到期值 = [120 000 × (1 + 9% ÷ 12 × 6)] 元 = 125 400 元

贴现天数 128 天

贴现息 = (125 400 × 10% ÷ 360 × 128) 元 = 4 458.67 元

贴现净额 = 125 400 元 − 4 458.67 元 = 120 941.33 元

借:银行存款   120 941.33

  贷:应收票据   120 000

   财务费用   941.33

4.1.4　物业服务企业存货管理

物业服务企业存货泛指为满足物业管理、物业经营、物业大修及其他业务等在物业管理业务中耗用而储备的各种材料、燃料等,具体包括各种维修材料、低值易耗品、修理用备件、包装物及商品等。在固定资产标准以下的工具、管理用具、办公用品等低值易耗品也包括在存货之中。由于它们经常处于被耗用或销售的状态,随时可以改变自身的状态,具有较强的流动性。因此,其价值随着实物的耗用而转移,随着销售的实现而及时得到补偿。

1)存货的作用

存货在企业生产经营活动中的作用,主要包括以下几个方面:

①保证经营需要。保持适量的存货是保持企业经营正常进行的基本条件。物业服务项目的设备设施经常发生跑、冒、滴、漏、堵和故障现象,为避免造成不良的后果和损失,保证居民日常生活不受影响,企业需要储备一定的存货。

②降低采购成本。零星采购物资,无法享受供货方给予的优惠待遇,而整批采购在价格上常有优惠,这也是企业储存存货的重要原因之一。此外,市场的价格波动也使企业有必要在价格较低时购入一定量的存货,以减少价格上涨造成的损失,或获取降价带来的差价收益。

2)存货的成本

为充分发挥存货的功能作用,物业服务企业必须储备一定的存货,但也会由此而发生各项支出,这就是存货成本。主要包括以下几个方面:

①进货成本。进货成本是指存货的取得成本,主要由存货的买价和进货费用两方面构成。其中,买价是指发票账单所列的货款金额,等于数量与单价的乘积。进货费用是指应由企业负担的各种运杂费、运输途中的合理损耗、入库前的加工整理和挑选费用以及缴纳的税金及其他费用。企业为组织进货而开支的办公费、差旅费等,一般计入企业的管理成本。

②储存成本。企业为持有存货而发生的费用即为存货的储存成本,主要包括存货资金占用费(以贷款购买存货的利息成本)或机会成本(以现金购买存货而同时损失的证券投资收益等)、仓储费用、保险费用、存货残损霉变损失等。

3)存货计划与控制

物业服务企业存货管理的主要目的是要以最低的成本及时向企业各部门提供所需物资,以保证整个物业各项公共设备、设施的正常运行和业主的正常工作生活秩序。为此,要根据各种存货的特点,做好存货的计划与控制。存货计划与控制主要是存货资金需要量的确定。存货资金需要量是指一定时期内企业需要占用在存货上的资金数量,通常指 1 年的需要量。企业可通过存货周转期法测算存货资金需要量。

存货周转期法也称定额日数法,是根据各种存货平均每天的周转额和存货资金周转期来确定存货资金需要量的方法。存货平均每天周转额是指每日平均垫支在存货上的资金数额。存货周转期是指存货完成一次周转所需要的时间。

存货资金需要量的计算公式如下:

存货资金需要量 = 存货平均每天周转额 × 存货周转期

$$= \frac{存货全年需要量 × 存货单价}{360} × 存货周转期$$

4)存货的日常管理

所谓存货的日常管理,是指在物业服务企业的日常生产经营过程中,按存货资金需要计划的要求,对存货的使用和周转情况进行反映和监督,报告当前存货的水平,提供进货决策所需要的信息,使存货数量和质量在不断变化中维持良好的状态。

物业服务企业的存货体现了物业管理服务性的特点:存货能满足日常维修需要即可,而不必占有太多的资金,库存量可根据该物业公共设备设施质量及已使用年限来核定;物业服务企业的主要库存为设备维修常用材料、工具备品、清洁用各种清洁剂及办公用品等;物业服务企业存货库存量不大,但是品种较多,较复杂,要求有严格的管理制度。

存货的日常管理主要包括以下几方面的内容:

(1)存货的统一归口分级管理

①实行存货资金的统一管理。即在企业经理的领导下,财务部门对存货资金实行统一管理。企业必须加强对存货资金的集中统一管理,促进供、产、销相互协调,实现资金使用的综合平衡,加速资金周转。

②实行存货资金的归口管理。根据使用资金和管理资金相结合、物资管理和资金管理相结合的原则,每项资金由哪个部门使用,就归哪个部门管理。

③实行存货资金的分级管理。各归口的管理部门要根据具体情况,将存货资金计划进行分解,分配给所属单位和个人,层层落实,实行分级管理。

(2)存货的 ABC 分类管理

ABC 分类控制法是由意大利经济学家巴雷特所创,因此又称巴雷特法。其基本思路是:按照重要性的原则,对存货按其价值的大小分为 A、B、C 三类,再根据各类存货资金的占用程度,分别进行针对性的管理。

①存货 ABC 分类的标准。分类的标准主要有两个:一是金额标准;二是品种数量标准。其中金额标准是最基本的标准,品种数量标准仅作为参考。

A 类存货的特点是金额巨大,但品种数量较少;B 类存货金额一般,品种数量相对较多;C 类存货品种数量繁多,但价值金额却很少。一般而言,这三类存货的金额比重大致为 A:B:C =0.8:0.15:0.05,而品种数量比重大致为 0.1:0.2:0.7。由此可以看出,A 类存货占用着企业绝大多数的存货资金,且其品种数量较少,企业可以按照每个品种进行严格管理;B 类存货金额相对较小,品种数量也多于 A 类存货,可以通过划分类别的方式进行管理;C 类尽管品种数量繁多,但其在企业存货资金中所占金额的比重却很小,企业可以对其进行总额控制。这样,既能抓住存货管理的重点,又能兼顾全面,不仅可以提高库存管理的效率,而且可以降低库存管理的费用。

②存货 ABC 分类的步骤。A、B、C 三类存货的划分步骤如下:

a. 根据企业全部存货的明细表,计算出每种存货的价值总额及占全部存货金额的百分比。

b. 对各种存货按照其价值总额由大到小进行排序,并分别计算和累加金额百分比及品种百分比,同时编成表格。

当某种存货的金额百分比累加到 80% 左右时,视为 A 类存货;介于 80% ~ 95%的存货视为 B 类存货,其余则为 C 类存货。分类后可用图 4.7 来表示:

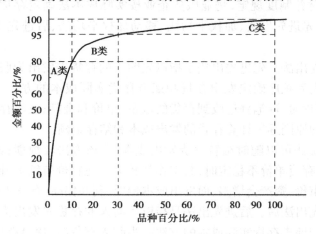

图 4.7 ABC 存货分类示意图

值得注意的是,企业存货的使用状况是经常变化的,企业应对存货的分类进行定期分析和必要调整。过去资金占用比重较低的存货,可能已变成企业的主要存货资金占用;相反,过去占用资金量很大的存货由于市场变化,可能已不是企业主要使用的存货种类。

③存货的实物管理。存货数量的计划和实施有效控制了存货资金的占用,同时,又为存货的实物管理提供了基本保证。企业为了提高存货管理水平,必须加强各实物保管部门对存货的管理。存货实物管理部门应当做好以下工作:

a. 严格验收手续,控制存货的采购质量。存货的数量和质量必须达到规定的要求,实物保管部门必须把好验收入库关。

b. 严格仓储保管,保证存货安全、完好。企业应建立严格的经济责任制,对存货的入库、领退严格把关,并且定期与不定期地进行实物盘点,保证存货质量完好和数量完整。

5)存货领用、发出计价

企业存货的领用和发出的计价是存货管理的一项重要内容。按现行财务制度规定,物业服务企业领用和发出存货,可以采用实际成本计价,也可以采用计划成本计价。存货品种不多,收发业务不频繁的物业服务企业宜采用实际成本核算;相反品种繁多,收发业务很多的企业宜采用计划成本核算。采用计划成本计价的,应在月末将计划成本调整为实际成本。

(1)实际成本计价方法

按现行财务制度规定,物业服务企业按实际成本法确定存货领用、发出的成本,可选择先进先出法、加权平均法、移动加权平均法、后进先出法和个别计价法等方法。

①先进先出法。先进先出法是指以先购入的存货先发出为假设条件,按照货物购入的先后顺序确定发出存货和期末存货实际成本的方法。采用这种方法,当收入存货时,逐笔登记收到存货的数量、单价和金额;发出存货时,按照先收到先发出的原则逐笔计算存货的发出成本和结存金额。

先进先出法可以随时结转存货发出成本,但该方法较烦琐;如果存货收发业务较多,且存货单价不稳定时,其工作量较大。在物价持续上升时,期末存货成本接近于市价,资产会增多,而发出成本偏低,利润偏高,有悖于谨慎原则。

②后进先出法后。后进先出法是指以后购入的存货先发出为假设条件,确定发出存货和期末存货实际成本的方法。当收入存货时,逐笔登记收入存货的数量、单价和金额;发出存货时按照后进先出的原则逐笔登记存货的发出成本

和结存金额。实务中可以逐笔(即每发出一次计算一次成本)计算,也可以月末集中一次计算。

后进先出法可以随时结转存货发出成本,方法也较为烦琐;如果存货收发业务较多,且存货单价不稳定时,其工作量较大。但在物价持续上升时,期末成本将低于市价,资产不会增多,而发出成本偏高,利润偏低,这些都违背了谨慎原则。

③加权平均法。加权平均法也称全月一次加权平均法,是指以期初存货数量和本期收入存货数量为权数,于月末一次计算存货平均单价,据以计算当月发出存货和月末结存存货实际成本的方法。计算公式如下:

$$加权平均单价 = \frac{起初结存存货实际成本 + 本期收入各批存货实际成本之和}{期初结存存货数量 + 本期收入各批存货数量之和}$$

本月发出存货实际成本 = 本期发出存货的数量 × 加权平均单价

值得注意的是,若计算加权平均单价不能整除时,往往要四舍五入。为了保持账面之间的平衡关系,一般采取倒挤法计算发出存货的成本。其计算公式如下:

月末结存存货成本 = 月末存货结存数量 × 加权平均单价

本月发出存货实际成本 = 月初结存存货成本 + 本月收入存货成本 − 月末结存存货成本

加权平均法的具体记账方法是:收入存货时,按数量、单价、金额进行登记。对于本期发出的存货,平时只登记数量,不登记单价和金额,待确定月末平均单价后,再一次计算本月发出存货的实际成本及期末结存存货的实际成本。

加权平均法的优缺点是,月末一次计算发出存货和期末结存存货的实际成本,简化了成本计算工作,但平时存货明细账上无法看到发出和结存金额,不利于存货成本的日常管理与控制。

④移动平均法。移动平均法亦称移动加权平均法,是指每次收货以后,立即根据库存存货数量和总成本,计算出新的平均单位成本的一种方法。移动平均法与上面所讲的加权平均法的计算原理基本相同,只是要求每次收入存货时重新计算加权平均单价。计算公式如下:

$$移动平均单价 = \frac{本次收入前结存存货的总成本 + 本次收入存货的实际成本}{本次收入前结存存货的数量 + 本次收入存货的数量}$$

本次发出存货的实际成本 = 本次发出存货的数量 × 当前的移动平均单价

移动平均法克服了加权平均法的缺点,但由于每收入一次存货就需要计算一次平均单价,故大大增加了日常的核算工作。

⑤个别计价法。个别计价法是指每次发出存货的实际成本按其购入时的实际成本分别计价的方法。这种方法计算的成本准确,符合实际情况,但在存货收发频繁情况下,其发出成本分辨的工作量较大。采用这种方法一般应具备以下条件:一是库存和发出的存货所属的收货单据或批别,必须是可以辨别认定的;二是必须有详细的存货记录,仓库中应将每批收入的存货分别存放,并标明单价。

(2)计划成本计价方法

计划成本计价方法是在企业日常核算中,对存货的收入、发出和结存按预先制订的计划成本计价,同时另设"材料成本差异"科目,登记实际成本与计划成本的差额,在会计期末,通过此科目将发出和期末存货调整为实际成本的方法。

【操作示范】

【例4.9】 某物业服务企业2010年3月1日结存甲材料1000千克,每千克实际成本15元。本月发生如下有关业务:

①4日,购入甲材料500千克,每千克实际成本15.75元,材料已验收入库。

②6日,发出甲材料800千克,用于物业工程。

③7日,购入甲材料700千克,每千克实际成本14.7元,材料已验收入库。

④15日,发出甲材料1 300千克,用于物业工程。

⑤23日,购入甲材料800千克,每千克实际成本16.5元,材料已验收入库。

⑥27日,发出甲材料200千克,用于物业工程。

根据先进先出法,甲材料明细分类账户登记如表4.8所示。

表4.8 甲材料明细分类账(先进先出法)

数量单位:千克

材料名称:甲材料

金额单位:元

2010年		凭证号数	摘要	收入			发出			结存		
月	日			数量	单价	金额	数量	单价	金额	数量	单价	金额
3	1		期初余额							1 000	15.00	15 000
	4		购入	500	15.75	7 875				1 000	15.00	15 000
										500	15.75	7 875
	6		发出				800	15.00	12 000	200	15.00	3 000
										500	15.75	7 875

2010 年		凭证号数	摘要	收　入			发　出			结　存		
月	日			数量	单价	金额	数量	单价	金额	数量	单价	金额
	7		购入	700	14.70	10 290				200	15.00	3 000
										500	15.75	7 875
										700	14.70	10 290
	15		发出				200	15.00	3 000			
							500	15.75	7 875			
							600	14.70	8 820	100	14.70	1 470
	23		购入	800	16.50	13 200				100	14.70	1 470
										800	16.50	13 200
	27		发出				100	14.70	1 470			
							100	16.50	1 650	700	16.50	11 550
	31		本月发生额及期末余额	2 000		31 365	2 300		34 815	700	16.50	11 550

从表4.8可知,按照先进先出法,3月6日发出材料800千克,其实际成本为:

15.00 元 ×800 = 12 000 元

3月15日发出材料1 300千克,其实际成本为:

(15.00 ×200 + 15.75 ×500 + 14.70 ×600)元 = 19 695 元

3月27日发出材料200千克,其实际成本为:

(14.70 ×100 + 16.50 ×100)元 = 3 120 元

该月发出材料总成本计算如下:

该月发出材料总成本 = 12 000 元 + 19 695 元 + 3 120 元 = 34 815 元

月末存货成本 = 16.50 元 ×700 = 11 550 元

月末存货成本 = 16.50 元 ×700 = 11 550 元

【例4.10】　仍以【例4.9】的资料为例,采用后进先出法和月末集中计算形式,计算每次发出存货的实际成本如下:

3月6日发出甲材料800千克,其实际成本为:

16.50 元×800 = 13 200 元

3 月 15 日发出甲材料 1 300 千克,其实际成本为:

$(14.70×700+15.75×500+15.00×100)$ 元 = $(10\ 290+7\ 875+1\ 500)$ 元

$= 19\ 665$ 元

3 月 27 日发出甲材料 200 千克,其实际成本为:

15.00 元×200 = 3 000 元

该月发出材料总成本 13 200 元 + 19 665 元 + 3 000 元 = 35 865 元

月末存货成本 = 15.00 元×700 = 10 500 元

【例 4.11】 仍以【例 4.9】的资料为例,说明加权平均法的运用(详见表 4.9)。

表 4.9 甲材料明细分类账(加权平均法)

数量单位:千克

材料名称:甲材料

金额单位:元

2010 年		凭证号数	摘要	收 入			发 出			结 存		
月	日			数量	单价	金额	数量	单价	金额	数量	单价	金额
3	1		期初余额							1 000	15.00	15 000
	4		购入	500	15.75	7 875				1 500		
	6		发出				800			700		
	7		购入	700	14.70	10 290				1 400		
	15		发出				1 300			100		
	23		购入	800	16.50	13 200				900		
	27		发出				200			700		
	31		本月发生额及期末余额	2 000		31 365	2 300	15.46	35 543	700	15.46	10 822

加权平均单价

$= (15.00×1\ 000+15.75×500+14.70×700+16.50×800)$ 元 $÷ (1\ 000+500+700+800)$ 千克

$= 46\ 365÷3000 ≈ 15.46$ 元/千克

因加权平均单价是除不尽的小数,所以采用倒挤法计算发出存货成本。

月末结存存货成本 = 700 元×15.46 = 10 822 元

本月发出存货实际成本 = 15 000 元 + 31 365 元 - 10 822 元 = 35 543 元

【例 4.12】 仍以【例 4.9】的资料为例,说明移动加权平均法的运用(详见

表4.10)。

表4.10　甲材料明细分类账(移动加权平均法)

数量单位:千克

材料名称:甲材料

金额单位:元

2010年		凭证号数	摘要	收　入			发　出			结　存		
月	日			数量	单价	金额	数量	单价	金额	数量	单价	金额
3	1		期初余额							1 000	15.00	15 000
	4		购入	500	15.75	7 875				1 500	15.25	22 875
	6		发出				800	15.25	12 200	700	15.25	10 675
	7		购入	700	14.70	10 290				1 400	14.98	20 965
	15		发出				1 300	14.98	19 467	100	14.98	1 498
	23		购入	800	16.50	13 200				900	16.33	14 698
	27		发出				200	16.33	3 267	700	16.33	11 431
	31		本月发生额及期末余额	2 000		31 365	2 300		34 934	700	16.33	11 431

3月4日购入第一批甲材料后,新的平均单价计算如下:

$$当前移动平均单价 = \left[\frac{(15\ 000 + 7\ 875)}{(1\ 000 + 500)}\right]元/千克 = 15.25\ 元/千克$$

3月6日发出甲材料800千克的实际成本 = 15.25 元 × 800 = 12 200 元

3月7日购入甲材料700千克后,新的平均单价计算如下:

$$当前移动平均单价 = \left[\frac{(10\ 675 + 10\ 290)}{(700 + 700)}\right]元/千克 \approx 14.98\ 元/千克$$

3月15日发出甲材料1 300千克的实际成本,因移动加权平均单价是除不尽的小数,所以采用倒挤法计算发出存货成本。

结存存货成本 = 14.98 元 × 100 = 1 498 元

发出存货实际成本 = 20 965 元 − 1 498 元 = 19 467 元

3月23日购入甲材料800千克,新的平均单价计算如下:

$$当前移动平均单价 = \left[\frac{(1\ 498 + 13\ 200)}{(100 + 800)}\right] 元/千克 \approx 16.33\ 元/千克$$

3月27日发出甲材料200千克的实际成本,因移动加权平均单价是除不尽的小数,所以采用倒挤法计算发出存货成本。

结存存货成本 = 16.33 元 × 700 = 11 431 元

发出存货实际成本 = 14 698 元 − 11 431 元 = 3 267 元

本月发出存货实际成本 = 12 200 元 + 19 467 元 + 3 267 元 = 34 934 元

任务2 固定资产管理

【知识准备】

4.2.1 固定资产管理概述

1)固定资产的概念

固定资产是指使用期限超过1年的房屋及建筑物、机器、机械、运输工具以及其他与生产经营有关的设备、器具、工具等。不属于生产经营主要设备的物品,单位价值在2 000元以上,并且使用期限超过2年的,也应当作固定资产。不能同时满足上述两个条件的劳动资料,应当作为低值易耗品处理。

2)固定资产的特点

固定资产与流动资产相比,主要具有以下几个特点:

①使用期限超过一年或长于1年的1个营业周期,且在使用过程中难以改变用途,不易变现。因此,固定资产的流动性较弱,周转速度慢,需要经过数年或数10年才能完成一个循环周期。

②在使用过程中保持原来的物质形态不变。固定资产作为一种劳动手段,从其投入使用,一直到报废清理为止,在这一过程中,基本保持原来的物质形态和性能,并不断地发挥其作用,直到完全丧失其使用价值。因此,固定资产的价值补偿是随着固定资产的使用而逐渐进行,而实物更新则要等到固定资产报废时才能完成。

③使用寿命是有限的(土地除外)。固定资产可以用来为企业创造财富,但其使用寿命则是有限的。其使用期限取决于它的物理性能、使用情况、使用条

件、维护保养的好坏和科学技术进步情况等。

④用于经营而不是为了出售。物业服务企业拥有固定资产的目的是为物业经营提供条件,而不是为了出售,这是区别于流动资产的一个重要标志。

4.2.2　固定资产分类

物业服务企业的固定资产种类繁多,为加强管理,便于组织会计核算,有必要对其进行科学、合理的分类。根据不同的管理需要和核算要求以及不同的分类标准,可以对固定资产进行不同的分类,主要有以下几种。

1)按固定资产项目进行分类

固定资产按项目不同可以分为房屋及建筑物、机器设备、家具设备、交通运输工具、电器设备、其他设备。

①房屋及建筑物,房屋是指企业各部门用房以及连同房屋不可分离的附属设备,如照明设备、暖气设备、电梯、卫生设备等;建筑物是指房屋以外的围墙、水塔和公司内花园、喷水池等设施。

②机器设备是指用于经营服务的洗衣设备、排水泵;用于产生电力、冷暖气的各种设备等。

③家具设备是指用于经营服务和经营管理部门的高级沙发、组合家具、办公桌等。

④交通运输工具是指用于经营服务和企业内部运输的各种车辆,如小轿车、卡车、吊车、电瓶车等。

⑤电器设备是指用于企业经营服务或管理的电子计算机、电视机、电冰箱、冰柜、通讯设备等。

⑥其他设备是指不属于以上各类的其他经营管理、服务用的固定资产。

2)按经济用途进行分类

按固定资产的经济用途分类,可分为经营用固定资产和非经营用固定资产。

①经营用固定资产是指直接参加企业生产经营活动或直接服务于物业经营过程的固定资产,如经营和行政管理用房屋及建筑物、物业维修设备、运输设备、仪器和其他经营用固定资产,如供水、供电、供暖设备,锅炉、加压泵、健身运动设备、游泳池等。

②非经营用固定资产是指不直接参加和服务于物业经营活动的固定资产,如职工食堂、职工宿舍、招待所、俱乐部等使用的房屋、设备、绿化设施等固定

资产。

3）按使用情况进行分类

按固定资产的使用情况分类，可分为使用中的固定资产、未使用的固定资产和不需用的固定资产。

①使用中的固定资产是指正在使用中的经营用和非经营用的固定资产。对于季节性经营或大修理等原因，暂时停止使用的固定资产仍属于企业使用中固定资产。企业出租给其他单位使用和存放在使用部门备用的机器设备，也属于使用中的固定资产。

②未使用的固定资产是指新购进尚未安装、尚未投入使用及进行改建、扩建的固定资产和经批准停止使用的固定资产。

③不需用的固定资产是指企业多余或不适用的各种固定资产。

4）按所有权进行分类

按固定资产的所有权分类，可分为自有固定资产和租入固定资产。

①自有固定资产是指企业拥有的可供企业自由地支配使用的固定资产，企业对各类固定资产享有占有权、处置权，可供企业长期使用；是企业全部资产的重要构成部分。

②租入固定资产是指企业采取租赁的方式从其他单位租入的固定资产。企业对租入的固定资产依照租赁合同拥有使用权，同时负有支付租金的义务。但资产的所有权属于出租单位。其租入方式分为经营性租入和融资性租入两种。

5）按经济用途和使用情况综合分类

按经济用途和使用情况进行综合分类，可把固定资产分为 7 大类：

①经营用固定资产；

②非经营用固定资产；

③租出固定资产：指在经营性租赁方式下出租给外单位使用的固定资产；

④不需用固定资产；

⑤未使用固定资产；

⑥融资租入固定资产：指企业以融资租赁方式租入的固定资产，在租赁期内，应视同自有固定资产进行管理；

⑦土地，指过去已经估价单独入账的土地。因征地而支付的补偿费，应计入与土地有关的房屋、建筑物的价值内，不单独作为土地价值入账。企业取得的土地使用权不能作为固定资产管理。

实际工作中,企业大多采用综合分类的方法作为编制资产目录,进行固定资产核算的依据。

4.2.3　固定资产折旧

1)固定资产折旧的概念

固定资产在使用过程中将逐渐地发生损耗,这种损耗就是折旧。折旧使固定资产的功能降低,价值减少。固定资产的折旧包括有形折旧和无形折旧两种方式。有形折旧是指因不断使用而发生的物质磨损以及由于自然条件原因引起的自然磨损。例如,房屋、设备等因使用而逐渐陈旧,这种损耗与使用时间成正比,它决定了固定资产物理使用年限的长短。无形折旧是指在技术进步和劳动生产率不断提高的条件下而造成的原有固定资产价值贬值。为了使固定资产能够得到价值补偿和实物更新,以及能够正确计算企业的费用和利润,固定资产的磨损必须计提折旧。

固定资产应计折旧额指应当计提折旧的固定资产的原价扣除其预计净残值后的余额。预计净残值是指假定固定资产预计使用寿命已满并处于使用寿命终了时的预期状态,目前从该项资产处置中获得的扣除预计处置费用后的金额。也就是指预计固定资产使用寿命结束时,固定资产处置过程中所发生的处置收入扣除处置费用后的余额。

物业服务企业应当根据固定资产的性质和使用情况,合理确定固定资产的使用寿命和预计净残值,并根据科技发展、环境及其他因素,选择合理的固定资产折旧方法,按照管理权限,经股东大会、董事会、经理会议或类似机构批准,作为计提折旧的依据。同时,按照法律、行政法规的规定报送有关各方备案,同时备置于企业所在地,以供股东等有关各方查阅。

2)固定资产折旧的计提范围

(1)固定资产折旧应考虑的因素

①固定资产原价。是指固定资产的成本。

②固定资产的净残值。是指固定资产预计报废时可以收回的残余价值扣除清理费用后的余额。

③固定资产的使用寿命。固定资产使用寿命的长短直接影响各期应提的折旧额。

(2)固定资产折旧范围

物业服务企业所拥有的固定资产,除以下情况外,均应计提折旧。

①已提足折旧仍继续使用的固定资产。

②按照规定单独估价作为固定资产入账的土地。

③未使用和不需用的固定资产。

企业在具体计提折旧时,一般应按月计提折旧,当月增加的固定资产,当月不计提折旧,从下月起计提折旧;当月减少的固定资产,当月仍计提折旧,从下月起不计提折旧。固定资产提足折旧后,不管能否继续使用,均不再提取折旧;提前报废的固定资产,也不再补提折旧。

企业更新改造等原因而调整固定资产价值的,应当根据调整后的价值、预计使用年限和预计净残值,按企业所选用的折旧方法计提折旧。

要注意的是,以融资租赁方式租入的固定资产和以经营租赁方式租出的固定资产,应当计提折旧;以融资租赁方式租出的固定资产和以经营租赁方式租入的固定资产,不应当计提折旧。

3)固定资产的折旧方法

企业应当根据与固定资产有关的经济利益预期实现方式选择折旧方法,可选择的折旧方法包括平均年限法、工作量法、年数总和法和双倍余额递减法等。企业选用不同的固定资产折旧方法,将影响固定资产使用寿命期间内不同时期的折旧费用,因此,折旧方法一经选定,不得随意变更。如需变更,应当在会计报表附注中予以说明。

(1)平均年限法

平均年限法又称直线法,是将固定资产的应计折旧额均衡地分摊到固定资产预计使用寿命内的一种方法。采用这种方法计算的每期折旧额均是等额的。计算公式如下:

$$年折旧率 = \frac{1 - 预计净残值率}{预计使用年限} \times 100\%$$

$$预计净残值率 = \frac{预计净残值}{固定资产原值} \times 100\%$$

$$预计净残值 = 预计残值 - 预计清理费$$

$$月折旧率 = 年折旧率 \div 12$$

$$月折旧额 = 每月月初固定资产原价 \times 月折旧率$$

式中,净残值率按照固定资产原值的 3% ~ 5% 确定,净残值率低于 3% 或者高于 5% 的,由企业自主确定,但须报财政主管机关备案。

采用年限平均法计算固定资产折旧虽然比较简便,但它也存在着一些明显的局限性。

首先,固定资产在不同使用年限提供的经济效益是不同的。一般来讲,固定资产在其使用前期工作效率相对较高,所带来的经济效益也就较多;而在其使用后期,工作效率一般呈下降趋势,因而,所带来的经济效益也就逐渐减少。平均年限法不考虑这一事实,明显是不合理的。其次,固定资产在不同的使用年限发生的维修费用将随着其使用时间的延长而增大,而年限平均法也没有考虑这一因素。

如果固定资产各期的负荷程度相同,各期应分摊相同的折旧费用,这时采用年限平均法计算折旧是合理的。但是,若固定资产各期负荷程度不同,采用年限平均法计算折旧则不能反映固定资产的实际使用情况,提取的折旧数与固定资产的损耗程度也不相符。

(2)工作量法

工作量法,是根据实际工作量计提固定资产折旧额的一种方法。这种方法弥补了年限平均法只看重使用时间,不考虑使用强度的缺点,其计算公式为:

$$每一工作量折旧额 = \frac{固定资产原价 \times (1 - 净残值率)}{预计总工作量}$$

$$某项固定资产月折旧额 = 该项固定资产当月工作量 \times 每一工作量折旧额$$

(3)双倍余额递减法

双倍余额递减法,是在不考虑固定资产预计净残值的情况下,根据每年年初固定资产净值和双倍的直线法折旧率计算固定资产折旧额的一种方法。应用这种方法计算折旧额时,由于每年年初固定资产净值没有扣除预计净残值,因此,往往会造成最后1年提完折旧后剩下的净值不等于净残值。为避免这种情况的产生,在应用这种方法计算固定资产折旧额时,应在其折旧年限到期前两年内,将固定资产的净值扣除预计净残值后的余额平均摊销,使最后1年计提折旧后的固定资产账面净值与预计净残值相等。计算公式如下:

$$年折旧率 = \frac{2}{预计的折旧年限} \times 100\%$$

$$月折旧率 = 年折旧率 \div 12$$

$$月折旧额 = 固定资产账面净值 \times 月折旧率$$

(4)年数总和法

年数总和法又称合计年限法,是将固定资产的原价减去预计净残值后的余额,乘以一个以固定资产尚可使用年限为分子、以预计使用年限逐年数字之和为分母的逐年递减的分数计算每年的折旧额的方法。其计算公式如下:

$$年折旧率 = \frac{尚可使用年限}{预计使用年限的年数总和}$$

或者　　年折旧率 $= \dfrac{预计使用年限 - 已使用年限}{预计使用年限 \times (预计使用年限 + 1) \div 2} \times 100\%$

月折旧率 $=$ 年折旧率 $\div 12$

月折旧额 $=$（固定资产原值 $-$ 预计净残值）$\times$ 月折旧率

以上4种折旧方法中，双倍余额递减法和年数总和法属于加速折旧法。与平均年限法和工作量法相比，采用加速折旧法，并不改变固定资产折旧年限，也不改变固定资产折旧额，只改变了固定资产折旧在各年的分布情况，即在固定资产使用寿命内，无论采用什么样的方法，折旧总额是相等的。

在采用加速折旧法时，其共同特点是：

在固定资产使用前期所提折旧额多，以后再逐渐减少。从而相对加快折旧的速度，以使固定资产成本在有效使用年限中尽快得到补偿。就交纳所得税而言，相比平均年限法来说，可以起到推迟纳税时间和变相减税的作用，对企业来说体现了稳健性原则，有利于加快资金周转，改善企业财务状况。

双倍余额递减法和年数总和法的区别在于：双倍余额递减法计算的各年折旧额，是按定比递减的，各年折旧额形成一个等比的差额；年数总和法计算的各年折旧额，是一个等比递减的等差级数。

企业至少应当于每年年度终了，对固定资产的使用寿命、预计净残值和折旧方法进行复核：

使用寿命预计数与原先估计数有差异的，应当调整固定资产使用寿命。

预计净残值预计数与原先估计数有差异的，应当调整预计净残值。

与固定资产有关的经济利益预期实现方式有重大改变的，应当改变固定资产折旧方法。

【操作示范】

【例4.13】　采用平均年限法计算折旧。

某物业服务企业有一固定资产，原价为 360 000 元，预计可使用 10 年，按照有关规定，该厂房报废时的净残值率为 2%。该房的折旧率和折旧额的计算如下：

年折旧率 $= \dfrac{1 - 2\%}{10} \times 100\% = 9.8\%$

月折旧率 $= 9.8\% \div 12 = 0.82\%$

月折旧额 $= 360\ 000$ 元 $\times 0.82\% = 2\ 952$ 元

【例4.14】　采用工作量法计算折旧。

某物业服务企业有一辆运货卡车，原价为 250 000 元；预计总行驶里程为 120 万千米，其报废时的预计净残值率为 4%，本月行驶 9 200 千米。该辆汽车的月折旧额计算如下：

$$单位里程折旧额 = \frac{250\ 000 \times (1 - 4\%)}{1\ 200\ 000} 元/千米$$

$$= 0.237\ 5 元/千米$$

月折旧额 $= (9\ 200 \times 0.237\ 5) 元 = 2\ 185 元$

【例4.15】　采用双倍余额递减法计算折旧。

某物业服务企业一项固定资产原价为 80 000 元，预计使用寿命为 5 年，预计净残值率3.2%。采用双倍余额递减法计算该项固定资产的年折旧率和年折旧额。

$$年折旧率 = \frac{2}{5} \times 100\% = 40\%$$

净残值 $= 80\ 000 元 \times 3.2\% = 2\ 560 元$

各年折旧额的计算如4.11所示。

表4.11　折旧计算表(双倍余额递减法)

单位:元

年份	期初账面余额	年折旧率/%	年折旧额	累计折旧	期末账面余额
1	80 000	40	32 000	32 000	48 000
2	48 000	40	19 200	51 200	28 800
3	28 800	40	11 520	62 720	17 280
4	17 280	—	7 360	70 080	9 920
5	9 920	—	7 360	77 440	2 560

注:最后两年的年折旧额=(期初账面余额-净残值)÷2=(17 280-2 560)元÷2=7 360元

【例4.16】　采用年数总和法计算折旧。

某物业服务企业一项固定资产原价为 80 000 元，预计使用寿命为 5 年，预计净残值率3.2%。采用年数总和法计算该项固定资产的年折旧率和年折旧额。

根据年数总和法计算年折旧率的公式，折旧率的分母为15(即5+4+3+2+1=15)，分子第一年为5，第二年为4，第三年为3，第四年为2，第五年为1。根据各年折旧率和固定资产应提折旧总额77 440元(80 000-2 560)，各年折旧额的计算如表4.12所示。

表4.12 折旧计算表（年数总和法）

单位：元

年份	应计折旧总额	年折旧率	年折旧额	累计折旧额
1	77 440	5/15	25 813	25 813
2	77 440	4/15	20 651	46 464
3	77 440	3/15	15 488	61 952
4	77 440	2/15	10 325	72 277
5	77 440	1/15	5 163	77 440

4.2.4 固定资产的日常管理

固定资产的日常管理，就是物业服务企业按照固定资产管理的要求，以固定资产计划指标和各项定额为依据，对固定资产的形成、使用、损耗、补偿和使用效果所进行的日常监督和调节。其管理目的是充分发挥固定资产的效能，提高固定资产的使用效果。固定资产的日常管理包括以下几个方面的内容：

1）实行分级归口管理，建立岗位责任制

物业服务企业的固定资产种类较多，因此，必须实行固定资产的分级归口管理责任制度。

固定资产分级归口管理责任制度，是指在经理的直接领导下，按照固定资产的类别和使用单位，归口给有关部门负责管理，然后再进一步落实到分公司、班组和个人的一种管理办法。固定资产实行分级归口管理办法，可使企业正确处理各个方面的责权关系，把固定资产使用和管理结合起来，更好地调动企业内部各部门以及职工群众管理好固定资产的积极性。

固定资产分级归口管理的一般做法是：根据谁用谁管的原则，将企业所有的固定资产交由企业内部各级单位进行管理，做到物物有人管，层层负责任。各归口单位要对分管的固定资产负全责，确保固定资产的安全完整。

2）加强固定资产的实物管理，提高利用效果

加强对固定资产的实物管理，就必须做好固定资产管理的基础工作。主要包括：编制固定资产目录，建立固定资产账目与登记卡片；对新增固定资产做好验收、入账工作，做到手续完备，责任明确；对减少的固定资产转入清理，必须建立严格的审批手续制度，事后要及时注销账卡；对在用固定资产的租入、租出、内部转移和封存，要及时做好记录，以加强管理。

固定资产的日常维护修理，对固定资产的正常使用和充分发挥其作用至关重要。加强固定资产维护,就是要严格遵守操作规程,经常检查设备使用和运转情况,发现问题,及时进行修理,确保设备处于良好的工作状态。通过设备的维护、修理,可以恢复设备的使用效能和延长其使用寿命。因此,要贯彻大修理和技术改造相结合的原则,以提高设备的技术水平和利用效果。

3)建立固定资产盘点制度,确保账实相符

为了保证固定资产的安全完整、账实相符,必须定期或不定期地对固定资产进行清查盘点。通过盘点既可以查清固定资产的实有数,明确账实是否相符;又可以了解固定资产维修、保养情况,发现固定资产管理中存在的问题,以便及时采取措施,不断提高固定资产的管理水平。

在进行固定资产清查时,应由企业财务人员会同财产管理人员对固定资产进行逐项清点,根据"固定资产卡片"与实物进行核对,并根据清查结果,编制"固定资产盘点表",对盘盈、盘亏的固定资产,在报经批准后处理。盘盈的固定资产要查明来源,及时补办有关手续;盘亏的固定资产要查明原因,明确责任,不能随意核销。

任务3　无形资产管理

4.3.1　无形资产的概念

无形资产是指物业服务企业为提供劳务、出租给他人,或为管理目的而持有的、没有实物形态的可辨认非货币性长期资产。随着物业管理的不断发展和市场的规范化运行,无形资产对物业服务企业来说也越来越重要,一些名牌物业服务企业靠其优秀的管理和较高的信誉,以物业招投标的方式参与市场竞争,扩大市场占有率。因此,无形资产管理是财务管理的重要内容之一。

4.3.2　无形资产的特点

无形资产属于资产范畴,因而它具有资产的一般特征。此外,作为无形资产,它还同时具有以下特点:

1)无形资产不具有实物形态

无形资产通常表现为某种权力、某项技术或某种获取超额利润的综合能力。比如,土地使用权、非专利技术等。它没有实物形态,但具有价值,可以买卖,其价值在于它能为它的占有者带来高于同行业一般水平的盈利能力。不具有实物形态是无形资产区别于其他资产的显著标志。

2)无形资产属于非货币性长期资产

无形资产属于非货币性资产,且不是流动资产,这是无形资产的又一特征。无形资产没有实物形态,像应收款项、银行存款等货币性资产也没有实物形态,但显然,无形资产与这些货币性资产不同。无形资产不是流动资产,能够在多个会计期间为企业带来经济效益。无形资产的使用年限在一年以上,其价值将在各个受益期间逐渐被注销。

3)无形资产是为企业使用而非出售的资产

企业持有无形资产的目的不是为了出售而是为了生产经营,即利用无形资产来提供商品、提供劳务、出租给他人或为企业经营管理服务。

4)无形资产在创造经济利益方面存在较大不确定性

无形资产必须与企业的其他资产结合,才能为企业创造经济利益。

5)无形资产具有可辨认性

无形资产能够从企业中分离或者划分出来,并能单独或者与相关合同、资产或者负债一起,用于出售、转移、授予许可、租赁或者交换。同时,无形资产源自合同性权利或其他法定权利,无论这些权利是否可以从企业或其他权利和义务中转移或者分离。

4.3.3　无形资产的构成

无形资产主要包括专利权、非专利技术、商标权、著作权、土地使用权、特许权等。由于商誉的存在无法与企业自身分离,不具有可辨认性,故不属于无形资产。企业自创的商誉以及内部产生的名牌、报刊名等,不应确认为无形资产。

1)专利权

专利权是指权利人在法定期限内对某一发明创造所拥有的独占权和专有权。并不是所有的专利权都能给持有者带来经济利益,有的专利可能没有经济价值或具有很小的经济价值;有的专利会被另外更有经济价值的专利所淘汰等。因此,物业服务企业无需将其所拥有的一切专利权都予以资本化,作为无形资产核算,只有那些能够给物业服务企业带来较大经济价值,并且物业服务企业为此花费了支出的专利,才能作为无形资产核算。

2)非专利技术

非专利技术也称专有技术,是指不为外界所知、在生产经营活动中已采取了的、不享有法律保护的各种技术和经验。非专利技术具有经济性、机密性和动态性等特点。

非专利技术有些是物业服务企业自己开发研究的,有些是根据合同规定从外部购入的。如果是自己开发研究,可能成功也可能失败,研究过程中、发生的相关费用,会计核算上一般将其全部列作当期费用处理,不作为无形资产核算。从外部购入的,应按实际发生的一切支出,予以资本化,作为无形资产入账核算。非专利技术可以作为资产对外投资,也可以转让。

3)商标权

商标权是指物业服务企业专门在某种指定的商品上使用特定的名称、图案、标记的权利。商标权的价值在于它能使享有人获得较高的赢利能力。

物业服务企业自创商标并将其注册登记,所花费用一般不太,是否将其资本化并不重要。按照商标法的规定,商标可以转让,如果物业服务企业购买他人的商标,一次性支出费用较大的,可以将其资本化,作为无形资产管理。这时,应根据购入商标的买价、支付的手续费及有关费用记账。投资者投入的商标权应按评估确认的价值入账。

4)土地使用权

土地使用权是指国家准许某一物业服务企业在一定期间对国有土地享有开发、利用、经营的权利。取得土地使用权时花费了支出,则应将其资本化,作为无形资产核算。这里涉及两种情况,一是物业服务企业根据《中华人民共和国城镇国有土地使用权出让和转让暂行条例》,向政府土地管理部门申请土地使用权,有偿取得的国有土地使用权,在这种情况下,物业服务企业应予以资本化,作为无形资产核算;二是物业服务企业原先通过行政划拨获得土地使用权,没有入账核算,在将土地使用权有偿转让、出租、抵押、作价入股和投资时,应按规定将补交的土地出让价款予以资本化,作为无形资产核算。

5)特许权

特许权也称为专营权,指在某一地区经营或销售某种特定商品的权利或是一家物业服务企业接受另一家物业服务企业使用其商标、商号、技术秘密等的权利。前者一般是由政府机构授权,准许物业服务企业使用或在一定地区享有经营某种业务的特权,如水、电、邮电通信等专营权,烟草专卖权等;后者是指物业服务企业间依照签订的合同,有限期或无限期使用另一家物业服务企业的某些权利,如连锁店的分店等。会计上的特许权主要指后一种情况。只有支付了费用取得的特许权才能作为无形资产入账。

4.3.4 无形资产的计价与摊销

1)无形资产的计价

根据现行会计制度规定,企业的无形资产在取得时,应按实际成本进行计价。根据取得方式的不同,对无形资产成本的确定也不同。

①外购无形资产的成本,包括购买价款、相关税费以及直接归属于使该项资产达到预定用途所发生的其他支出。

购买无形资产的价款超过正常信用条件延期支付时,实质上具有融资性质的,无形资产的成本以购买价的现值确定,实际支付的价款与购买价款的现值之间的差额,应当在信用期内计入当期损益。

②自行开发无形资产的成本是指符合同时满足开发阶段的支出条件至达到预定用途前所发生的支出总额,但是对于以前期间已经费用化的支出不再调整。包括开发过程中发生的材料费用、直接参与开发人员的工资及福利费、开发过程中发生的租金、借款费用及取得时发生的注册费、聘请律师费等。

③投资者投入无形资产的成本,应当按照投资合同或协议约定的价值确定,但合同或协议约定价值不公允的除外。

④物业服务企业接受的债务人以非现金资产清偿债务方式取得的无形资产,应当对受让的非现金资产按其公允价值入账。重组债权的账面余额与受让的非现金资产的公允价值之间的差额,计入当期损益。债权人已对债权计提减值准备的,应当先将该差额冲减减值准备。

⑤以非货币性资产交换取得的无形资产,应当以公允价值和应支付的相关税费作为换入资产的成本,公允价值与换出资产账面价值的差额计入当期损益。

2)无形资产摊销

无形资产属于企业的长期资产,能在较长的时间里给企业带来效益。但无形资产通常也有一定的有效期限,它所具有的有价值的权利或特权总会终结或消失,因此,企业应将入账的无形资产在一定年限内摊销。无形资产摊销主要涉及无形资产成本、摊销开始月份、摊销方法、摊销年限、净残值等因素。无形资产成本即为入账价值。

①确定摊销开始月份。无形资产的成本应自取得当月起在预计使用年限内分期摊销。也就是说,无形资产摊销的开始月份为取得当月。

②确定摊销年限。通常情况下,无形资产成本应在其预计使用年限内摊销。如合同没有规定受益年限,法律也没有规定有效年限的,摊销年限不应超

过 10 年。

③确定无形资产的净残值。无形资产的净残值应假定为零。

④确定摊销方法。企业选择的无形资产摊销方法,应当反映与该项无形资产有关的经济利益的预期实现方式。无法可靠确定预期实现方式的,应当采用直线法摊销。应摊销金额为其成本扣除预计净残值后的金额。已计提减值准备的无形资产,还应扣除已计提的无形资产减值准备累计金额。寿命有限的无形资产,其净残值应当视为零,其摊销金额一般应计入当期损益。采用直线法进行无形资产摊销。计算公式为:

$$无形资产年摊销额 = \frac{无形资产原始价值}{预计使用年限}$$

$$无形资产月摊销额 = \frac{无形资产年摊销额}{12}$$

例如,某企业 2010 年 3 月外购一项无形资产,入账价值 48 万元,预计使用年限为 4 年(没有超过相关合同规定的受益年限和法律规定的有效年限)。该项无形资产的年、月摊销额计算如下:

$$无形资产年摊销额 = \left(\frac{48}{4}\right)万元/年 = 12 万元/年$$

$$无形资产月摊销额 = \left(\frac{12}{12}\right)万元/年 = 1 万元/月$$

为了核算和监督企业对使用寿命有限的无形资产计提的累计摊销情况,企业应当设置"累计摊销"账户。该账户贷方登记计提的无形资产摊销情况,借方登记处置无形资产时相应结转的累计摊销额,期末余额在贷方,反映企业无形资产的累计摊销金额。上例某企业月计提无形资产摊销额 10 000 元,账户处理为:

借:管理费用　　　　　　　　　　　　　　　　10 000

　　贷:累计摊销　　　　　　　　　　　　　　　　　10 000

4.3.5　无形资产的日常管理

无形资产是企业资产的重要组成部分,它能在较长时期内为企业提供经济利益。为了提高无形资产的使用效果,必须加强对无形资产的日常管理。无形资产的日常管理包括以下几个方面:

1)无形资产的计量及摊销管理

企业取得无形资产的方式有很多,但是无论企业以何种方式取得无形资产,最关键的是必须根据无形资产的具体来源按会计制度规定对无形资产做出正确计量。除此以外,企业还必须按规定于取得无形资产当日起,在预计使用年限内分期平均摊销无形资产。

2)无形资产处置和报废管理

无形资产处置和报废包括无形资产出售、无形资产出租、无形资产转销。

3)按规定计提无形资产减值准备

根据会计谨慎性原则的要求,企业对不实资产必须计提减值准备,以便使企业的资产净值更客观、更真实。

4)无形资产使用的管理

无形资产是企业重要的经济资源,充分发挥现有无形资产的效能,提高无形资产利用效率,对于促进企业发展,提高企业经济效益具有十分重要的作用。

5)无形资产出租

无形资产出租是无形资产使用权转让的行为,即物业服务企业仅仅是将部分使用权让渡给其他单位或个人,出租方仍保留其所有权、收益权和处分权,只是暂时失去无形资产的使用权;承租方只能在合同规定的范围内合理使用而无权再转让。因此,出租无形资产不应转销无形资产的账面摊余价值。

拓展训练

一、复习思考题

1. 货币资金有哪些特点?

2. 物业服务企业为什么要持有一定数量的货币资金?

3. 如何加强货币资金的日常控制?

4. 如何评价企业的信用标准?

5. 如何加强应收账款的控制与监督?

6. 固定资产有哪些特点?

7. 如何对固定资产进行分类?其计提范围是怎样的?

8. 固定资产折旧有哪些计提方法?分别如何计提折旧?

9. 固定资产日常管理的内容有哪些?

10. 无形资产的特点有哪些?

二、练习题

1. 某物业服务企业为经营管理方面的需要须持有一定量的货币资金。有 4 个方案可供选择,各方案的有关资料如表4.13 所示。

表4.13 货币资金持有方案

项 目	甲	乙	丙	丁
货币资金持有量/元	50 000	100 000	150 000	200 000
机会成本率/%	12	12	12	12
管理成本/元	30 000	30 000	30 000	30 000
短缺成本/元	24 000	13 500	5 500	0

要求:选择最佳货币资金持有方案。

2. 某物业服务企业预计在 1 个月内需用现金 150 000 元,每天现金收支均衡,有价证券每次转换成本为 1 000 元,有价证券年利率为 12%。

要求:计算该企业月内最合理的现金持有量及月内有价证券转换次数。

3. 某物业服务企业乙材料明细分类账户,如表4.14 所示。

表4.14 乙材料明细分类账

数量单位:千克

材料名称:乙材料

金额单位:元

2010 年		凭证号数	摘要	收 入			发 出			结 存		
月	日			数量	单价	金额	数量	单价	金额	数量	单价	金额
10	1		期初余额							150	65	9 750
	3		购进	100	68	6 800						
	5		领用				80					
	12		购进	200	70	14 000						
	18		领用				50					
	23		购进	100	72	7 200						
	31		本月发生额及期末余额									

要求:分别采用先进先出法、后进先出法、加权平均法、移动加权平均法计算本月发出材料实际成本及期末结存材料成本。

4. 某企业有一厂房,原价为 800 000 元,预计可使用 25 年,按照有关规定,该厂房报废时的净残值率为 3%。请用平均年限法计算该厂房的年折旧率和月折旧额。

5. 某企业的一辆运货卡车原价为 120 000 元,预计总行驶里程为 50 万千米,其报废时的预计净残值率为 5%,本月行驶 5 000 千米。请用工作量法计算该辆汽车的月折旧额。

6. 某公司一项固定资产原价为 60 000 元,预计使用寿命为 6 年,预计净残值率为 2%。按双倍余额递减法计算每年的折旧。

7. 某项固定资产的原值为 100 000 元,预计使用年限为 5 年,预计净残值为 2 000 元。采用年数总和法计算各年的折旧额。

项目5 物业服务企业成本费用管理

【知识目标】

掌握物业成本费用的构成和成本费用管理的内容,熟悉物业服务企业成本的范围,掌握成本费用预测和预算方法,了解成本费用的控制和考核,掌握成本费用的日常管理。

【能力目标】

1. 培养区别成本、费用的能力;
2. 培养对各种成本、费用进行确认和计量的能力;
3. 能对物业服务企业成本费用进行测算、预算、控制与考核。

任务 1　物业服务企业成本费用管理概述

【知识准备】

5.1.1　物业服务企业成本费用的概念及其构成

1)成本费用的概念

物业服务企业提供服务和劳务等日常活动所发生的经济利益的流出,在会计上就称之为费用;企业为提供劳务而发生的各种耗费,在会计上则称为成本。

费用和成本是两个并行使用的概念,两者之间既有联系也有区别。成本是按一定对象所归集的费用,是对象化了的费用。也就是说,成本是相对于一定的服务对象而言所发生的费用,是按照服务种类等成本计算对象对当期发生的费用进行归集而形成的。费用是资产的耗费,它与一定的会计期间相联系;成本与一定的服务种类和数量相联系,而不论发生在哪一个会计期间。

物业服务企业的经营内容是提供物业管理服务,并不直接从事某种具体产品的生产。但从其所提供的服务(如物业的清洁、维修、保养等)的实质来看,可将其视为房地产企业生产活动的延伸。因此,物业服务企业的成本费用就是在从事物业管理活动中,为物业产权人、使用人提供维修、管理和服务等过程中发生的各项支出。

2)成本费用的构成

(1)经营成本

物业服务企业的经营成本是指企业在从事物业管理活动中,为物业产权人、使用人提供维修管理和服务所发生的各项直接支出。按照计入经营成本的方式不同又分为直接费用和间接费用两种。该部分内容在项目3"物业服务企业主要经营过程的核算"的任务3"经营成本的核算"中已述,不再重复。

(2)期间费用

物业服务企业的期间费用是指物业服务企业当期发生的必须从当期收入中得到补偿的费用。由于它仅与当期实现的收入相关,必须计入当期的损益,所以称为期间费用。期间费用主要包括管理费用、营业费用和财务费用。该部分内容在项目3"物业服务企业主要经营过程的核算"的任务3"经营成本的核算"中已述,不再重复。

3)费用的分类

为了正确地进行费用核算,反映费用开支和营业成本的形成情况,揭示物业服务企业生产经营耗费的构成内容,以便进行成本费用分析,找出节约费用、降低成本的途径,提高企业经济效益,必须对费用进行合理的分类。

(1)按照费用的经济内容分类

费用按其经济内容分类,就是将企业在提供物业管理服务过程中发生的各种费用,按照它们的原始形态进行归类。这在会计上称为生产费用要素,一般由外购材料、外购燃料、外购动力、工资、提取的职工福利费、折旧费、利息支出、税金和其他费用等9个项目组成。

费用按照经济内容进行分类,便于分析企业各个时期各种费用占整个费用的比重,进而分析企业各个时期各种要素费用支出的水平,有利于考核费用计划的执行情况。

（2）按照费用的经济用途分类

费用按经济用途分类，就是将企业的费用按照用于哪些方面、起什么作用来分类。可分为：直接材料、直接人工和间接费用。

费用按经济用途进行分类，便于分析成本升降的原因和降低成本的途径。

5.1.2　物业服务企业成本费用管理的原则

一般而言，进行成本费用管理的原则主要包括以下几点：

1）遵守成本费用开支范围的规定，严格区分不同性质的支出

物业服务企业的管理服务活动多种多样，所发生的成本费用支出也是多方面的。这些费用支出的性质不同，用途也有差别。因此，应明确其各自的界限，分别加以管理，严格遵守成本费用开支范围的规定，划清哪些开支属于费用开支，哪些开支不属于费用开支，防止乱挤费用，挪用经营资金，侵占国家税利现象的发生。

2）成本费用最低化原则

降低成本费用支出，提供优质服务，是实现物业管理目标的根本途径。特别是在物业管理资金来源不丰富、数量有限的情况下，一定要努力降低成本费用开支，使每一分钱都能发挥效益，实现成本费用的最合理使用。需要注意的是，强调成本费用最低化，并非意味着要降低服务质量，只有在保证优质服务的基础上降低成本费用才是企业生存发展的根本途径。

3）建立成本费用分级分口管理责任制度

成本费用的管理，涉及企业的各个部门和全体员工。为调动降低成本费用的积极性，有必要建立健全成本费用管理责任制，把成本费用指标逐项分解到部门、岗位、人员。通过成本费用分级分口管理责任制度，可以增加管理人员及作业人员的勤俭意识和节约意识，把部门和岗位考核中关于成本费用的考核与奖惩相结合，可以使职工自觉抵制铺张浪费，为降低成本费用创造良好的制度环境和群众环境。

5.1.3　物业服务企业成本费用管理的内容

成本费用管理是物业服务企业对物业管理服务过程中各项成本费用开支进行的预测、决策、预算、控制、核算、分析和考核等一系列管理活动的总称，包括以下7个方面的内容：

1）成本费用预测

成本费用预测是根据成本费用的历史数据、未来可能发生的各种变化和将要采取的各种措施，采用一定的专门方法，对未来的成本费用水平及其发展变化趋势进行合理的预计和测算。通过成本费用的预测，可以减少物业管理服务活动的盲目性，充分挖掘降低成本的潜力，避免不必要的浪费。

2）成本费用决策

成本费用决策是根据成本费用预测提供的资料和其他有关资料，依据一定的标准，从多个备选方案中选择最优方案的过程。进行成本费用决策是编制预算的基础，是事前控制的一部分，是整个成本费用管理的重心。

3）成本费用预算

成本费用预算是成本费用决策结果的系统化，具体指明了在预算期内为履行物业管理责任所应发生的成本费用，并提出了为达到预计的成本费用水平将要采取的措施。成本费用预算是成本费用管理的目标，为进行成本费用管理提供了直接依据。

4）成本费用控制

成本费用控制是依据成本费用预算对各项实际发生或将要发生的成本费用进行事中的审核和控制，将发生的成本费用限定在预算的水平范围内。成本费用控制是成本费用管理循环的关键环节，它对实现成本费用管理目标，具有决定作用。

5）成本费用考核

成本费用考核是定期对成本费用预算的执行结果进行评价，以判定相关部门和人员的工作业绩或工作质量的一种活动。通过成本费用的考核，实施必要的奖惩措施，有助于提高职工对加强成本费用管理的认识，达到降低成本费用的目的。

6）成本费用核算

成本费用核算是指对物业管理服务过程中实际发生的成本费用进行计算，并进行相应的会计处理。核算是对成本费用预算执行结果的反映，属于事后反映，但它为未来的成本费用管理提供了重要的会计信息。

7）成本费用分析

成本费用分析是以成本费用核算提供的资料及其他相关资料为基础，运用一定的标准进行比较分析,找出成本费用超支或节约的原因,明确成本超支的责任。通过成本费用分析,可以揭示发生差异的根源,为成本费用的考核提供依据,为降低成本费用、提高成本费用管理水平奠定基础。

成本费用管理的7个内容是一个相互联系的有机整体。在整个过程中,成本费用的预测、决策和预算是规划阶段,为成本费用管理提出了奋斗目标;成本费用的控制和核算是执行阶段,指导、监督成本费用预算的执行,确保成本费用预算的实现;分析和考核是成本费用管理的总结阶段,为成本费用的管理提供了动力。

任务2　物业服务企业成本费用预测

【知识准备】

5.2.1　物业服务企业成本费用预测的基本程序与要求

1)成本费用预测的基本程序

①社会调查。包括各种服务产品的业主(或使用人)需求情况、市场占有率、国内外同类服务产品的成本费用水平以及其他必要的信息。

②收集资料。包括历年的成本费用水平和利润水平、工时消耗定额、技术革新和新技术推广计划等。

③建立预测模型。为进行成本费用定量预测,要建立预测的数学模型;对定性预测的问题也应建立一些合理的逻辑推理程序,然后根据数学模型和推理程序,进行成本费用预测。

④分析评价。为了使预测结果更加完善,要分析企业内外部的各种影响因素,并要对那些不同于过去的因素进行分析评定。

⑤修正预测值。通过前面分析,认定预测结果与未来实际可能的误差后,要对已有的预测结果进行修正,并以此作为成本费用决策和成本费用计划的依据。

2)成本费用预测的要求

①坚持正确的经营方向,微观效益与宏观效益并重。对物业服务企业来说,在进行成本费用预测时必须本着提高微观经济效益与宏观经济效益相结合的原则。

②坚持从实际情况出发,进行认真、细致的预测。成本费用预测需要运用一系列的科学方法收集大量的材料。为此,预测前要充分研究和考察本企业的实际情况,选取适宜的方法;在此基础之上,针对各种方法的需要,广泛搜集材料,进行科学的预测。

5.2.2 物业服务企业成本费用测算的方法

成本费用预测的方法,因预测的内容和期限不同而有所不同,但基本上可归纳为以下两类:

1)定性预测法

定性预测法是指通过调查研究,采用直观材料,依靠个人的经验和综合分析能力,对未来成本费用状况进行预测的一类方法。由于定性预测法一般无需繁杂的技术测算,都是通过主观判断进行预测,因而又常被称为直观预测法。定性预测法的优点是简便,缺点是科学性差、主观臆断性强。因此,这种方法一般在资料缺乏或难于组织定量预测时采用,尤其被更多地运用于中长期成本预测。目前经常使用的定性预测法主要有:

(1)专家预测法

专家预测法是以专家为索取信息的对象,组织各方面的专家运用专业知识和经验,通过直观推理对过去和现在的成本进行综合分析,从中找出规律,对未来成本做出判断和预计。这种方法的具体形式有很多,以德尔菲法最为典型。

德尔菲法是根据预测目的选定一组专家,以函询方式向专家提出问题,同时提供有关预测所需要的信息,请各位专家做出预测;然后,将各专家个人的意见予以综合、整理和归纳,匿名(不列出表达意见的各专家的姓名)反馈给各位专家,加之多次来回传送和反馈,每位专家都可以平等、自主地评价别人的意见,甚至不断修正自己的主张,从而可以排除干扰,集思广益,最终形成比较优良可信的预测结果。这样,在企业主持预测的机构与专家们之间往返循环几次,个人预测不断得到修正,最后将较为趋于一致的意见作为最终的预测结果。

(2)群众预测法

群众预测法的基本预测思路与专家预测法相同,区别仅有两点:

一是索取信息的对象是企业内部的职工群众,而非专家。由于职工群众最熟悉企业内部的生产经营实际情况,往往可能一下子找到问题,但由于其所处的位置决定了这些人的意见往往过于狭隘,仅着眼于目前企业内部(甚至只是某一环节),不善于从比较高的层次或角度考虑问题。

二是无需采取保密的方式,而代之以职工大会公布、张榜公布或者座谈会等形式,大家根据自己的体会和感受,当时即可进行广泛和全面讨论,形成最后预测结果。

在采用群众预测法时,可将目标予以分解,对不同的具体问题,尽量充分吸收从事或负责该项工作的职工意见。

2)定量预测法

定量预测法是指根据成本费用的历史资料,通过一定的数学模型来测算未来成本费用状况的一类方法。定量预测法的关键在于建立和使用合适的数学模型。一般而言,成本费用的发展趋势可用直线方程式来反映,即

$$y = a + bx$$

式中　y——一定期间成本费用总额;

　　　x——业务量;

　　　a——固定成本;

　　　b——单位变动成本。

只要求出 a 和 b 的值,就可根据这个方程式来预测任何业务量(x)下的成本费用的值(y)。

但作为预测根据的历史资料所选用的时期不宜过长,也不宜过短,通常以最近 3～5 年的历史资料为宜。常用的定量预测法有高低点法、加权平均法和回归直线分析法等,这里仅介绍高低点法和加权平均法。

(1)高低点法

高低点法是以历史成本资料中业务量最高和最低两个时期的数据为代表,借以推算出固定成本和变动成本,然后进行成本预测的方法。该方法的具体分析步骤如下:

①选择高低两点的坐标,找出最高点业务量以及相应的成本,从而确定最高点坐标(x_1, y_1),同样确定最低点坐标(x_2, y_2)。

②计算 b 值,公式如下:

$$b = \frac{最高点成本 - 最低点成本}{最高点业务量 - 最低点业务量} = \frac{y_1 - y_2}{x_1 - x_2}$$

③计算 a 值,公式如下:

$$a = 最高点成本 - b \times 最高点业务量 = y_1 - bx_1$$

或　$a = 最低点成本 - b \times 最低点业务量 = y_2 - bx_2$

高低点法的优点是简便易行,易于理解。但该法只是选择了历史资料诸多

数据中的两组数据作为计算依据,使建立起来的模型可能不具代表性,容易导致较大的计算误差。因此只适用于变动趋势比较稳定的成本费用的预测。

（2）加权平均法

加权平均法是根据若干期固定成本总额和单位变动成本的历史资料,按照事先确定的权数(假设用 w 表示)进行加权,以计算加权平均成本水平,从而确定成本预测模型,进而预测未来总成本的一种定量分析方法。计算公式为:

$$Y = a + bx = \frac{\sum aw}{\sum w} + \frac{\sum bw}{\sum w} x$$

此法适用于对那些具有详细固定成本与变动成本历史资料的业务进行成本预测,计算结果误差相对较小。

【操作示范】

【例5.1】 某物业服务企业最近5年的维修工时及维修费数据如表5.1所示。2009年度预计发生维修工时6 800小时,用高低点法预计2009年度的维修费是多少?

表5.1 2004—2008年度的维修工时和维修费统计表

年　度	2004 年	2005 年	2006 年	2007 年	2008 年
维修工时/小时	6 000	6 750	4 500	7 500	6 450
维修费/元	3 300	3 600	3 000	3 900	3 450

根据以上资料,找出最高维修工时为7 500小时,其对应维修费为3 900元;最低维修工时为4 500小时,其对应维修费为3 000元。

根据公式计算 b 值:

$$b = \left[\frac{(3\ 900 - 3\ 000)}{(7\ 500 - 4\ 500)} \right] \text{元/小时} = 0.3(\text{元/小时})$$

根据公式计算 a 值:

$$a = \text{最高点成本} - b \times \text{最高点业务量}$$
$$= (3\ 900 - 0.3 \times 7\ 500)\text{元} = 1\ 650\ \text{元}$$

或　　$a = \text{最低点成本} - b \times \text{最低点业务量}$
$$= (3\ 000 - 0.3 \times 4\ 500)\text{元} = 1\ 650\ \text{元}$$

根据公式,预计2009年度的维修费:

$$y = a + bx = (1\ 650 + 0.3 \times 6\ 800)\text{元} = 3\ 690\ \text{元}$$

【例5.2】 某物业服务企业2010年前5个月的维修成本资料如表5.2所示,第6个月预测维修物业面积为600平方米。

表5.2 某物业服务企业2010年前4个月的成本资料　　单位:元

月　份	固定成本	单位变动成本
1	30 000	65
2	35 000	68
3	38 500	68
4	40 000	70
5	42 500	73

要求:用加权平均法预测第6个月的总成本和单位面积成本。

分析:假定各期的权数分别为1,2,3,4,5。

$$总成本 = \left(\frac{30\ 000 \times 1 + 35\ 000 \times 2 + 38\ 500 \times 3 + 40\ 000 \times 4 + 42\ 500 \times 5}{1+2+3+4+5} + \right.$$

$$\left. \frac{65 \times 1 + 68 \times 2 + 68 \times 3 + 70 \times 4 + 73 \times 5}{1+2+3+4+5} \times 600 \right) 元$$

$$= (39\ 200 + 70 \times 600) 元 = 81\ 200\ 元$$

$$单位成本 = \left(\frac{81\ 200}{600} \right) 元/平方米 \approx 135.33(元/平方米)$$

任务3 物业服务企业成本费用预算

【知识准备】

预算是以货币为计量单位,将企业经过决策分析确定的行动目标和实施方法以计划形式反映出来的收支预计。也就是对于未来一定时期内的收入和支出进行量化的计划。一个预算就是一种定量计划,用来帮助协调和控制给定时期内资源的获得、配置和使用。

预算包含的内容不仅仅是预测,它还涉及有计划地巧妙处理所有的变量,使企业未来努力达到某一有利地位。因此预算具有下列优点:第一,制订计划。预算有助于管理者通过计划具体的行为来确定可行的目标,同时能使管理者考虑各种可能的情形。第二,合作交流。总预算能协调组织的活动,使得管理者全盘考虑整个价值链之间的相互联系,预算是一个有效的沟通手段,能触及到企业的各个角落。第三,业绩评价。通过预算管理各项目标的预测、组织实施,促进企业各项目标的实现,保证企业各项目标的不断提高和优化。第四,激励员工。预算的过程会促进管理者及全体员工面向未来,促进发展,有助于增强预见性,避免盲目行为,激励员工完成企业的目标。

正是由于预算具备以上优势,所以需要对预算进行管理。企业预算管理是在企业战略目标的指引下,通过预算编制、执行、控制、考评与激励等一系列活动,全面提高企业管理水平和经营效率,实现企业价值最大化。

5.3.1 物业服务企业成本费用预算的内容

物业服务企业的成本费用预算包括经营成本预算、管理费用预算、营业费用预算及财务费用预算。

1)经营成本预算

营业成本是物业服务企业在从事物业管理活动中发生的各项直接支出。其预算包括直接材料费预算和直接人工费预算两部分。

2)管理费用预算

管理费用预算是从事物业管理活动中所发生的各种间接费用的预算,包括物业服务企业管理人员的工资、奖金及福利费、固定资产折旧费和修理费、水电费、办公费、差旅费、邮电通讯费、租赁费、保险费、劳动保护费、低值易耗品摊销和其他费用的预算等。

3)营业费用预算

营业费用预算是指企业在销售商品和提供服务过程中发生的各种费用的预算,包括企业物业营销过程中发生的展览费和广告费预算。

4)财务费用预算

财务费用预算是物业服务企业在预算期内为筹措资金所发生的各种费用的预算,主要包括利息支出、汇兑损失、金融机构手续费和其他财务费用的预算等。

5.3.2 物业服务企业成本费用预算的编制方法

1)固定预算

固定预算又称静态预算,是根据预算期内正常的可能实现的某一业务活动水平编制的预算。其主要特点是:

①预算内容以计划预定的某一共同的业务量水平为基础,一般不考虑预算期内业务量水平的变化,编制过程比较简单。

②将实际结果与所确定的固定预算中的数据进行比较分析,并据此进行行业绩评价、考核。

固定预算比较合适于实际业务水平与预算期业务水平相差不大(即业务量比较稳定)的企业。但是,如果用来衡量业务量水平经常变动、实际执行结果与预算期业务量水平相差很大的企业,固定预算就往往难于控制,不太适用。

2)弹性预算

为克服固定预算的缺点,可采用弹性预算。该方法是将所有成本划分为变动成本和固定成本,在此基础上,分别按一系列可能达到的预计业务量水平(如按一定百分比间隔)编制能适应多种情况的预算。该方法的主要特点是:

①既可按预算期内某一相关范围内的可预见的多种业务活动水平确定不同的预算额,也可按实际业务活动水平调整其预算额。

②待实际业务量发生后,将实际指标与实际业务相应的预算额进行对比,使预算执行情况的评价与考核建立在更加客观可比的基础上,更好发挥预算的控制作用。

3)增量预算

增量预算是指以过去的实际成本费用支出为基础,考虑预算期内相关因素可能发生的变动及其影响,在过去实际成本费用基础上增加或减少一定的百分比支出而确定出的预算。

增量预算是传统的预算编制方法,在现实生活中得到了广泛的应用。其优点集中表现为:第一,编制简单,预算的编制成本较低;第二,由于增量预算以过去的成本费用支出为基础,因而成本费用支出水平的控制要求易于为各部门所接受。但这种方法的缺点也比较明显:没有结合预算期的情况,重新对各项成本费用支出的必要性及其支出水平进行论证,难以实现成本费用支出效益的最大化;同时,由于采用该方法编制的预算缺乏挑战性,因而,也难以调动各部门和全体员工控制成本费用支出的积极性。

4)零基预算

零基预算是区别于传统的增量预算的一种"以零为基础"的编制预算方法。编制零基预算时,不受以往实际成本费用支出水平的限制,完全根据预算期业务活动的需要和各项业务的轻重缓急,对各支出项目进行逐个分析和计量,从而制定出成本费用预算。

编制零基预算的程序是：

①针对企业在预算年度的总体目标以及由此确定的各预算单位的具体目标和业务活动水平，提出相应成本费用计划方案，并说明每一成本费用开支的理由与数额。

②按"成本—效益分析"方法比较每一项成本费用及相应的效益，评价每项开支计划的重要程度，以便区别对待。

③对不可避免的成本费用项目有限分配资金，对可延缓成本则根据可动用资金情况，按轻重缓急，分级依次安排预算项目。

④经过协调具体确定有关指标，逐项下达费用预算。

零基预算对于物业服务企业而言，有着重要价值。在既定的管理收费标准下，它有助于提高管理收费的使用效益，改善企业与业主之间的关系，从而增强物业服务企业的市场竞争能力。但零基预算也有一定的不足，主要表现为：编制预算的工作量相对较大，评级和资源分析可能具有不同程度的主观性，易于引起部门间的矛盾，各成本费用项目的成本效益率的确定缺乏客观依据等。

5）滚动预算

滚动预算又称永续预算。其主要特点是预算期连续不断，始终保持 12 个月，每过一个月就在原预算期末增列一个月的预算，逐期向后滚动。前几个月的预算应详细编制，后几个月的预算则可以比较粗略，随着时间的推移将粗略的预算逐渐补充具体。如制定一年预算，第一次制定 2010 年 1 月份至 12 月份的预算，第二次制定的就是 2010 年 2 月份至 2011 年 1 月份的预算，第三次制定的一年预算就是 2010 年 3 月份至 2011 年 2 月份的预算，图 5.1 所示。

滚动预算可以使各级管理人员始终保持对未来 12 个月工作的考虑和安排，保证企业经营管理工作能稳定而又有条不紊地进行，便于企业根据经营环境和条件的变化，对预算进行经常性的分析和研究，适时地做出必要的调整，使预算与实际情况结合得更加密切，有利于发挥预算的指导和控制作用。

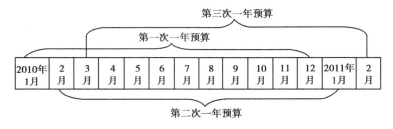

图 5.1　滚动预算示意图

【操作示范】

【例5.3】　营业成本预算的编制方法。

假定：某物业服务企业把直接材料、直接人工视为物业服务企业的变动成本，把间接费用列入管理费用核算。其他直接费用数额也相对较小，为简化预算程序，在此略去。

该企业2010年四个季度开展公共服务、专项服务、特约服务的直接材料费、真接人工费额计如表5.3上半部分所示。该企业直接材料费的付款政策为：本季度采购额的70%于当季支付，剩余部分在下季度支付。上年度第4季度直接材料成本为32万元。该企业的营业成本预算如下：

2010年度第一季度材料采购付现营业成本 = (27.8 × 70% + 32 × 30%)万元 = (19.46 + 9.6)万元 = 29.06(万元)

2010年度第二季度材料采购付现营业成本 = (28.9 × 70% + 27.8 × 30%)万元 = (20.23 + 8.34)万元 = 28.57(万元)

2010年度第三季度材料采购付现营业成本 = (33.9 × 70% + 28.9 × 30%)万元 = (23.73 + 8.67)万元 = 32.4(万元)

2010年度第四季度材料采购付现营业成本 = (36 × 70% + 33.9 × 30%)万元 = (25.2 + 10.17)万元 = 35.37(万元)

计算结果如表5.3下半部分所示。

表5.3　某物业服务企业营业成本预算表

（2010年度）　　　　　　　　　　　单位：万元

项　目	费用类别	第1季度	第2季度	第3季度	第4季度	全年合计
公共服务的营业成本	直接材料费	20.50	21.20	23.40	25.30	90.40
	直接人工费	75.00	75.00	75.00	75.00	300.00
专项服务的营业成本	直接材料费	4.20	4.80	4.90	4.80	18.70
	直接人工费	12.00	15.00	16.80	15.60	59.40
特约服务的营业成本	直接材料费	3.10	2.90	5.60	5.90	17.50
	直接人工费	8.00	6.00	11.80	12.40	38.20
营业成本	直接材料费合计	27.80	28.90	33.90	36.00	126.60
	直接人工费合计	95.00	96.00	103.60	103.00	397.60
	费用合计	122.80	124.90	137.50	139.00	524.20

续表

项　　目	费用类别		第1季度	第2季度	第3季度	第4季度	全年合计
	预计现金支出						
付现营业成本	直接材料费	本季	19.46	20.23	23.73	25.2	88.62
		上季	9.60	8.34	8.67	10.17	36.78
		合计	29.06	28.57	32.40	35.37	125.40
	直接人工费		95.00	96.00	103.60	103.00	397.60
	费用合计		124.06	124.57	136.00	138.37	523.00

【例5.4】　管理费用预算的编制方法。

编制管理费用预算的最佳方法是零基预算,为了简便,该企业用的是固定预算方法。企业预计现金支出等于管理费用合计减去不需付现的费用部分即折旧。根据预算期内正常的可能实现的某一业务活动水平编制的预算见表5.4所示。

表5.4　某物业服务企业管理费用预算表

2010 年度　　　　　　　　　　　　　　　　单位:万元

项　　目	第一季度	第二季度	第三季度	第四季度	全年合计
工资及福利费	25.80	25.80	25.80	25.80	103.20
办公费	18.50	18.60	18.60	20.50	76.20
差旅费	12.00	12.80	12.00	12.50	49.30
折旧费	14.30	14.30	14.30	14.30	57.20
邮电通信费	3.80	3.00	3.20	3.60	13.60
保险费	8.60	8.60	8.60	8.60	34.40
劳动保护费	6.50	6.50	6.50	6.50	26.00
其他费用	15.20	15.00	15.30	15.70	61.20
费用合计	104.70	104.60	104.30	107.50	421.10
预计现金支出					
付现支出	90.40	90.30	90.00	93.20	363.90

任务4 物业服务企业成本费用的控制与考核

【知识准备】

5.4.1 物业管理成本费用周期

在现实中,物业的生命周期一般为50~70年,物业管理的周期相应的也为50~70年。在此期间,物业管理经历了从起步、成长到成熟、衰退的周期性过程。在不同阶段中,物业管理的重点通常是不同的。在起步阶段,物业管理的重点是组建管理队伍,建立健全物业管理规章制度,并逐一落到实处;在衰退阶段,物业管理的重点则是房屋及其配套设施设备的维修,以减少故障,保证物业的正常使用,最大可能地实现物业的使用价值。

不同阶段的物业管理服务重点不同,物业管理资金使用也会发生阶段性的变化。一般来说,在起步阶段,物业管理重点是组建管理队伍,建立健全管理制度,购置基本设备等,这时需投入的项目多,成本费用的支出数额也较大;在成熟阶段,投资项目稳定运行,成本费用的开支相对较少;在衰退阶段,物业及各种设备日益老化,维修费用增大,在其他项目不变的条件下,成本费用的开支又会逐渐增加。所以,认识和掌握物业管理周期理论,有助于了解物业管理成本费用支出的周期性特点,有利于加强物业管理成本费用的控制。

5.4.2 物业服务企业成本费用控制与考核

1)成本费用控制的概念

成本费用控制的概念有广义和狭义之分:狭义的成本费用控制是指按照事先编制的成本费用预算,对所有成本费用开支进行严格的计算和监督,及时揭示实际成本费用与预算之间的差异,并积极采取措施予以纠正,实现以至超过(节约)成本费用预算。广义的成本费用控制,除包括狭义的成本费用控制外,还包括成本费用的分析与考核,力求以最低的成本达到预先规定的数量和质量(以下的成本费用控制均指广义的控制)。

2)成本费用控制的分类

成本费用控制可按不同的方法进行分类。常用的分类方法有:

（1）按控制的时间分类

成本费用控制按其时间的先后，可分为事前控制、事中控制和事后控制。事前控制是在成本费用发生之前，对影响成本费用的有关因素进行规划，并建立健全成本费用管理制度，以达到防患于未然的目的。事中控制是对成本费用的耗费所进行的日常控制，以消除或减少实际耗费与预定目标之间的差异。事后控制，即对成本费用的实际耗费进行事后分析，总结经验教训，以提高成本费用管理的水平。

（2）按其所运用的机制分类

成本费用控制按控制机制可分为前馈性控制、防护性控制和反馈性控制。前馈性控制是运用控制论中的前馈控制原理，在成本费用发生之前所进行的控制，如通过对各成本费用开支的必要性进行分析，确定最佳的支出水平等。防护性控制是通过制定相关的规章制度，制约不必要的开支或防止超支的发生，如费用开支的审批制度等。前馈性控制和防护性控制都属于事先控制。反馈性控制是利用反馈控制原理进行的日常或事后控制，采取相应措施，确保总费用不超过预定标准。

3）成本费用控制的程序

（1）制定标准

即确定各项成本费用消耗资源的数量上限，这是进行成本费用考核的直接依据。常用的控制标准有成本费用预算和各种消耗定额等。

（2）测定或预测实际成本

通过审核各项成本费用的开支和各项资源的消耗，对成本费用的形成过程进行具体的监督，保证控制目标的实现。

（3）分析差异

差异是指实际消耗与既定标准之间的差额。差异分析就是寻找差异产生的原因，是由主观原因造成的还是由客观原因产生的，是材料超支还是人工超支引起的，从而总结产生有利差异的经验，发现造成不利差异的根源。

（4）纠正偏差

针对差异产生的原因，由相关部门和人员提出降低成本费用的措施，并予以贯彻落实。

（5）考核奖惩

对一定时期内成本费用目标的执行情况进行考核，并根据考核评价的结果，给予相应的奖励或处罚，以充分调动有关部门和人员的积极性。

4）成本费用控制的原则

成本费用控制应遵循以下几项原则：

（1）全面控制原则

全面控制是指全员和全过程相统一的控制。也就是说，成本费用控制应充分调动全体员工控制成本费用的积极性，使企业全体员工和成本费用控制全过程相结合。另外，成本费用控制还应贯穿于成本费用形成的全过程，而不仅仅是对部分成本费用支出的控制。

（2）讲求效益原则

成本费用控制应与提供优质的物业管理服务相结合，不能为降低耗费而不提供或少提供服务，即成本费用控制应以相同服务水平下成本费用最小化或相同成本费用水平下服务数量和质量最大化为目标。

（3）责权利相结合原则

成本费用控制中应明确规定各部门和有关人员应承担的责任，赋予其相应的权限，并通过考核其责任履行情况，予以相应的奖惩，使成本费用控制的目标及相应的管理措施真正落到实处。

（4）例外管理原则

例外管理原则也称为重点管理原则，是指在全面控制的基础上，以金额的大小，持续时间的长短以及是否可以控制等为标准。对那些重要的、不正常的、不符合常规的关键性成本费用差异（即例外情况）进行重点控制。

5.4.3　物业服务企业标准成本

标准成本是通过精确的调查、分析与技术测定而制定的，用来评价实际成本、衡量工作效率的一种预计成本。将实际成本与标准成本比较，实际成本低于标准成本，说明节约了成本；反之，则说明成本超支。采用标准成本制度，有利于控制材料耗用量，充分利用现有设备，提高劳动生产率，节约成本费用，增加企业赢利。

1）成本的分类

制定标准成本时，先要将企业发生的成本按成本的变动与业务量之间的依存关系分解为固定成本、变动成本和混合成本3类。

①固定成本是指其总额在一定时期及一定业务量范围内，不随业务量变动而变动成本。例如，管理人员的工资、财产保险费、广告费、租金等，均属于固定成本。由于其总额不受业务量变动的影响，因而其单位成本与业务量成反比例变动，即随着业务量的增加，单位产品分摊的固定成本将相对减少；反之亦然。

②变动成本是指在特定的业务量范围内，其总额会随着业务量的变动而变动的成本。如直接材料、直接人工，其总额会随着业务量的增减而成正比例地

增减,总成本与业务量之间存在着一个稳定的比例关系。在总成本随着业务量成正比例变动的同时,其单位变动成本将不受业务量变动的影响而保持不变。

③混合成本是介于固定成本和变动成本之间的各项成本,它同时包含了固定成本与变动成本两种因素。其基本特征是:其发生额虽受业务量变动的影响,但变动的幅度并不同业务量的变动保持严格的比例关系。在实务中,对这类成本往往需要通过各种方法(如高低点法等)将其分解为变动成本和固定成本。

需要注意的是,无论是变动成本还是固定成本,都是在一定的业务量范围内存在的。当企业的业务量突破一定范围时,都会造成变动成本和固定成本的变化。

2)标准成本的制定

标准成本的制定,通常只对营业成本的直接材料费、直接人工费和间接费用3大项目进行。直接人工费和直接材料费可视同企业提供物业管理服务的变动成本,间接费用还需要根据具体情况分析其习性。有些间接费用,如固定资产折旧,一般不会随业务量的变化而变化,属于固定成本。而有些间接费用,如差旅费、保险费等,可能会随业务量的变化而变化,此时就要根据其各自的特点划分为变动成本或混合成本,将混合成本再进一步分解为变动成本和固定成本。

在实际操作中,一般以物业服务企业所接管的物业面积作为其业务量的衡量标准,制定标准成本时也以每平方米物业面积为单位。

$$单位标准变动成本 = \frac{直接人工标准成本 + 直接材料标准成本 + 变动间接费用标准成本}{物业面积}$$

$$= \frac{直接人工标准工时 \times 小时标准工资率 + 直接材料标准耗用量 \times 材料标准单价 + 变动间接费用标准成本}{物业面积}$$

5.4.4 物业服务企业成本费用的日常管理

成本费用的日常管理,是成本费用控制的重要组成部分。进行成本费用的日常管理,能够落实成本费用预算和各项控制措施,更为有效地节约成本费用。

1)严格执行预算,控制成本费用的开支

在日常管理中,根据事先制定的成本费用预算,为各部门设立费用手册以记载成本费用的开支。每发生一笔费用,就根据有关凭证核减相应指标,并随时结出指标结存额。这一方法能使各责任部门随时了解各项费用支出的数额及指标余额,如发现支出过多,可及时查明原因,采取控制措施。

2）建立费用开支审批制度

每项成本费用的开支都应经过一定的审批手续,这样有助于控制成本费用水平。物业服务企业应结合国家有关的法律法规及各项费用开支特点,制定符合企业自身特点的审批制度,明确各项费用的审批部门和各部门的审批权限。一般的、正常的、零星的成本费用开支,由责任部门归口审批,而重大支出、预算外支出应由企业最高管理层审批。

3）健全费用报销审核制度

每一笔费用的报销都应通过审核原始凭证予以控制。通过形式审核,鉴别原始凭证的真伪及凭证的填制是否符合规定的要求,并根据有关政策、法规、合同、预算与计划,从内容上审核经济业务的真实性、合理与合法性,审核凭证内容与经济业务实际发生或完成情况是否一致,有无篡改,伪造或虚填;审核凭证所反映的经济业务是否符合国家财经政策、法规以及有关制度等规定,是否符合规定的审核权限与手续,有无违法乱纪、弄虚作假行为等;审核凭证所记录的经济业务是否符合勤俭节约、讲求经济效益的原则等。对形式上不合格的原始凭证,有权不予受理并退回有关部门或人员,要求其及时更正或补办手续;对内容上不合规、不真实的原始凭证应拒绝办理并立即报告单位领导,特别是各种弄虚作假、严重违法的原始凭证,在不予受理的同时,应当予以扣留,并及时向单位领导人报告,请求查明原因,追究当事人的责任。

拓展训练

一、复习思考题

1. 什么是成本费用? 物业服务企业的成本费用包括哪些内容?

2. 为什么要进行成本费用预测? 其主要方法有哪几种?

3. 物业管理周期理论对进行成本费用控制有何意义?

4. 简要分析如何进行成本费用的日常管理。

二、练习题

1. 某物业服务企业最近 4 年的维修工时及维修费数据如表 5.5 所示。2010 年度预计发生维修工时 5 800 小时,用高低点法预计 2010 年度的维修费是多少?

表5.5

年　度	2006	2007	2008	2009
维修工时/小时	6 300	5 200	6 600	7 200
维修费/元	2 600	2 400	2 700	3 000

2. 某物业服务企业 2010 年 3—7 月的维修成本资料如表5.6所示,8 月份预测维修物业面积为 1 000 平方米。

表5.6

月　份	固定成本/元	单位变动成本/元
3	40 000	55
4	44 000	58
5	52 000	56
6	56 000	60
7	58 000	61

要求:用加权平均法预测 8 月份的维修总成本和单位面积成本(假定各期的权数分别为 1,2,3,4,5)。

项目6 物业服务企业经营收入与利润管理

【知识目标】

掌握经营收入的构成,理解、掌握物业服务企业收入的确认及物业收入预算和预测;掌握利润的构成和利润的预测,了解利润分配管理的内容。

【能力目标】

1. 能对物业服务企业各种经营收入和利润进行预测;
2. 培养对利润构成进行确认和计算的能力。

任务1 物业服务企业经营收入管理

【知识准备】

6.1.1 物业服务企业经营收入的预算

物业服务企业的经营收入包括主营业务收入和其他业务收入,其中主营业务收入在营业收入中占绝大比重,因而,要做好经营收入的预算,首先是要做好主营业务收入的预算。此处仅讨论物业服务企业主营业务收入的预算。下面,以某物业服务企业为例,介绍物业服务企业经营收入预算的编制方法。

假设某物业服务企业仅向一高层住宅小区提供物业管理服务,没有其他经营项目。因此该公司的收入情况相对比较简单,仅包括公共服务收入、专项服务收入和特约服务收入3部分。该公司各项服务的定价均符合政府的有关规定。根据物业服务合同约定,物业服务费按季度收取。

原则上,所有的收费都应当季收取,但根据以往的经验,本季度的公共服务收入中,有90%于当季收取,10%于下季收到,其他服务收入基本上都于当季收到。该企业2010年四个季度公共服务收入、专项服务收入、特约服务收入预计如表6.1所示。

表6.1 某物业服务企业经营收入预算

(2010年度)   单位:万元

	第一季度	第二季度	第三季度	第四季度	全年合计
公共服务收入	360	360	360	360	1 440
专项服务收入	120	160	140	180	600
特约服务收入	44	48	50	50	192
物业管理收入合计	524	568	550	590	2 232
预计现金收入					合计

该企业2009年尚有30万元公共服务费未收,预计2010年第一季度收回。2010年预计现金收入预算如下:

某季度预计现金收入 = 上一季度公共服务费×10% + (本季度公共服务费×90% + 本季度专项服务费 + 本季度特约服务费)

2010年第一季度预计现金收入 = [30 + (360×90% + 120 + 44)]万元 = 518万元

2010年第二季度预计现金收入 = [360×10% + (360×90% + 160 + 48)]万元 = 568万元

2010年第三季度预计现金收入 = [360×10% + (360×90% + 140 + 50)]万元 = 550万元

2010年第四季度预计现金收入 = [360×10% + (360×90% + 180 + 50)]万元 = 590万元

计算结果如表6.2所示。

表6.2　某物业服务企业经营收入预算

（2010 年度）　　　　　　　　　单位:万元

	第一季度	第二季度	第三季度	第四季度	全年合计
公共服务收入	360	360	360	360	1 440
专项服务收入	120	160	140	180	600
特约服务收入	44	48	50	50	192
物业管理收入合计	524	568	550	590	2 232
预计现金收入					合计
2009 年末应收账款收回	30				30
第一季度	488	36			524
第二季度		532	36		568
第三季度			514	36	550
第四季度				554	554
现金收入合计	518	568	550	590	2 226

6.1.2　经营收入预测

为了减少和避免经营的盲目性,做好经营收入预测十分重要。经营收入预测是指以市场调查研究为基础,运用一定的方法,结合企业历史资料和市场供求现状及发展趋势,对企业未来一定期间可以实现的经营收入进行预计和测算。

1)物业服务企业经营收入预测的意义

经营收入预测是指以市场调查研究为基础,运用一定的方法,结合企业历史资料和市场供求现状及发展趋势,对企业未来一定期间的可以实现的经营收入进行预计和测算。对物业服务企业的经营收入进行预测具有重要意义。

(1)经营收入预测是物业服务企业参与市场竞争的客观要求

对物业服务企业而言,做好经营收入预测,可以使企业更好地认识自己的现状,采取相应的策略参与竞争,在竞争中立于不败之地。

(2)经营收入预测是编制经营收入计划的依据

当前大部分物业服务企业经营收入主要是物业服务费收入,所以物业服务企业经营收入预测主要包括预测物业经营服务的种类和收费标准。显然,经营收入预测的指标,就是企业编制经营收入计划的依据。

(3)经营收入预测是"以需定产"的前提

企业必须依据经营收入预测的结果编制经营收入计划,进一步制订服务计划及其他相关计划,真正做到"以需定产"。把企业所处市场环境同自身状况及发展目标结合起来,只有这样才能使企业经营处于良性循环。

(4)经营收入预测是实现企业利润的基础

经营收入预测能增强企业经营收入的预见性,改进服务工作,对提高服务效果至关重要。经营收入预测是企业扩大经营收入,实现更多利润的基础。

2)经营收入预测的方法

经营收入预测的方法很多,常用的有以下几种:

(1)加权平均法

加权平均法是根据过去若干历史时期的经营收入,按其距计划期远近分别进行加权,以适当扩大近期经营收入对预测值的影响程度,然后计算其加权平均数,作为计划期经营收入预测值的一种方法。预测模型如下:

$$营业收入预期值 = \frac{各期营业收入分别乘其权数之和}{各项权数之和}$$

(2)指数平滑法

指数平滑法是根据历史某期的实际资料和计划资料,利用平滑系数进行加权计算,预测经营收入的一种方法。其预测模型如下:

营业收入预期值 = 平滑系数 × 上期实际营业收入 + (1 - 平滑系数) × 上期计划营业收入

平滑系数的取值范围应在 0 和 1 之间。当连续若干期的经营收入缓慢地平稳上升,则平滑系数应取小值,一般为 0.1 ~ 0.3;当历史经营收入在上下波动,总趋势接近一个常数,平滑系数应取中值,一般为 0.3 ~ 0.5;当近期实际值有明显较大的变化,则平滑系数应取大值,一般为 0.6 ~ 0.9。因此,在预测时,应视具体情况来确定平滑系数的大小。

指数平滑法的优点是同时考虑了历史实际资料和计划资料两方面的因素,利用平滑系数调节历史实际资料和计划资料对预测值的影响,这样便于排除历史实际资料中一些非正常因素的影响,使预测结果比较符合客观实际。

(3)直线趋势法

这是根据若干期内经营收入的实际资料与时间序列之间存在的线性关系,

找出经营收入变化的规律,建立起线性方程预测经营收入的一种方法。一般来说,经营收入与时间序列的关系,可用线性方程表示如下:

$$y = a + bx$$

这里的 y 为经营收入预测值,a 为常数,b 为直线的斜率,x 为时间的间隔期。a 和 b 的值可用回归方程计算求得,其公式如下:

$$a = \frac{\sum y - b \sum x}{n}$$

$$b = \frac{n \sum xy - \sum x \sum y}{n \sum x^2 - (\sum x)^2}$$

因 x 是时间间隔期,在销售预测中,间隔期相等,为简化计算,可使 $\sum x = 0$。即期数 n 为奇数时,取 x 的间隔期为 1,取中间那一期的间隔 x 为 0,前后各期间隔期均以 1 递减或递增;若期数 n 为偶数,则取 x 的间隔期为 2,取中间两个相邻期间的间隔期分别为 −1 和 +1,前后各期的间隔均以 2 递减或递增。

当 $\sum x = 0$,上述 a 和 b 的计算公式为:

$$a = \frac{\sum y}{n}$$

$$b = \frac{\sum xy}{\sum x^2}$$

直线趋势法是从经营收入的变化规律中来测算计划经营收入的预测值,推导严密,计算准确度高。但采用这种方法的基本前提是各期的经营收入呈直线趋势,即经营收入与时间序列呈线性相关,否则不能采用直线趋势法。

(4)量、本、利分析法

量、本、利分析法是利用业务量、成本、利润三者之间的依存关系,对企业未来的财务指标进行预测的一种方法。使用量、本、利分析法的前提是将成本划分为固定成本和变动成本。量、本、利分析法的基本公式为:

利润 = 销售收入 − 销售成本

　　　= 销售单价 × 销售量 − 变动成本 − 固定成本

　　　= 销售单价 × 销售量 − 单位变动成本 × 销售量 − 固定成本

使用量、本、利分析法预测销售收入,具体又分为保本点预测法和保利预测法两种。

①保本点预测法,又称盈亏分界点销售数额预测法。盈亏分界点销售是指

企业的产品销售利润为0,即处于不亏不盈状态下的销售数额。只要增加业务量,企业就有赢利;反之,只要减少业务量,企业就会发生亏损。保本点预测法是指在量、本、利关系基本公式的基础上,根据保本点的定义,先求出保本销售量,再推算保本销售额的一种方法。其计算公式为:

$$保本销售量 = \frac{固定成本}{单位售价 - 单位变动成本}$$

$$保本销售额 = 单位售价 \times 保本销售量$$

②保利预测法。企业经营的目的是赢利,而不只是为达到保本点。保本点预测分析的延伸意义在于确定目标利润。所谓保利额,是指在单价和成本水平既定的情况下,为确保事先确定的目标利润的实现而应当达到的销售额。其计算公式为:

$$实现目标利润的销售量 = \frac{固定成本 + 目标利润}{单位售价 - 单位变动成本}$$

$$实现目标利润的销售额 = 单位售价 \times 实现目标利润的销售量$$

【操作示范】

【例6.1】　经营收入预测之一——加权平均法。

假定某物业服务企业2004—2009年的经营收入如表6.3所示。

表6.3　2004—2009年度经营收入统计表　　　　单位:万元

年　份	2004年	2005年	2006年	2007年	2008年	2009年
经营收入	2 044	2 400	3 000	3 200	3 600	4 000

根据表6.3所示资料,预测2010年的经营收入(假定各年权数分别为1,2,3,4,5,6)。

$$营业收入预测值 = \left(\frac{2\,044 \times 1 + 2\,400 \times 2 + 3\,000 \times 3 + 3\,200 \times 4 + 3\,600 \times 5 + 4\,000 \times 6}{1 + 2 + 3 + 4 + 5 + 6}\right)万元$$

$$= 3\,364 \ 万元$$

【例6.2】　经营收入预测之二——指数平滑法。

在例6.1中,该企业2009年经营收入的计划数为3 800万元,实际数为4 000万元,根据历年经营收入实际值的变化情况,平滑系数确定为0.3,采用指数平滑法预测2010年的经营收入。

$$经营收入预测值 = [0.3 \times 4\,000 + (1 - 0.3) \times 3\,800]万元 = 3\,860 \ 万元$$

【例6.3】　经营收入预测之三——直线趋势法。

现仍用表6.3中的资料,采用直线趋势法预测该企业2010年的经营收入。

先根据表6.3中所给的资料,将有关项目列表计算(表6.4):

表6.4　直线趋势法计算表　　　　　单位:万元

年份(n)	间隔期(x)	营业收入(y)	x^2	xy
2004	-5	2 044	25	$-10\ 220$
2005	-3	2 400	9	$-7\ 200$
2006	-1	3 000	1	$-3\ 000$
2007	$+1$	3 200	1	$+3\ 200$
2008	$+3$	3 600	9	$+10\ 800$
2009	$+5$	4 000	25	$+20\ 000$
$n=6$	$\sum x=0$	$\sum y=18\ 244$	$\sum x^2=70$	$\sum xy=13\ 580$

其次,将表中有关数据代入a和b的计算公式,求出a和b的值:

$a=\left(\dfrac{18\ 244}{6}\right)$ 万元 $=3\ 040.666\ 6$ 万元

$b=\left(\dfrac{13\ 580}{70}\right)$ 万元 $=194$ 万元

其三,将a和b的值代入线性方程,建立预测模型:

$y=3\ 040.666\ 6+194x$

最后,将预测期的间隔期代入预测模型,计算经营收入的预测值。按间隔期的排列,2010年的间隔期为 $+7$,即 $x=7$,则

经营收入预测值 $=(3\ 040.666\ 6\ +194$ 元 $\times 7)$ 万元 $=4\ 398.666\ 6$ 万元

【例6.4】　经营收入预测之四——量、本、利分析法(保本点预测法)。

某物业服务企业提供的某种物业服务产品的单位售价是15元/小时,单位变动成本是8.5元/小时,年固定成本是45 000元,该企业该产品的保本销售额计算如下:

某产品保本销售量 $=\left(\dfrac{45\ 000}{15-8.5}\right)$ 小时 $=6\ 923.08$ 小时

该产品保本销售额 $=15\times 6\ 923.08$ 元 $=103\ 846.2$ 元

【例6.5】　经营收入预测之五——保利预测法。

某物业服务企业提供的某种物业服务产品的单位售价为15元/小时,单位变动成本是8.5元/小时,年固定成本45 000元,2010年目标利润为20 000元,

价格和成本水平与上年完全相同。该企业实现目标利润的销售额计算如下:

$$实现目标利润的销售量 = \left(\frac{45\,000 + 20\,000}{15 - 8.5}\right)小时 = 10\,000\ 小时$$

$$实现目标利润的销售额 = 15 \times 10\,000\ 元 = 150\,000\ 元$$

任务2　物业服务企业利润管理

【知识准备】

6.2.1　物业服务企业利润管理概述

1）利润的构成

利润是指物业服务企业在一定时期内的经营成果,它集中反映企业在生产经营活动各方面的效益,是企业最终的财务成果,是衡量物业服务企业经营管理的重要综合指标。企业利润一般包括营业利润、利润总额和净利润。该部分内容在项目3"物业服务企业主要经营过程的核算"中的任务5"经营利润的核算"中已述,在此不再重复。

2）增加利润的途径

利润是衡量企业生产经营管理水平的一项综合指标。企业从事生产经营活动的目的,就是要不断提高企业的赢利水平。企业增加利润的主要途径是增加收入,降低成本和减少各种费用支出。为此,应采取以下有效的措施:

(1)提高服务质量,改进服务态度,提高物业服务费的综合收缴率

物业服务企业只有根据业主和住用人的委托和要求,不断改进服务态度,创新服务办法,提高服务质量,提高物业服务费的综合收缴率,才能不断得到新的发展。

(2)降低服务成本费用

依靠企业自身的力量,不断降低服务成本费用是增加企业利润的根本途径和关键所在。降低服务成本费用,应从以下3个方面开展工作:

首先,降低服务成本,应着重努力降低服务过程中的物资消耗和活劳动消耗,从而降低服务的单位变动成本。

其次,要充分利用现有技术设备,降低单位服务中的固定成本含量,以实现

更多的经济效益。

第三,还必须在提高企业管理水平及管理人员素质上下工夫,进而降低企业的管理费用和财务费用。

(3)合理使用资金,提高资金利用效果

企业要合理地运用物业管理资金,加强资金管理,加速资金周转,提高资金利用率,同时减少企业筹资成本和资金占用费用,增加企业利润。

(4)努力拓展有偿服务收入

物业服务企业只有不断扩大服务范围,开拓服务项目,努力拓展有偿服务收入,才能增加企业利润。

(5)努力利用公共部位合理经营

物业服务企业应当努力利用业主的公共部位合理开展经营活动,以增加企业的收入和利润。

3)利润管理的要求

企业在利润的管理方面,应当遵循以下要求:

(1)遵纪守法竞争,努力增加合理利润

物业服务企业应该在国家法律允许的范围内,通过不断开拓新的服务项目,提高服务质量,降低成本费用和加速资金周转等正确途径,参与市场竞争,从而努力增加企业的合理利润。

(2)分解利润指标,强化目标利润管理

物业服务企业要建立健全利润目标管理责任制,即根据企业内部各部门、各单位和各级相关人员在利润管理中的地位和作用,将企业的利润指标进行分解,下达到相关部门、单位和人员,实行利润分级归口管理。通过利润指标的分解,可以把企业的整体利益与各部门及职工的切身利益联系在一起,从而调动广大职工的积极性,保证目标利润的实现。

(3)严格执行有关财经法规,正确进行利润分配

在计算财务成果时,必须按照规定正确计算和结转成本,正确转销、分摊、预提各种费用,正确计算营业外收支。

6.2.2 物业服务企业利润预测与计划

1)利润预测

利润预测是运用科学计算和推测判断等方法,对企业未来时期的利润发展趋势进行测定。

（1）利润预测的内容

企业的利润一般包括营业利润、利润总额和净利润。净利润是利润总额减去所得税后的金额。由于作为财政收入主要来源的税收具有固定性，所以当利润总额预测出来之后，就很容易得到净利润的预测值。正因为如此，利润预测主要是指利润总额的预测。企业的利润总额主要由营业利润、投资收益、补贴收入及营业外收支构成，所以利润预测应该包括营业利润预测、投资收益预测、补贴收入预测和营业外收支预测等内容。

①营业利润预测。营业利润在利润总额中所占比重最大，因而营业利润应是利润预测的重点。而在营业利润中主营业务利润又占很大比重，主营业务利润的大小，则主要取决于企业提供的业务量和单位业务利润，而单位业务利润由单位业务成本和业务单价所决定。单位业务成本和业务量的预测，可以根据企业的成本费用预测及经营收入预测资料取得；业务单位售价由企业根据定价目录，选择适当定价方法加以制定。

②投资收益预测。投资收益预测是对企业对外投资所取得的收益，扣除发生的投资损失和计提的投资损失准备后的数额的预测。投资收益预测包括对企业债券投资、股票投资和其他投资所取得的利息、股利和利润的预测。

③营业外收支预测。营业外收支虽然与企业的生产经营活动没有直接关系，但与企业经营活动存在一定的联系，并直接影响利润总额。营业外收支的发生常常带有一定的偶然性，而且营业外收入的发生与营业外支出的发生没有必然关系，所以对其难以做出准确的预测。在实际工作中，大部分项目可根据上期实际发生额，并考虑未来时期的发展变化情况加以预计测算。

（2）利润预测的方法

①量、本、利分析预测法。量、本、利分析预测法是利用业务量、成本、利润三者之间的依存关系对企业未来的利润指标进行预测的一种方法。按照量、本、利分析原理，可推导出利润预测值的计算公式如下：

利润 = 销售收入 − 销售成本

= 销售单价 × 销售量 − 变动成本 − 固定成本

= 销售单价 × 销售量 − （单位变动成本 × 销售量）− 固定成本

②销售利润率预测法。销售利润率预测法是依据报告期销售利润率实绩，结合计划期可能发生的变动因素进行调整并据以确定计划期利润的一种方法。其计算公式如下：

利润预测值 = 计划期预计销售收入 × （报告期销售利润率 ± 计划期预计销售利润率升降百分比）

③资产报酬率预测法。资产报酬率预测法是依据计划期预计资产报酬率和预计资产占用额来预测企业利润的一种方法分其计算公式为：

利润预期值＝计划期预计资产平均占用额×预计资产报酬率

或   利润预期值＝计划期预计资产平均占用额×预计销售利润率×预计资产周转率

上述公式中的预计资产平均占用额、预计销售利润率、预计资产周转率均可根据报告期的实际资料,结合考虑计划期的变动情况分别确定。

④目标利润因素测算法。目标利润因素测算法是在上期利润实绩基础上,依据计划期影响利润变动的各项因素分析来测定计划期利润的一种方法。其计算公式如下：

利润预测值＝上期利润额±销售收入的变动对利润的影响额±
销售成本的变动对利润的影响额±销售税金的变动对利润的影响额

2)利润计划

利润计划又称预计损益表,是用来反映企业在计划期内利润形成情况的计划。因所属行业不同,预计损益表的格式也有差异。预计损益表与实际损益表的内容、格式相同,只不过数字是面向计划期的。该表又称损益表预算,它是在汇总经营收入、成本费用、投资净收益、营业外收支等预算的基础上进行编制的。

6.2.3 物业服务企业利润分配的管理

1)利润分配的基本原则

利润分配是指将企业实现的利润(包括以前年度未分配利润和本期实现的净利润)按国家有关规定和企业董事会的决议,向与企业有关的利益人进行分配的过程。

利润分配涉及企业、投资者、经营者和职工之间的利益关系,正确进行利润分配是一个十分重要的问题,因此必须遵循下列原则：

(1)必须严格遵照国家财经法规进行企业利润分配

企业的利润分配是一项政策性很强的工作,必须严格遵照国家财经法规和企业规章制度规定的分配程序和比例进行分配。其基本要求是:首先弥补以前年度的亏损;企业以前年度的亏损没有得到完全弥补之前不得提取法定盈余公积金和法定公益金;在提取法定盈余公积金、法定公益金前不得向投资者支付股利;支付股利的顺序是先优先股后普通股。还可以根据需要提取任意盈余公积。

（2）必须正确处理分配与积累的关系,增强企业后劲

企业可用于向投资者分配的利润是否全部分配,要考虑企业的经营情况而定。

（3）必须坚持全局观念,兼顾各方利益

投资者作为资本投入者、企业所有者,依法享有利润分配权。企业的净利润归投资者所有,是企业的基本制度,也是企业所有者投资于企业的根本动力所在。但企业的利润离不开全体职工的辛勤工作,职工作为利润的直接创造者,除了获得工资及奖金等劳动报酬外,还要以适当方式参与净利润的分配。

2）利润分配的内容和程序

企业取得的净利润,应当按规定进行分配。利润的分配过程和结果,不仅关系到所有者的合法权益是否得到保护,而且还关系到企业能否长期稳定地发展。

企业利润分配的内容和程序如下:

（1）提取法定盈余公积金

法定盈余公积金按照本年实现净利润的一定比例提取:股份制物业服务企业按公司法规定按净利润的 10% 提取;其他物业服务企业可以根据需要确定提取比例,但至少应按 10% 提取。企业提取的法定盈余公积金累计超过其注册资本的 50% 以上的,可以不再提取。

（2）提取法定公益金

股份制物业服务企业按照本年实现净利润的 5% ~ 10% 提取法定公益金;其他物业服务企业按不高于法定盈余公积金的提取比例提取公益金。企业提取的法定公益金用于职工的集体福利设施。

（3）提取任意盈余公积金

股份制物业服务企业提取法定盈余公积金后,经过股东会决议,可以提取任意盈余公积金;其他物业服务企业也可根据需要提取任意盈余公积金。任意盈余公积金的提取比例由企业视情况而定。

（4）分配给投资者

企业提取法定盈余公积金和法定公益金后,可以按规定向投资者分配利润。

企业如果发生亏损,可以用以后年度实现的利润弥补,也可以用以前年度提取的盈余公积金弥补。企业以前年度亏损未弥补完,不能提取法定盈余公积金和法定公益金。在提取法定盈余公积金和法定公益金前,不得向投资者分配利润。

【操作示范】

【例 6.6】 利润预测的方法之一——量、本、利分析预测法。

某物业服务企业计划期预计提供某种物业服务产品 8 000 小时,单位售价

是 15 元/小时,单位变动成本为 8.5 元/小时,年固定成本 45 000 元。

该企业利润预测值可计算如下:

利润预测值 = [15 × 8 000 − (8.5 × 8 000) − 45 000] 元 = 7 000 元

【例 6.7】 利润预测的方法之二——销售利润率预测法。

某物业服务企业计划期预计销售收入为 1 200 万元,上年销售利润率为 8%,预计计划期销售利润率将上升 1.5%。

该企业计划期利润预测值可计算如下:

利润预测值 = 1 200 万元 × (8% + 1.5%) = 114 万元

【例 6.8】 利润预测的方法之三——资产报酬率预测法。

某物业服务企业计划期预计资产平均占用额为 120 万元,预计销售利润率为 9.5%,预计资产周转率为 4 次。

该企业计划期利润预测值可计算如下:

利润预测值 = 120 万元 × 9.5% × 4 = 44.16 万元

【例 6.9】 利润预测的方法之四——目标利润因素测算法。

某物业服务企业上期实现利润额为 120 万元,预计计划期由于销售收入增加使利润增加 12 万元,由于销售成本上升使利润减少 11 万元,由于销售税金增加使利润减少 0.6 万元。

该企业利润预测值可计算如下:

利润预测值 = (120 + 12 − 11 − 0.6) 万元 = 120.4 万元

【例 6.10】 利润计划(预计损益表)的编制。

某物业服务企业预计 2010 年经营收入为 1 000 万元,经营成本为 400 万元,营业税金及附加为 56.7 万元,营业费用为 85 万元,管理费用为 160 万元,财务费用为 1.4 万元。

该企业的预计损益表编制如表 6.5 所示。

表 6.5 预计损益表

(2010 年度)   单位:万元

项　目	金　额
一、经营收入	1 000
减:经营成本	400
营业税金及附加	56.7
二、经营利润	543.3
加:其他业务利润	0.0

续表

项　目	金　额
减:营业费用	85
管理费用	160
财务费用	1.4
三、营业利润	296.9
加:投资收益	0.0
补贴收入	0.0
营业外收入	0.0
减:营业外支出	0.0
四、利润总额	296.9
减:所得税	97.977
五、净利润	198.923

拓展训练

一、复习思考题

1.物业服务企业如何确认经营收入?

2.如何编制经营收入预算?

3.简述利润的构成。

二、练习题

1.某物业服务企业根据管理服务合同提供物业管理服务,对2010年度的经营收入预测如表6.6所示。根据以往的经验,本季度的公共服务收入中,有90%于当季收取,10%于下季收到,其他服务收入基本上都于当季收到。

要求:填写表6.6所示的经营收入的现金预算表格。

表6.6　某物业服务企业营业收入预算表

（2010 年度）　　　　　　　　单位：万元

	第一季度	第二季度	第三季度	第四季度	全年合计
公共服务收入	60	60	60	60	
专项服务收入	20	22	30	32	
特约服务收入	6	6.4	5.6	5	
物业管理收入合计					
预计现金收入					合计
2009 年末应收账款收回	12				
第一季度					
第二季度					
第三季度					
第四季度					
现金收入合计					

2. 假定某物业服务企业 2004—2009 年的经营收入如表6.7 所示。

表6.7　2004—2009 年度营业收入统计表　　单位：万元

年　份	2004 年	2005 年	2006 年	2007 年	2008 年	2009 年
营业收入	150	183	195	210	217.5	225

　　根据表6.7 所示资料,分别利用加权平均法（假定各期权数分别为 1,2,3,4,5,6）、指数平滑法（假定平滑系数为 0.3,2009 年计划营业收入为 220 万元）、直线趋势法预测 2010 年的经营收入。

　　3. 某物业服务企业预计 2010 年提供某种物业服务产品 9 000 小时,单位售价 16 元/小时,单位变动成本 8.5 元/小时,年固定成本 25 000 元。请用量、本、利分析法测算本年的利润额。

　　4. 某物业服务企业计划期预计销售收入为 3 500 万元,上年销售利润率为 10%,预计计划期销售利润率将上升 1%。请计算计划期的利润额。

　　5. 某物业服务企业计划期预计资产平均占用额为 150 万元,预计销售利润率为 11%,预计资产周转率为 4 次。请计算计划期的利润额。

　　6. 某物业服务企业上期实现利润额为 120 万元,预计计划期由于经营收入增加使利润增加 12 万元,由于营业成本上升使利润减少 2 万元,由于营业税金增加使利润减少 0.9 万元。请计算计划期的利润额。

项目7　会计报表的编制

【知识目标】

掌握会计报表的定义、种类及编制要求,理解资产负债表、利润表的结构、内容,了解现金流量表的结构、内容。

【能力目标】

1.会编制简单的资产负债表;

2.会编制简单的利润表;

3.会理解现金流量表。

任务 1　会计报表认知

【知识准备】

7.1.1　会计报表的概念

会计报表是以日常核算资料为依据,采用统一的货币计量单位,通过汇总整理,主要运用表格形式来总括反映企业和行政、事业单位在某一特定时点的财务状况和一定时期经济活动情况及经营成果的书面文件。

由于会计账簿提供的核算资料比较分散,不能集中、概括地反映企业单位的财务、成本情况和经营成果,也不能满足经营管理和决策的需要。为此,必须定期将日常核算资料进一步加以归类、整理和汇总,编制成各种会计报表,为有关方面经营管理和决策提供所需要的会计信息。

7.1.2 会计报表的种类

会计报表是一个完整的报告体系,我们可以根据需要,按照不同的标准进行分类。各种不同类型的会计报表可以从不同的角度说明企业的财务状况、经营成果和现金流量情况。不同性质的会计主体,由于核算的具体内容、管理的要求不同,其会计报表的种类也不尽相同。为了全面了解会计报表的内容和结构,掌握其编制方法,必须对会计报表进行科学的分类。就企业而言,会计报表可按以下不同的标志进行分类。

1)会计报表按反映的经济内容,可分为资产负债表、利润表和现金流量表

资产负债表是总括反映企业在某一特定时点经营过程中财务状况的会计报表。利润表是反映企业在一定时期内经营成果的会计报表。现金流量表是反映企业一定时期内现金及现金等价物流入、流出情况的会计报表。

2)会计报表按编制时间,可以分为月报、季报、半年报(或称中期报)和年报

月报是反映企业在月份内经营成果及月末财务状况的会计报表。月报一般在月份终了后6天内编制完成,有资产负责和利润表等。年报是反映企业年度内经营成果及年末财务状况的会计报表。年报一般在年度终了后4个月内编制完成,有资产负债表,利润表,现金流量表等。季报介于月报和年报之间。股份有限公司还应根据企业半年的经营情况和经营结果编制半年报。通常将月报、季报和半年报称为中期报。

3)会计报表按编制单位,可以分为单位报表和汇总报表

单位报表是由独立核算的基层单位在自身会计核算基础上对账簿记录进行加工而编制的会计报表,反映企业单位本身的财务状况、经营成果和现金流量,又称基层报表;汇总报表是由企业主管部门和上级单位根据所属单位报送的会计报表,连同本单位会计报表汇总编制的反映本系统内全面财务状况和经营成果的综合性会计报表。

4)会计报表按编制用途不同,可以分为对外报表和对内报表

对外会计报表是指企业向与企业有利害关系的政府部门、投资者、债权人等报表使用者报送的会计报表,如资产负责表、利润表、现金流量表等。对内会计报表是指企业为适应本单位内部经济管理的需要而编制的报表,如成本报表、商品进销存日报表等。

5）会计报表按照资本周转方式不同，可以分为静态报表和动态报表

静态报表是企业以某一时点上资产、负债和所有者权益状况为基础编制的会计报表，如资产负债表；动态报表是以企业某一时期内的经营成果和经营活动情况为基础编制的会计报表，如利润表、现金流量表等。

6）会计报表按反映的经济主体，可以分为个别会计报表和合并会计报表

个别会计报表是指任何一个具有独立法律主体地位的企业所编制的会计报表，其报表内容仅包括企业本身的财务数字；合并会计报表是由母公司编制的，综合反映母公司及其子公司所形成的企业集团的财务状况、经营成果及其变动情况的会计报表。

7.1.3 编制会计报表的基本要求

会计报表是企业财务会计报告的主要内容，为了保证会计报表的质量，更好地发挥会计报表的作用，企业应当按照《企业财务会计报告条例》的规定，编制和对外提供真实、完整的会计报表。在编制会计报表时，应做到以下基本要求：

1）数字真实

会计报表主要是满足不同的使用者对信息资料的要求，便于使用者根据会计报表所提供的财务信息做出决策。因此，会计报表所提供的数据必须是真实的和可靠的，必须如实地反映企业的财务状况、经营成果、现金流量和其他非财务信息。这是对会计报表的基本要求。为此，在日常会计核算中，会计凭证要真实反映企业实际的经济活动，账簿的记录要以合法的会计凭证为依据，会计的确认、计量、记录和报告都必须根据国家统一的会计制度和相关法规的规定进行处理，必须将企业发生的经济业务全部登记入账，并按规定核对账目、清查财产、调整账项，做到账证相符、账账相符、账实相符，使在此基础上编制的会计报表做到账表相符。同时按照有关规定的时间结账、编制会计报表。企业不得使用估算或推算数字来编制会计报表，更不得弄虚作假、隐瞒谎报。单位负责人对会计报表的合法性、真实性负法律责任。如果会计报表所提供的财务信息不真实可靠，甚至提供虚假的信息资料，这样的会计报表不仅不能发挥其应有的作用，反而会由于错误的信息，导致报表使用者对企业财务状况做出相反的结论，使其决策失误。

2）计算准确

在编制会计报表时,涉及大量的数字计算,只有准确的计算,才能保证数字的真实可靠。为此,企业应当依照《企业财务会计报告条例》和《企业会计制度》规定的报表编制说明操作,根据账簿及其他有关资料,正确把握各项指标的口径,认真计算后填写,避免出现计算上的差错。各种会计报表之间、会计报表各项目之间,凡是有对应关系的数字,应当计算准确,相互一致。本期报表与上期报表之间有关的数字也应相互衔接,以保证会计报表的真实性。

3）内容完整

会计报表只有全面反映企业的财务状况、经营成果和现金流量情况,提供完整的会计信息资料,才能满足各方面对财务信息资料的需要。因此,企业在编制会计报表时,凡是国家要求提供的会计报表,都必须按照规定的要求编报,都必须编报齐全,不得漏编、漏报;对已有的经济活动及与报告对象决策有关的各种信息都要在会计报表中体现;对于应当填列的报表指标,无论是表内项目还是表外补充资料,都必须填列齐全,不得随意取舍。

4）编报及时

在市场经济条件下,市场情况瞬息万变,要求企业根据市场供求的变化,及时调整生产经营活动。为了使会计报表的使用者及时得到相关信息资料,发挥会计报表应有的作用,会计报表必须按照规定的时间和程序及时编制和报送,以确保会计信息的时效性。否则,即使最真实可靠完整的会计报表,由于编制、报送不及时,对于报表的使用者来说,也是没有任何价值的。当然,不能为了赶编报表而提前结账。一般月报在月度终了后6天内报出;季报在季度终了后15天内报出;半年报在年度中期结束后60天内报出;年报在年度终了后4个月内报出。

5）说明清楚

会计报表主要为广大阅读者使用,以提供企业过去、现在和未来的财务信息资料,为投资者、债权人以及其他利益关系人提供决策所需的经济信息。因此,对于企业某些重要的会计事项,还应当在会计报表附注中加以说明,同时做到说明清楚,便于理解。如果提供的会计报表晦涩难懂,不可理解,使用者不能做出可靠的判断,所提供的会计报表就失去了它应有的作用。

7.1.4　编制会计报表前的准备工作

会计报表的编制必须严格符合上述各项要求,如实反映企业的财务状况和经营成果。为此,企业在编制会计报表前必须做好下列各项准备工作:

1）清查财产、核实债权债务

在编制报表前,必须按照会计制度的规定,对单位的各项财产物资进行清查盘点,做到账实相符。清查时,对库存现金、存货、固定资产等可通过实地盘点的方法进行核对,检查实存数量与账存数量是否一致,是否有报废和积压物资等;对银行存款、银行借款可与银行对账单核对;对企业与其他单位或个人的往来款项如应收账款、应付账款、应交税费等是否存在,与债权、债务单位的相应债权、债务是否一致,可通过发函询证、电话查询进行核对;对各项投资是否存在,投资收益是否按照国家统一的会计制度规定进行确认和计量,也要进行核查。上述清查结果如有不符和疑问,应及时查明原因予以更正。

2）整理和编制调整会计分录

会计期末,为了对日常会计核算资料进行综合汇总并按照权责发生制原则的要求进行必要的账项调整,以合理地反映各会计期间应获得的收入和应负担的费用,从而正确计算盈亏,必须对一些会计记录进行整理和调整,如折旧费用的提取,应交税金的计算等各种企业的内部转账业务,必须在编制会计报表之前完成。

3）核对账目和结账

核对各会计账簿记录与会计凭证的内容、金额等是否一致,登记方向是否相符,以保证账证相符。如有不符,应立即查明原因加以更正。核对总账与有关明细账、总账与日记账是否一致,会计账与财产物资使用部门的使用账、保管部门的保管账是否一致,核对是否依照规定的结账日结出各账户的发生额和余额,以保证账账相符。

4）对会计记录进行试算平衡

在核对账目后,结出有关会计账簿的发生额及余额,对会计记录按借贷记账法的试算平衡方法进行试算平衡,编制"总分类账户发生额及余额试算平衡表",以检查会计账簿记录是否正确无误,以便正确编制会计报表。

任务2 资产负债表的编制

7.2.1 资产负债表的含义与作用

资产负债表是反映企业在某一特定日期(某一特定时点如月末、季末、年末)财务状况的会计报表,或者说是反映一定日期企业的全部资产、负债和所有者权益情况的会计报表。由于资产负债表是对某一特定日期的财务状况进行反映,所以它是一张静态报表。资产负债表是基本会计报表之一。它是根据资产、负债、所有者权益之间的相互关系,按照一定的分类标准和一定的顺序,把企业一定日期的资产、负债和所有者权益各项目予以适当排列,并对日常工作中形成的大量数据进行整理后编制的。

资产负债表主要提供有关企业财务状况方面的信息。通过资产负债表可以了解企业在某一特定日期所拥有的各种经济资源及其分布与结构,如有多少资源是流动资产,有多少资源是长期投资、固定资产等;可以反映企业所负担的债务和偿还期限,如分别有多少流动负债和长期负债等;还可以反映企业所有者权益的构成情况,表明所有者在资产中所占的份额;企业还可以将前后期的资产负债表加以对照,分析企业财务实力、偿债能力和财务前景,可以把握企业资金结构的变化情况及财务状况的发展趋势便于不同报表使用者管理和决策参考。

7.2.2 资产负债表的格式和内容

1)资产负债表的格式

资产负债表是以"资产=负债+所有者权益"为基础编制的,一般包括表首和正表两部分。其中表首概括地说明报表名称、编制单位、编制日期、报表编号、货币名称等;正表是资产负债表的主体,列示了说明企业财务状况的各个项目,如货币资金、存货等。

资产负债表的具体格式一般有报告式和账户式两种。

报告式资产负债表,是将资产负债表的项目自上而下排列,上部分列示资产的数额,下部分列示负债的数额和所有者权益的数额。其格式如表 7.1 所示。

表 7.1 资产负债表(报告式)

编制单位:　　　　　　年　　月　　日　　　　　　单位:元

项目	行次	年初数	期末数
资产:			
流动资产			
长期投资			
固定资产			
无形资产及其他资产			
递延税项(借项)			
资产合计			
负债:			
流动负债			
长期负债			
递延税项(贷项)			
负债合计			
所有者权益:			
实收资本(或股本)			
资本公积			
盈余公积			
未分配利润			
所有者权益合计			

账户式资产负债表,是将资产负债表分为左右两方,左方列示资产项目,右方列示负债和所有者权益项目,从而使资产负债表左右两方平衡,所以账户式的资产负债表,又称为平衡式资产负债表。其格式如表 7.2 所示。我国企业资产负债表按规定统一采用"账户式"格式。

2)资产负债表的内容

资产负债表是根据资产、负债、所有者权益之间的勾稽关系,把企业一定日期的资产、负债、所有者权益各项目按其特征进行分类,并按规定的顺序加以排列。它反映企业一定日期的资产、负债、所有者权益的总体规模和结构。如资产总额有多少,在资产中,有多少流动资产、长期投资、固定资产、无形资产和其他资产;在流动资产中,有多少货币资金、应收账款、存货等。同样,资产负债表反映有多少负债,这些负债是怎么构成的,有多少流动负债和长期负债,流动负债又是如何构成的等。资产负债表还要反映所有者权益的总额和构成。

资产负债表中各项目分类排列情况是:资产负债表左方列示资产,右方列示负债和所有者权益。

表7.2 资产负债表(账户式)

编制单位: 年 月 日 单位:元

资产	行次	年初数	期末数	负债及所有者权益	行次	年初数	期末数
流动资产				流动负债			
长期投资				长期负债			
固定资产				递延税项			
无形资产及其他资产				负债合计			
递延税项				实收资本(或股本)			
				资本公积			
				盈余公积			
				未分配利润			
				所有者权益合计			
资产总计				负债及所有者权益总计			

①资产负债表左方的资产又分为流动资产和非流动资产两大部分。按流动性大小顺序排列,流动资产排列在前,主要包括货币资金、短期投资、应收票据、应收股利、应收利息、应收账款、其他应收款、预付账款、应收补贴款、存货、一年内到期的非洲动资产及其他流动资产等项目。非流动资产根据流动性大小,分为长期投资、固定资产、无形资产及其他资产和递延税项等项目。

②资产负债表右方列示负债和所有者权益两大部分。负债按偿还期长短的顺序排列,偿还期短的流动负债在前,偿还期长的长期负债在后。流动负债包括短期借款、应付票据、应付账款、预收账款、应付职工薪酬、应付股利、其他应交款、其他应付款、预计负债、一年内到期的非流动负债应交税费及其他流动负债等项目。长期负债主要包括长期借款、应付债券、长期应付款、专项应付款、其他长期负债及递延税款等项目。所有者权益的排列是按内容构成分项列示并按永久程度的高低排列,永久程度高的在前,永久程度低的在后。具体说,所有者权益的排列顺序是实收资本(或股本)、资本公积、盈余公积、未分配利润等项目。

7.2.3 资产负债表的编制方法

会计报表的编制,主要是通过对日常会计核算资料记录的数据加以归集、整理,使之成为有用的财务信息。对于资产负债表来说,为了便于各项指标期末数与期初数的比较,资产负债表设有"年初数"和"期末数"两个金额栏,相当于两个年末的"比较资产负债表"。各项目的"年初数"应根据上年末资产负债表各项目的"期末数"填列。如果本年度资产负债表规定的各个项目的名称和内容同上年度不相一致,应对上年年末资产负债表各项目的名称和数字按照本年度的规定进行调整,填入本表"年初数"栏内。表中"期末数"栏各项目数字主要是根据有关科目的期末余额填列,归纳起来有下列几种情况:

1)直接根据总账科目的期末余额填列

如"交易性金融资产""应收票据""应收股利""应收利息""应收补贴款""固定资产原价""累计折旧""固定资产减值准备""工程物资""短期借款""应付票据""应付职工薪酬""应付股利""其他应付款""预计负债""实收资本(或股本)""资本公积""盈余公积"等项目,这些项目均是直接根据总账科目的期末余额填列。

2)直接根据明细科目的期末余额填列

采用这种方法填列的项目是所有者权益中"其中:法定公益金"项目,它应根据"盈余公积"账户所属的"法定公益金"明细账户的期末余额直接填列。

3)根据几个总账科目的期末余额计算填列

采用这种方法填列的项目有:货币资金、存货、在建工程、其他流动资产、无形资产、其他长期资产、其他流动负债等项目。如"货币资金"项目,该项目是反映企业库存现金、银行结算户存款、外埠存款、银行汇票存款、银行本票存款、信用卡存款、信用证保证金存款等的合计数。本项目应根据"现金""银行存款""其他货币资金"等科目的期末余额合计填列。"存货"项目,该项目是反映企业期末在库、在途和在加工中的各项存货的可变现净值,包括各种材料、商品、在产品、半成品、包装物、低值易耗品、分期收款发出商品、委托代销商品、受托代销商品等。本项目应根据"物资采购""原材料""低值易耗品""自制半成品""库存商品""包装物""分期收款发出商品""委托加工物资""委托代销商品""受托代销商品""生产成本"等科目的期末余额合计数,减去"代销商品款""存货跌价准备"科目期末余额后的金额填列。材料采用计划成本核算,以及库存商品采用计划成本或售价核算的企业,还应按加或减材料成本差异、商品进销差价后的余额填列。"无形资产"项目是根据"无形资产"科目的期末余额,减去"累计摊销"和"无形资产减值准备"科目期末余额后的金额填列。"在建工程"项目则是根据"在建工程"科目的期末余额,减去"在建工程减值准备"科目期末余额后的金额填列。

4)根据有关明细科目的期末余额计算填列

采用这种方法填列的项目有"预付账款""应付账款""预收账款""应收账款"等项目。

①"预付账款"项目,该项目是反映企业预付给供应单位的款项,应根据"预付账款"科目所属各明细科目的期末借方余额合计后填列。如果"预付账款"科目所属有关明细科目期末有贷方余额的,应在本表"应付账款"项目填列;如果"应付账款"科目所属明细科目有借方余额的,应包括在本项目内。

②"应付账款"项目,该项目是反映企业因购买材料、商品和接受劳务供给等而应付给供应单位的款项,应根据"应付账款"科目所属各明细科目的期末贷方余额合计填列。如果"应付账款"科目所属各明细科目期末有借方余额,应在本表"预付账款"项目内填列;如果"预付账款"科目所属有关明细科目期末有贷方余额的,应包括在本项目内。

③"预收账款"项目,应根据"预收账款"科目所属各有关明细科目的期末贷方余额合计填列。如"预收账款"科目所属有关明细科目期末有借方余额的,应在本表"应收账款"项目内填列;如"应收账款"科目所属明细科目期末有贷方余额的,应包括在本项目内。

④"应收账款"项目,该项目是反映企业因销售商品、产品或提供劳务等而应向购买单位或接受劳务的单位收取的各种款项,减去已计提的坏账准备后的净额。本项目应根据"应收账款"科目所属各明细科目的期末借方余额合计,减去"坏账准备"科目中有关应收账款计提的坏账准备期末余额后的金额填列。如果"应收账款"科目所属明细科目期末有贷方余额,应在本表"预收账款"项目内填列。

5)根据有关总账科目和明细科目的期末余额分析计算填列

根据有关总账科目和明细科目的期末余额分析计算填列,如"其他应收款""长期股权投资""长期债权投资""长期待摊费用""长期借款""应付债券""长期应付款""专项应付款""一年内到期的非流动负债"等项目。

①"其他应收款"项目,应根据"其他应收款"科目的期末余额,减去"坏账准备"科目中有关其他应收款计提的坏账准备期末余额后的金额填列。

②"长期股权投资"项目,应根据"长期股权投资"科目的期末余额,减去"长期投资减值准备"科目中有关股权投资减值准备期末余额后的金额填列。

③"长期债权投资"项目,应根据"长期债权投资"科目的期末余额,减去

"长期投资减值准备"科目中有关债权投资减值准备期末余额和 1 年内到期的长期债权投资后的金额填列。

④"长期待摊费用"项目,应根据"长期待摊费用"科目的期末余额减去 1 年内(含 1 年)摊销的数额后的金额填列。

⑤"长期借款"项目,应根据"长期借款"科目的期末余额,减去 1 年内(含 1 年)到期的长期借款后的金额填列。

⑥"应付债券"项目,应根据"应付债券"科目的期末余额,减去 1 年内(含 1 年)到期的应付债券后的金额填列。

⑦"长期应付款"项目,应根据"长期应付款"科目的期末余额,减去 1 年内(含 1 年)到期的长期应付款和"未确认融资费用"科目期末余额后的金额填列。

⑧"专项应付款"项目,应根据"专项应付款"科目的期末余额减去 1 年内(含 1 年)到期的专项应付款后的金额填列。

⑨"一年内到期的非流动负债"项目,应根据"长期借款""应付债券""长期应付款""专项应付款"等科目期末余额中将于 1 年内(含 1 年)到期的那部分金额合计填列。

⑩"未分配利润"项目,反映企业尚未分配的利润。本项目应根据"本年利润"和"利润分配"账户的余额计算填列。未弥补的亏损,在本项目内以"－"号填列。

6)根据有关科目的期末余额分析填列

根据有关科目的期末余额分析填列,如"固定资产清理""递延税款借项""应付职工薪酬""应交税费""其他应交款""预提费用""递延税款贷项"等项目。

①"固定资产清理"项目,应根据"固定资产清理"科目的期末借方余额填列。如为贷方余额,以"－"号填列。

②"递延税款借项"项目,应根据"递延税款"科目的期末借方余额填列。

③"应付职工薪酬"项目,应根据"应付职工薪酬"科目的期末贷方余额填列。如为借方余额,以"－"号填列。

④"应交税费"项目,应根据"应交税费"科目的期末贷方余额填列。如为借方余额,以"－"号填列。

⑤"其他应交款"项目,应根据"其他应交款"科目的期末贷方余额填列。如为借方余额,以"－"号填列。

⑥"递延税款贷项"项目,应根据"递延税款"科目的期末贷方余额填列。

7)根据报表各项目数字计算填列

根据报表各项目数字计算填列,以反映其净值或合计数,如"固定资产原值"项目减去"累计折旧"项目后得到"固定资产净值",再减去"固定资产减值准备"项目后得到"固定资产净额"。"固定资产净额"加上"工程物质""在建工程""固定资产清理"后得到"固定资产合计"。

此外,资产负债表附注与附列资料的数据应根据有关账簿记录分析填列,必要时加以文字说明和解释。

任务3 利润表及利润分配表的编制

7.3.1 利润表的含义和作用

利润表又称损益表、收益表,是反映企业在一定会计期间经营成果的会计报表。由于利润表是对一定期间的经营成果进行反映,所以它是一张动态报表。利润表把企业一定时期的经营收入与相应的营业费用进行配比,以计算出企业一定时期的净利润(或净亏损)。

利润表主要提供有关企业经营成果方面的信息。通过利润表反映的收入和费用等情况,可以评价企业的资本在经营过程中是否得到了保全;可以考核企业管理当局的经营管理水平和经营业绩;可以了解企业利润的形成情况,考核企业利润计划的执行结果,分析企业利润的发展趋势、获利能力;可以帮助管理当局进行经营决策,从而促使企业改善经营管理,增产节约,不断提高盈利水平;可以帮助所有者和债权人(包括现实的和潜在的)进行投资决策。由于利润是企业经营业绩的综合体现,又是进行利润分配的主要依据,因此,利润表是会计报表中的一张主要报表。

7.3.2 利润表的内容和格式

1)利润表的内容

利润表分项列示了企业在一定会计期间因销售商品、提供劳务、对外投资等所取得的各种收入以及与各种收入相对应的费用、损失,并对收入与费用、损失加以对比,结出当期的净利润,充分体现了会计核算一般原则中的配比性原则。

一般情况下,利润表的内容由收入、费用、利润三大要素组成。具体内容如表7.5所示。

2)利润表的格式

利润表一般包括表首、正表两部分。表首包括报表的名称、编制单位、编制日期、报表编号、货币名称。正表是利润表的主体,反映形成经营成果的各个项目及计算过程。

利润表是以"收入－费用＝利润"为基础编制的,由于不同的国家和地区对会计报表的信息要求不完全相同,利润表的结构也不完全相同。目前比较普遍的利润表的结构一般有单步式和多步式两种格式。

(1)单步式利润表

单步式利润表是将当期所有的收入加在一起,然后将所有的费用加在一起,通过一次计算求出当期净利润。单步式利润表的格式可以采用上下排列的报告式,也可以采用左右排列的账户式。其具体格式,如表7.3和表7.4所示。

单步式利润表简单明了,对经营收入和一切费用支出不分彼此先后,所表示的都是未经加工的原始资料,便于报表阅读者理解;但不能反映利润的形成过程,一般适用于经济业务较简单的企业。

表7.3 利润表(单步账户式)

编制单位　　　　　　　　　　　　　　年　月　　　　　　　　　　　　　　单位:元

项　目	金　额	项　目	金　额
收入与收益:		费用与支出:	
主营业务收入		主营业务成本	
其他业务收入		其他业务成本	
公允价值变动净收益		营业税金及附加	
投资收益		营业费用	
补贴收入		管理费用	
营业外收入		财务费用	
		资产减值损失	
		营业外支出	
		所得税费用	
		净利润:	
合计		合计	

表7.4 利润表(单步报告式)

编制单位 年 月 单位:元

项 目	金 额
收入与收益:	
主营业务收入	
其他业务收入	
公允价值变动净收益	
投资收益	
补贴收入	
营业外收入	
收入与收益合计	
费用与支出:	
主营业务成本	
其他业务成本	
营业税金及附加	
营业费用	
管理费用	
财务费用	
资产减值损失	
营业外支出	
所得税费用	
费用与支出合计	
净利润	

(2)多步式利润表

多步式利润表是将各种收入及相关费用与支出在表中分别对应列示,进行配比,分类计算出各步的利润来反映企业净利润的形成过程。主要分为四部分:第一部分反映企业的营业利润,即营业收入(主营业务收入加上其他业务收入)减去营业成本(主营业务成本加上其他业务成本)、营业税金及附加、营业费用、管理费用、财务费用、资产减值损失加上投资净收益。第二部分计算利润总额,即在营业利润基础上加上补贴收入和营业外收入,减去营业外支出构成;第三部分反映净利润,即由利润总额扣除所得税而得。多步式利润表的具体格式,如表7.5所示。

多步式利润表有利于投资者对企业生产经营情况进行分析,并且可以与其他企业进行比较,更重要的是多步式利润表还有利于预测企业今后的赢利趋势。因此,目前我国企业利润表按规定采用多步式。

表 7.5 利润表(多步式)

编制单位　　　　　　　　　　　年　月　　　　　　　　　　单位:元

项　目	行　次	本月数	本年累计数
一、营业收入	1		
减:营业成本	2		
营业税金及附加	3		
营业费用	4		
管理费用	5		
财务费用	6		
资产减值损失	7		
加:公允价值变动净收益(损失以"-"号填列)	8		
投资收益(亏损以"-"号填列)	9		
二、营业利润(亏损以"-"号填列)	10		
加:补贴收入	11		
营业外收入	12		
减:营业外支出	13		
三、利润总额(亏损总额以"-"号填列)	14		
减:所得税费用	15		
四、净利润(净亏损以"-"号填列)	16		

补充资料:略

7.3.3　利润表的编制方法

利润表的编制是以损益类账户的本期发生额为基础,表中"本月数"栏各项目的数字,应根据有关科目的本期(月)发生额分析填列;"本年累计数"栏各项目的数字,反映自年初至本月末止的累计实际发生额。

报表各项目的具体填列方法如下:

①"营业收入"项目,反映企业经营业务取得的收入总额。本项目应根据"主营业务收入""其他业务收入"科目的发生额合计填列。

②"营业成本"项目,反映企业经营业务发生的实际成本。本项目应根据"主营业务成本""其他业务成本"科目的发生额合计填列。

③"营业税金及附加"项目,反映企业经营业务应负担的营业税、消费税、城市维护建设税、资源税、土地增值税和教育费附加等。本项目应直接根据"营业税金及附加"科目的发生额填列。

④"营业费用"项目,反映企业在销售商品和提供劳务等过程中发生的费用。本项目应直接根据"营业费用"科目的发生额填列。

⑤"管理费用"项目,反映企业本期发生的管理费用。本项目应直接根据"管理费用"科目发生额填列。

⑥"财务费用"项目,反映企业本期发生的财务费用。本项目应直接根据"财务费用"科目发生额填列。

⑦"资产减值损失"项目,直接根据"资产减值损失"账户发生额分析填列。

⑧"公允价值变动净收益"项目,直接根据"公允价值变动收益"账户发生额填列。

⑨"投资收益"项目,反映企业以各种方式对外投资所取得的扣除投资损失后的净收益,其中包括分得的投资利润、债券投资的利息收入以及认购股票取得的股利和收回投资时发生的收益等。本项目应根据"投资收益"科目的发生额分析填列。如为投资损失,以"－"号填列。

⑩"营业利润",反映企业经营活动取得的利润。根据公式"营业利润＝营业收入－营业成本－营业税金及附加－营业费用－管理费用－财务费用－资产减值损失＋公允价值变动净收益＋投资净收益"计算填列。

⑪"补贴收入"项目,反映企业取得的各种补贴收入以及退回的增值税等。本项目应根据"补贴收入"科目的发生额填列。

⑫"营业外收入"项目和"营业外支出"项目,反映企业发生的与其生产经营无直接关系的各项收入和支出。这两个项目分别根据"营业外收入"和"营业外支出"科目的发生额填列。

⑬"利润总额"项目,反映企业实现的利润总额。根据公式"利润总额＝营业利润＋补贴收入＋营业外收入－营业外支出"计算填列。如为净亏损,以"－"号填列。

⑭"所得税费用"项目,反映企业按规定从本期损益中扣除的所得税费用。本项目应根据"所得税费用"科目的发生额填列。

⑮"净利润"项目,反映企业实现的净利润。根据公式"净利润＝利润总额－所得税费用"填列。如为净亏损,以"－"号填列。

7.3.4 利润分配表

1)利润分配表及其基本格式

利润分配表是反映企业在一定会计期间对实现的净利润以及以前年度未分配利润的分配或亏损弥补情况的会计报表,是利润表的附表。通过利润分配表,可以了解企业净利润的分配情况或亏损的弥补情况,了解利润分配的构成,以及年末未分配利润的数额。

利润分配表一般包括表首、正表两部分。其中,表首概括说明报表名称、编制单位、编制日期、报表编号、货币名称等。正表是利润分配表的主体,具体说明利润分配表的各项内容。我国企业利润分配表主要由净利润、可供分配利润、可供投资者分配的利润和未分配利润四部分组成。其基本格式如表7.6所示。

2)利润分配表的编制方法

利润分配表是按照"利润分配"科目的有关明细科目的发生额来编制的。报表中"上年实际"栏有关项目的数字,根据上年度"利润分配表"中的"本年实际"栏所填列的数据填列。"本年实际"栏有关项目的数字,根据本年"本年利润"科目和"利润分配"科目及其所属明细科目的记录分析填列。如果上年度利润分配表与本年度利润分配表的项目名称和内容不相一致,应对上年度报表项目的名称和数字按本年度的规定进行调整,填入报表的"上年实际"栏内。

利润分配表的具体填列方法如下:

①"净利润"项目,反映企业全年实现的净利润。如为净亏损,以"－"号填列。本项目的数字应与"利润表"中"本年累计数"栏的"净利润"项目的数字一致。

表7.6 利润分配表

编制单位: 　　　　年度　　　　　　　　　　　　　　单位:元

项　　目	行　次	本年实际	上年实际
一、净利润	1		
加:年初未分配利润	2		
其他转入	4		
二、可供分配的利润	8		
减:提取法定盈余公积	9		
提取法定公益金	10		

续表

项 目	行 次	本年实际	上年实际
提取职工奖励及福利基金	11		
提取储备基金	12		
提取企业发展基金	13		
利润归还投资	14		
三、可供投资者分配的利润	16		
减:应付优先股股利	17		
提取任意盈余公积	18		
应付普通股股利	19		
转作资本(或股本)的普通股股利	20		
四、未分配利润	25		

②"年初未分配利润"项目,反映企业年初未分配的利润,如为未弥补的亏损,以"－"号填列。本项目根据"利润分配——未分配利润"明细科目的年初余额填列,并与上年利润分配表中"本年实际"栏的"未分配利润"项目的数字一致。

③"其他转入"项目,反映企业按规定用盈余公积弥补亏损等转入的数额。本项目根据"利润分配——盈余公积转入"明细科目的全年累计数额填列。

④"提取法定盈余公积"项目和"提取法定公益金"项目,分别反映企业按照规定提取的法定盈余公积和法定公益金。本项目根据"利润分配——提取盈余公积""利润分配——提取公益金"明细科目的全年累计数额填列。

⑤"提取职工奖励及福利基金"项目,反映外商投资企业按规定提取的职工奖励及福利基金。

⑥"提取储备基金"项目和"提取企业发展基金"项目,分别反映外商投资企业按照规定提取的储备基金和企业发展基金。

⑦"利润归还投资"项目,反映中外合作经营企业按规定在合作期间以利润归还投资者的投资。

⑧"应付优先股股利"项目,反映企业应分配给优先股股东的现金股利。

⑨"提取任意盈余公积"项目,反映企业提取的任意盈余公积。

⑩"应付普通股股利"项目,反映企业应分配给普通股股东的现金股利。企业分配给投资者的利润,也在本项目反映。

⑪"转作资本(或股本)的普通股股利"项目,反映企业分配给普通股股东

的股票股利。企业以利润转增的资本,也在本项目反映。

⑫"未分配利润"项目,反映企业年末尚未分配的利润。如为未弥补的亏损,以"－"号填列。

利润分配表中"未分配利润"项目的数字应与资产负债表中"未分配利润"项目的数字一致。

任务4　现金流量表的编制

7.4.1　现金流量表的含义和作用

现金流量表是综合反映企业一定会计期间内现金和现金等价物(以下简称现金)流入和流出及其增减变动情况的会计报表,这是一张动态报表。

由于资产负债表是反映企业某一特定日期财务状况的报表,它没有说明一个企业的资产、负债和所有者权益为什么发生了变化。利润表反映企业一定期间的经营成果,表中有关经营收入和营业成本等信息在一定程度上说明了财务状况变动的原因,但由于利润表是按照权责发生制原则确认、计量收入和费用的,它没有提供经营活动引起的现金流入和现金流出的信息。利润表中有关投资损益和财务费用的信息反映了企业投资和筹资活动的效率和最终成果,如投资收益、资金成本等。但是没有反映投资和筹资本身的情况,即对外投资的规模和投向,以及筹集资金的规模和具体来源。某一种报表只能提供某一方面的信息,为了全面反映一个企业经营活动和财务活动对财务状况变动的影响,以及财务状况变动的原因,还需要编制现金流量表,以反映经营活动、投资活动和筹资活动引起的现金流量的变化。现金流量表就是在资产负债表和利润表已经反映了企业财务状况和经营成果信息的基础上,进一步提供企业现金流量信息,即财务状况变动信息。它通过揭示一个企业在报告期内经营活动、投资活动和筹资活动所产生的现金流入、现金流出和现金变动净额,全面地反映了资产负债表中现金项目从期初到期末的具体变化过程。

现金流量是企业管理层、投资者和债权人等所关心的重要数据。现金流量表的编制目的主要是分类提供企业一定时期现金收入和现金流出的信息,使会计报表使用者通过阅读现金流量表,对企业未来的现金流量做出评估,对企业的变现能力、支付股利能力、对外筹资能力和偿债能力做出评价。具体说,通过现金流量表以及其他报表和有关信息可以评估企业以下几方面的事项：

①预测企业未来获取或支付现金的能力。

②企业偿还债务及支付企业所有者的投资回报(如股利)的能力。

③企业主体向外界筹集资金的必要性。

④经营过程中企业的净利润和经营活动所产生的净现金流量发生差异原因。

⑤会计年度内影响或不影响现金的投资活动和筹资活动。

7.4.2 现金的概念

现金流量表是以现金为基础编制的。按照《企业会计制度》的规定,现金流量表中的现金包括现金及现金等价物。

1)现金

现金流量表中的现金是指企业库存现金以及可以随时用于支付的存款,如银行活期存款及具有银行活期存款性质可以随时存取而不受任何限制的其他项目。包括"库存现金"账户核算的现金以及"银行存款"账户核算的存入金融企业、可以随时用于支付的存款以及"其他货币资金"账户核算的外埠存款、银行汇票存款、银行本票存款和信用卡存款等其他货币资金。不能随时用于支付的存款,如不能随时支取的定期存款、受限制的境外存款等,不能作为现金。但提前通知金融企业便可支取的定期存款也应包括在现金范围内。

2)现金等价物

现金等价物是指企业持有的期限短、流动性强、易于转换为已知金额现金、价值变动风险很小的投资。其中,期限短是指从购买日起3个月内到期的投资。现金等价物虽然不是现金,但其支付能力与现金的差别不大,可视为现金。一项投资是否是现金等价物必须同时具备"期限短、流动性强、易于转换为已知金额现金、价值变动风险很小"这几个条件。

7.4.3 现金流量表的内容和格式

1)现金流量表的内容

企业现金有不同的收入来源,有不同的支出用途。现金流量表中的现金流量是指企业一定时期内现金流入和现金流出的数量。按交易的性质不同,企业的现金流量可分为3类,即经营活动产生的现金流量、投资活动产生的现金流量和筹资活动产生的现金流量。因此,现金流量表主要反映以下内容：经营活动所产生的现金流量；投资活动产生的现金流量；筹资活动产生的现金流量。

（1）经营活动所产生的现金流量

经营活动是指除企业投资活动和筹资活动以外的所有交易和事项。也就是说，除归属于企业投资活动和筹资活动以外的所有交易和事项，都可以属于经营活动，包括销售商品或提供劳务、经营性租赁、购买货物、接受劳务、制造产品、广告宣传、推销产品、交纳税款等。具体说，经营活动产生的现金流入项目主要有：销售商品、提供劳务收到的现金，收到的税费返还，收到的其他与经营活动有关的现金；经营活动产生的现金流出项目主要有：购买商品、接受劳务支付的现金，支付给职工以及为职工支付的现金，支付的各项税费，支付的其他与经营活动有关的现金。通过现金流量表中反映的经营活动产生的现金流入和现金流出，可以说明企业经营活动对现金流入和流出净额的影响程度。

（2）投资活动产生的现金流量

投资活动是指企业长期资产以及不包括在现金等价物范围内的投资的购建和处置活动，包括取得或收回权益性证券的投资活动、购买或收回债券投资活动、购建和处置固定资产、无形资产、在建工程和其他长期资产等活动。具体说，投资活动产生的现金流入项目主要有：收回投资收到的现金，取得投资收益所收到的现金，处置固定资产、无形资产和其他长期资产所收回的现金净额，收到的其他与投资活动有关的现金；投资活动产生的现金流出项目主要有：购建固定资产、无形资产和其他长期资产所支付的现金，投资所支付的现金，支付的其他与投资活动有关的现金。通过现金流量表中反映的投资活动产生的现金流量，可以分析企业通过投资获取现金流量的能力，以及投资产生的现金流量对企业现金流量净额的影响程度。

（3）筹资活动产生的现金流量

筹资活动是指导致企业资本及债务规模和构成发生变化的活动，包括吸收权益性资本、发行债券、借入资金、支付股利、偿还债务等活动。具体说，筹资活动产生的现金流入项目主要有：吸收投资所收到的现金，取得借款所收到的现金，收到的其他与筹资活动有关的现金；筹资活动产生的现金流出项目主要有：偿还债务所支付的现金，支付股利、利润或偿付利息所支付的现金，支付的其他与筹资活动有关的现金。通过现金流量表中筹资活动产生的现金流量，可以分析企业筹资的能力，以及筹资活动产生的现金流量对企业现金流量净额的影响程度。

2)现金流量表的格式

现金流量表分两部分,第一部分为正表;第二部分为补充资料。正表有 5 项内容:经营活动产生的现金流量;投资活动产生的现金流量;筹资活动产生的现金流量;汇率变动对现金的影响;现金及现金等价物净增加额。补充资料有 3 项:一是将净利润调节为经营活动产生的现金流量;二是不涉及现金收支的投资和筹资活动;三是现金及现金等价物净增加额。

现金流量表的基本格式如表 7.7 所示。

表 7.7　现金流量表

编制单位:　　　　　　年度　　　　　　　　　　　　　　　　单位:元

项　　目	行　次	金　额
一、经营活动所产生的现金流量:		
销售商品、提供劳务收到的现金	1	
收到的税费返还	3	
收到的其他与经营活动有关的现金	8	
现金流入小计	9	
购买商品、接受劳务支付的现金	10	
支出给职工以及为职工支付的现金	12	
支付的各项税费	13	
支付的其他与经营活动有关的现金	18	
现金流出小计	20	
经营活动产生的现金流量净额	21	
二、投资活动产生的现金流量:		
收回投资所收到的现金	22	
取得投资收益所收到的现金	23	
处置固定资产、无形资产和其他长期资产所收回的现金净额	25	
收到的其他与投资活动有关的现金	28	
现金流入小计	29	
购建固定资产、无形资产和其他长期资产所支付的现金	30	
投资所支付的现金	31	
支付的其他与投资活动有关的现金		
现金流出小计	36	
投资活动产生的现金流量净额	37	
三、筹资活动产生的现金流量:		
吸收投资所收到的现金	38	
借款所收到的现金	40	

续表

补充资料	行　次	金　额
收到的其他与筹资活动有关的现金	43	
现金流入小计	44	
偿还债务所支付的现金	45	
分配股利、利润或偿付利息所支付的现金	46	
支付的其他与筹资活动有关的现金	52	
现金流出小计	53	
筹资活动产生的现金流量净额	54	
四、汇率变动对现金的影响	55	
五、现金及现金等价物净增加额	56	
1. 将净利润调节为经营活动现金流量:		
净利润	57	
加:计提的资产减值准备	58	
固定资产折旧	59	
无形资产摊销	60	
长期待摊费用摊销	61	
待摊费用减少(减:增加)	64	
预提费用增加(减:减少)	65	
处置固定资产、无形资产和其他长期资产的损失(减:收益)	66	
固定资产报废损失	67	
财务费用	68	
投资损失(减:收益)	69	
递延税款贷项(减:借项)	70	
存货的减少(减:增加)	71	
经营性应收项目的减少(减:增加)	72	
经营性应付项目的增加(减:减少)	73	
其他	74	
经营活动产生的现金流量净额	75	
2. 不涉及现金收支的投资和筹资活动:		
债务转为资本	76	
一年内到期的可转换公司债券	77	
融资租入固定资产	78	
3. 现金及现金等价物净增加情况:		
现金的期盈余额	79	
减:现金的期初余额	80	
加:现金等价物的期末余额	81	
减:现金等价物的期初余额	82	
现金及现金等价物净增加额	83	

7.4.4 现金流量表的编制方法

现金流量表要求按照收付实现制反映企业经济活动所引起的现金流入和现金流出,而企业平时的账务处理是按照权责发生制为基础进行账务处理的。因此,企业在计算经营活动产生的现金流量时,必须将按权责发生制为基础确认的净利润转换成按收付实现制为基础计算的经营活动现金流量,现金流量表中经营活动产生的现金流量的计算和报告方式有两种:即直接法和间接法。

1)直接法

直接法是指按现金收入和现金支出的主要类别直接反映企业经营活动产生的现金流量。以直接法计算经营活动现金流量,其特点是以本期经营收入为起算点,调整与经营活动相关的流动资产和流动负债的增减变化,将利润表中以权责发生制为基础计算的收入与费用项目,转换为以收付实现制为基础计算的收入与费用。采用直接法编制的现金流量表,便于分析企业经营活动现金流量的来源和用途,预测企业未来现金流量的前景。投资活动和筹资活动均采用直接法列报现金流量。在直接法下,对不影响现金的收入、费用与营业外收支,不需要列入现金流量表。

直接法的优点在于能够反映经营活动产生的现金净流量的中间信息。

2)间接法

间接法是以净利润为基础来调节不涉及现金的收入。间接法的特点是以本期净利润(净亏损)为起算点,调整不涉及现金的收入、费用、营业外收支等有关项目,据此计算出经营活动产生的现金流量。

间接法的优点在于能够反映净收益与经营活动产生的现金净流量的差异,编制方法也比较简单。

财政部门颁布的《现金流量表》准则要求,企业应采用直接法报告经营活动产生的现金流量,并要求企业在报表附注中披露将净利润调节为经营活动产生的现金流量的信息。

在编制现金流量表时,企业可以采用工作底稿法,也可以采用T形账户法,还可以根据有关账户记录分析填列。财政部发布的现金流量表会计准则推荐采用工作底稿法和T形账户法编制现金流量表。由于现金流量表编制工作较复杂,本书不作具体说明,其各项目的具体编制方法将在其他会计专业课程中阐述。

任务5　会计报表的分析方法

7.5.1　会计报表分析的目的

从前面的学习中我们已经知道,企业编制的包括资产负债表、利润表和现金流量表在内的会计报表都是历史性的总括文件,它们只是对企业已经发生或已经完成的经济活动进行概括和总结,报表上的数据只能反映企业过去和现在的情况,不能反映企业的未来,也不能说明造成目前状况的原因。而与企业有直接或间接经济利害关系的单位或个人包括政府及相关机构、企业单位经营管理人员和职工、投资人、债权人、社会公众等,它们对会计报表关心的角度是各不相同的。国家及财政税务部门关心的是各项涉及企业的经济宏观调控措施是否得到贯彻和落实、企业是否遵循了各项会计法令、会计准则和符合会计制度的要求,如实申报和依法纳税;而企业的单位经营管理人员和职工个人,他们更关心的是企业的稳定与发展、职工福利及职工工作的保障程度,等等。企业的债权人和投资者如短期股票投资人关心的是股票的变现能力,而股东关心的则是企业长期获利能力;短期债权人关心的是企业对短期债务的偿还能力;长期债权人关心的则是企业的资本结构和长期债务的偿还能力和保障能力,等等。各个方面都需要从各自的立场出发去衡量和评价企业的财务状况和经营成果,尤其是企业的偿债能力、获利能力和运营能力等。而要达到这一目的,会计报表的使用者就必须仔细审视和分析企业的会计报表,把财务报表上所反映的静态信息,通过必要的加工、分解、比较、评价和解释,成为对他们决策有用的现实信息。这一工作就是我们所说的会计报表分析。

会计报表分析亦即会计人员以会计报表、报表附注、财务情况说明书和其他资料为依据,采用一系列的比较、评价方法,对企业过去和现在的财务状况、经营成果及其变动情况有重点、有针对性地加以考察研究,借以评价企业财务状况的好坏、经营管理的得失,并查明原因,提出改进措施,旨在帮助报表使用者正确决策的一项管理活动。会计报表分析的目的取决于会计报表使用者的要求。由于不同的报表使用者与企业的经济利益不同,其进行会计报表分析的目的也不尽相同。具体地说,会计报表分析的目的可以概括如下:

①对政府及相关管理部门来说,他们最关心的是企业的社会效益、国有资

本的保值增值情况、来自企业的财政收入、企业经营的合法合规性等。通过会计报表分析,可以审查企业纳税申报数据的计算是否正确,是否及时履行了纳税义务,是否遵守了政府的有关法规和市场秩序,以及职工就业和收入情况等。

②对于企业的投资者来说,由于投资者承担的风险最大,因此在所有的会计信息使用者中,投资人对会计信息的需求量最大也最全面,他们关心的是投资回报率、股利分配情况、财务风险等方面的信息。投资回报率取决于企业的赢利能力和企业管理者对资产的营运能力。同时,作为企业经营风险的最终承担者,他们又十分关心企业的偿债能力。因此,从投资者的角度进行会计报表分析,主要分析企业的获利能力、对资产的营运能力以及企业的偿债能力。当然,对于不同类型的投资者来说,其分析的侧重点有所不同。

③对于企业的债权人,包括向企业提供信贷资金的金融机构和提供商业信用的供应商来说,由于贷款利息是相对固定的,债权人的收益也具有固定性的特点,无论企业的利润多高,债权人所得到的仅限于合同规定的利息。当然,如果企业出现亏损或陷入财务困境,债权人也可能连本带利均难以收回,而资产是企业偿还债务的基础。因此,他们最关心的是他们提供的债权到期是否能按期收回本金和利息。对于提供短期信用的债权人来说,他们主要关心的是企业当前的资本结构、流动资产的变现能力以及企业的短期偿债能力;对于向企业提供长期信用的债权人来说,由于权益资本与借贷资本的比例直接影响到长期债权人借贷资金的安全,所以他们则更关心企业未来的现金流量和长期赢利能力以及企业的资本结构。

④对于企业的经营管理人员以及会计报表的其他使用人员来说,由于企业是自主经营、自负盈亏的经济实体,其经营目标是追求企业利润的最大化,因此可以通过会计报表分析对企业的财务状况、赢利能力、资产使用效率以及未来持续发展的可能性进行全面了解并对企业的经营情况和财务管理工作进行监控,以便及时发现问题,并采取措施加以解决。

7.5.2 会计报表分析的基本方法

进行会计报表分析,应根据不同的分析目标和分析范围,选择不同的分析方法。常用的分析方法主要包括比较分析法、比率分析法和因素分析法3种。分析的对象是评价会计主体财务状况和经营成果的财务指标。通过分析,可以判定会计主体的偿债能力、运营能力和赢利能力。

1)比较分析法

比较分析法又称为对比分析法或趋势分析法。这种分析方法是将企业会计报告期内的某项实际指标同某些选定的基准指标进行对比来确定指标之间的差异,或根据连续几期的会计报表上的相关数据,比较各项前后期的增减方向和幅度,以分析和评价企业财务状况和经营成果的一种方法。这是一种涉及长时间的动态分析方法。比较用的会计报表涉及的连续会计年度,少的可以二、三年,多的可以达到五、六年甚至更多。相同项目的比较可以用各期的绝对金额,也可以选用某一会计期作基年,用基年百分比的计算来描绘它们的变化趋势。

根据分析目的不同,比较分析法可以采用以下几种对比形式:

①实际与计划(或预算、定额)指标进行对比。通过对比,找出实际与计划(或预算、定额)的差异,检查计划的完成情况。

②本期实际报表数据与以前实际报表数据对比。如本期与上期比,本期与上年同期比,本期与历史最高水平比。通过对比,了解同一指标前后期的变动方向和变动幅度,揭示企业生产经营活动的规律,并根据这些规律预测企业未来的发展趋势,改善企业经营管理的情况。

③实际指标与国内外同行业平均水平或先进水平进行对比。通过对比,可以明确企业与同行业的差距,了解企业在本行业的地位,可以扩大眼界,防止企业骄傲自满,在更大范围内发现先进与落后的差距,促使企业学人所长、补己之短,增强企业的适应能力和竞争能力,提高企业的经济效益。

采用比较分析法时,要注意指标的可比性,即:进行比较的指标在计算口径、计价基础、时间单位等方面必须一致。进行不同时期的对比时,要考虑企业的技术经济条件、生产经营环境以及所采用的会计政策和方法是否发生了变化。进行不同企业之间的对比时,要考虑企业之间有无可比的基础。此外,还应了解本行业的技术经济动态,以及宏观经济环境的变化对企业生产经营活动的影响,以便对企业做出实事求是的评价。

2)比率分析法

比率分析法是会计报表分析的主要方法,是将同一期会计报表上的某些相互关联的经济指标进行比较,求出它们之间的比率,以说明会计报表上所列项目与项目之间的关系,表明和判定企业财务状况和经营成果上某一方面情况的一种分析方法。这种方法可以避免在报表上列示绝对金额时单纯地把金额的大小作为衡量和评估企业某一方面优劣的标志,也在一定程度上使报表使用者避免产生某些不应有的错觉。

运用比率分析法进行报表分析,通常应预先定出比较的标准,据以评价有

关指标是否合理,以达到指导企业生产经营活动的目的。比率分析法所使用的标准一般有以下几种形式:

①绝对标准。绝对标准是人们普遍接受和公认的在任何企业、任何行业、任何时期都适用的标准。例如分析企业偿债能力时,通常认为流动比率为2时比较安全,即当流动资产相当于流动负债的两倍时可以表明企业财务状况稳妥可靠。

②本企业历史标准。本企业历史标准是指本企业过去已经达到的标准。历史标准不是固定的,应随着时间的进展和已达到的水平,随时进行调整,以便进行正确的比较。

③同行业标准。这是指根据本行业水平制定的标准。在开展企业之间的评比、竞赛时,广泛地使用这些标准。

④本企业制定的目标标准。是根据本企业的实际情况制定的可能达到的标准。这些标准可以作为企业经营的目标。

在实际工作中,企业应根据分析的内容、分析的要求以及分析目的的不同,选择不同的标准来分析。

会计报表的比率分析,经常采用的方法有以下几种形式:

①相关比率分析。这种分析方法是指根据经济活动中存在的相互依存关系,将同一时期会计报表上的两个性质不同但又相关的项目进行对比,计算比率指标,以此评价企业的财务状况和经营成果。例如:将利润与资产进行对比,计算资产报酬率,可用于评价企业的获利能力;又如将资产负债表上的流动资产与流动负债加以对比,可以计算出流动比率,用以评价企业资产的流动性和企业偿债能力;再如将利润表上的利润总额与销售净额、销售成本加以对比,可以计算出销售利润率、成本费用利润率指标,从而观察企业利润水平的高低。将这些比率指标的实际数与基准数进行对比,还可以分析企业财务状况和经营成果的变动情况。

②构成比率分析。这种分析方法是指通过计算同一会计报表中某个项目的组成部分占总体的比率,来评价企业的经济活动。例如:将利润与销售收入对比,计算销售利润率,可用于分析每一元销售收入可获得的利润水平;将利润与成本费用对比,计算成本费用利润率,可用于分析每消耗一元成本费用可获得的利润水平等。

③趋势比率分析。它是将连续几期会计报表上的同一项目加以对比,求出比率,分析其增减速度和发展趋势,以判断企业某方面业务的趋势,并从其变化中发现企业在经营方面所取得的成绩或存在的不足。

利用比率分析法进行会计报表分析,不但计算简便,而且对其结果也较容易判断;可以使某些指标在不同规模的企业之间进行比较,甚至也能在一定程度上超越行业间的差别进行比较。

应当说明的是,采用比率分析法计算得出的数据,只能反映企业在某一时期某一方面的情况,分析时还需将其与前期比率、本行业平均比率等进行对比,才能对企业做出客观评价。此外,由于影响比率的因素很多,各因素之间关系错综复杂,有时仅从某些指标的提高或降低并不能判断是好或不好。也就是说,进行财务分析,除了计算比率指标外,还必须深入实际,掌握企业生产经营活动的具体情况,才能作出正确的判断。

3)因素分析法

因素分析法,也称为因素替换法或连环替代法,是从数值上测定几个相互联系的因素对某一综合经济指标或报表项目影响程度的方法。因素分析法适用于对由多种因素构成的综合性指标进行分析,如:销售收入、利润、资产报酬率、资产周转率等。这些指标的变动往往是多种因素综合作用的结果,使用这种方法可以查明各相关因素对某一项目的影响程度,有助于分清经济责任,指出主要因素,缩小研究面,以集中精力,抓住主要矛盾,解决问题,对评价企业各方面的经营管理工作也更有说服力。一般来说,通过比率分析法和比较分析法,可以确定这些指标的数值和差异,但是不能说明差异产生的原因和各因素的影响程度。而采用因素分析法,就可以确定各因素变动对该指标的影响程度,以便找出主要的、关键的因素,采取措施加以解决。因此,因素分析法可以看作是比较分析法和比率分析法的延续,其应用是建立在前述方法基础之上的。

采用因素分析法的基本步骤如下:

①分解指标体系,确定分析对象。例如分析本年财务指标与上年相比的增减变动,需将经济指标的基数(计划数或上期数)和实际数分解为两个指标体系,并将该指标的实际数与基数进行比较,求出实际脱离基数的差异。分析对象便是本年实际数与上年实际数之间的差异。

②确定影响指标变动的各个因素,并按照各因素之间的依存关系,列示指标的计算公式。

③连环顺序替代,计算替代结果。按照计算公式所列因素的排列顺序,依次用各因素的实际数替换其基准数,每次替代后,实际数就被保留下来,有几个因素就替换几次,直到把所有因素都替换成实际数为止,并计算出每次替换的结果。

④比较替代结果,确定影响程度。将每次替换所得结果,与前一次计算的结果相比较,两者之差就是某一因素变动对该指标的影响程度。

⑤加总影响数值,验算分析结果。将各个因素变动对该指标的影响数相加,其代数和应等于实际指标与基准指标之间的差异,据此检验分析结果是否正确。

与前几种分析方法一样,因素分析法也只是一种数量分析方法,分析的结果只能从数量上说明各因素变动对指标的影响程度,找出主要影响因素,但是不能说明该因素变动的原因,因此还应结合企业的实际情况作进一步分析。

7.5.3 财务比率分析

财务比率分析法是会计报表分析中最基本的一种方法。因此,我们将根据企业的资产负债表和利润表,认识4种最基本的财务比率分析:短期偿债能力比率分析、长期偿债能力比率分析、营运能力比率分析和赢利能力比率分析。

1)短期偿债能力比率分析

偿债能力是指企业偿还自身所欠债务的能力,偿债能力的高低,是任何与企业有关联的人所关心的重要问题之一。一旦偿债能力大幅度下降,甚至出现资不抵债,就可能导致企业破产。偿债能力的高低,通常是以比率的形式来确定的。

短期偿债能力是指企业在短期内偿还短期(如1年内)债务的能力。反映短期偿债能力的指标主要有流动比率、速动比率、现金比率3种。

(1)流动比率

流动比率是衡量企业偿付短期债务能力最常用的比率,是企业的流动资产与流动负债的比率。其计算公式如下:

流动比率 = 流动资产 ÷ 流动负债

这项比率是评价企业用流动资产偿还流动负债能力的指标,说明企业每1元流动负债有多少流动资产可以作为支付的保证。流动资产高于流动负债,表示企业有偿还债务的能力。如果流动比率低,表示企业偿还债务的能力差,企业可能面临着到期偿还债务的困难;流动比率越高,企业偿还债务的能力越大,企业的安全程度就越高。但是,如果流动比率过高,就可能出现资金呆滞,将给企业带来不良后果。因为流动比率过高,可能意味着企业持有较多不能赢利的闲置资产。根据实际经验,一般认为流动比率保持在2左右比较好。

根据表7.9提供的资料计算出某股份制企业的流动比率如下:

流动比率 = 3 240 000 元 ÷ 1 413 000 元 ≈ 2.29

计算结果说明,企业 2010 年末每 1 元流动负债有 2.29 元的流动资产作为保证。

(2)速动比率

速动比率是对流动比率的补充,它指的是速动资产与流动负债的比率,用于衡量企业流动资产中几乎立即可以用于偿付流动负债的能力,是衡量企业偿还流动负债能力更严格的指标。其计算公式为:

速动比率 = 速动资产 ÷ 流动负债

公式中的速动资产是指那些不需要变现或变现过程较短、可以很快用来偿还流动负债的流动资产,包括货币资金、短期投资、应收票据、应收账款、其他应收款等。一般来说,速动比率保持在 1 左右是合理的,它说明企业每 1 元流动负债有 1 元的速动资产(即有现款或近似现款的资产)作保证。如果速动比率大于 1,说明企业偿还债务能力强,同时也表明企业拥有较多的不能赢利的现款和应收账款,也就是获利能力差;如果小于 1,则说明企业的短期偿债能力将面临一定的风险。

根据表 7.9 提供的资料计算出某股份制企业的速动比率如下:

流动比率 = (3 240 000 - 1 250 500 - 90 000)元 ÷ 1 413 000 元 ≈ 1.34

计算结果说明,企业 2010 年末每 1 元流动负债有 1.34 元的速动资产作为保证。

(3)现金比率

由于影响应收账款和存货变现的不确定因素很多,特别是当分析人员怀疑其实际价值和流动性有问题时,可以用现金比率来评价企业的短期偿债能力。

现金比率,也称为超速动比率,指企业的现金及现金等价物与流动负债之间的比率。它可以准确地反映企业的直接偿付能力,是比速动比率更为严格更为稳健的一项流动性指标,它主要用于分析、评价存货和应收账款周转速度很慢的一些企业。该指标的计算公式为:

现金比率 = 现金类资产 ÷ 流动负债

现金比率越高,说明企业的短期偿债能力越强,反之则较弱。但在一般情况下,企业的流动负债不是马上就需要全部偿还的,要求企业随时保持足够的现金和现金等价物以备偿还流动负债既不现实也没有必要。因为,如果真是这样,反而说明企业的货币资金和短期投资过多,暴露出企业在资金管理方面存在问题。因此在实际工作中,分析人员并不重视这个指标。只有当企业的应收账款和存货都存在严重问题,或企业陷入财务困境时,才利用现金比率分析企业的短期偿债能力。从这个意义上讲,现金比率表明企业在最坏情况下偿付流动负债的能力。这一比率一般只要维持在20%以上,企业的直接支付能力就不会有太大问题。

2)长期偿债能力比率分析

长期偿债能力,指企业偿还全部债务本金和利息的能力。长期偿债能力取决于两个方面,一是合理的资本结构,二是企业的获利能力。因此对于企业长期偿债能力的分析,通常从两个方面进行:一方面分析企业的资本结构,另一方面分析企业的获利能力。反映资本结构的比率主要有资产负债率、负债所有者权益比率、有形净资产负债率、长期资本负债率等。反映企业获利能力的指标主要有利息保障倍数和营业现金净流量与负债总额之比。在此,我们主要介绍资产负债率、负债所有者权益比率、有形净资产负债率和利息保障倍数。

(1)资产负债率

资产负债率,又称为负债比率、举债经营比率,是指企业负债总额与资产总额之间的比率。资产负债率反映企业资产总额中有多大比例是依靠借贷筹集的。资产负债率越高,表明企业利用债权人资金进行经营活动的能力越强,可能为投资人带来较多的利益,但同时说明企业的债务负担越重,不能偿还的可能性也就越大,债权人的风险也越高。一般认为,企业的资产负债率应保持在50%左右,这说明企业有较好的偿债能力,又充分利用了负债进行经营的能力。其计算公式为:

资产负债率 = 负债总额 ÷ 资产总额

根据表7.9提供的资料计算出某股份制企业的资产负债率如下:

资产负债率 = 2 859 300 元 ÷ 9 100 000 元 ≈ 0.31

(2)负债所有者权益比率

负债所有者权益比率,是指企业的负债总额与所有者权益总额之间的比率,反映债务资本与权益资本的对比关系。计算公式为:

负债所有者权益比率 = 负债总额 ÷ 所有者权益总额

从债权人角度看,负债所有者权益比率越高,风险越大,所以该指标越低越好。该指标越低,说明企业自有资本越雄厚,债权人投入资金受所有者权益保障的程度越大,债权人越有安全感。所有者权益是债权人利益的最终保障,如果负债总额超出所有者权益总额,债权人将承担较大的经营风险,企业一旦破产清算,债权人将难以收回资金。所以,该指标也不是越高就越好。一般认为,该指标应维持在1左右。

根据表7.9提供的资料计算出某股份制企业的负债所有者权益比率如下：

负债所有者权益比率 = 2 859 300 元 ÷ 6 240 700 元 ≈ 0.46

（3）有形净资产负债率

有形净资产负债率，指企业负债总额与有形净资产之间的比率。有形净资产是指账面上属于企业投资者的有形资产价值，等于所有者权益减去无形资产后的余额。计算公式为：

有形净资产负债率 = 负债总额 ÷ 有形净资产

有形净资产负债率实际上是负债所有者权益比率的延伸，但比权益负债率更谨慎，反映的结果也更客观。对于债权人而言，有形净资产负债率越低越好，该指标越低，说明企业可用于抵债的有形净资产越多，企业的偿债能力越强。

（4）利息保障倍数

利息保障倍数，也称为利息赚取倍数，指企业息税前利润与利息费用之间的比率，可用于衡量企业偿付借款利息的能力。其中，息税前利润是指利润总额加上计入财务费用的利息支出和计入固定资产历史成本的利息支出。其计算公式为：

利息保障倍数 = 息税前利润 ÷ 利息费用

利息保障倍数可以反映企业用经营收益支付利息的能力，该比率越高，说明企业偿付利息的能力越强，债权人借贷本金的收回就越有保障。一般认为，利息保障倍数的一般标准是3。如果小于1，说明企业的经营收益已经不足以支付举债经营的利息，企业已陷入财务困境，债权人的借贷资金已无安全性可言。

3）营运能力比率分析

资产营运能力，是指企业有效运用各种资产的能力，反映企业的经营管理水平。营运能力强，表明企业可以用较少的投入取得较高的经济效益。因此，营运能力分析是财务分析的一项重要内容。衡量企业资产营运能力的主要指标包括存货周转率、流动资产周转率、总资产周转率。

（1）存货周转率

存货是企业的一项重要资产，其周转速度的快慢将直接影响到企业资金的变现能力，某一方面也反映了企业经营管理水平的高低。衡量存货周转速度的指标有存货周转率（存货周转次数）和存货周转天数。一般来说，存货周转率越高，说明存货周转速度越快，存货周转天数越短，企业的经营管理水平越高，资金的变现能力越强。其计算公式如下：

存货周转率 = 销售成本 ÷ 存货平均余额

存货周转天数 = 360 ÷ 存货周转率

其中,销售成本就是利润表中的主营业务成本,存货平均余额等于存货期初余额和期末余额的平均数。

(2)流动资产周转率

流动资产周转率是反映企业全部流动资产周转速度的指标,它是销售收入与流动资产平均余额的比率。一般来说,流动资产周转率越高,说明企业的流动资产周转得越快,也就是流动资产使用效率越高,从一定意义上表明企业的赢利能力越强。其计算公式为:

流动资产周转率 = 销售收入 ÷ 流动资产平均余额

(3)总资产周转率

总资产周转率是企业的销售收入净额与总资产平均余额的比率,它反映了企业总资产的使用效率。总资产周转率越高,说明企业运用全部资产进行经营的效率越高,运用全部资产赚取收入的效率也越高。其计算公式为:

总资产周转率 = 销售收入 ÷ 总资产平均余额

其中,总资产平均余额等于期初资产总额和期末资产总额的平均数。

4)赢利能力比率分析

企业的赢利能力也就是获利能力,或者说是企业赚取利润的能力,是指企业利用现有的资产、资本,在一定的收入和耗费水平下赚取利润的能力。获取利润是企业的主要经营目标,无论是企业的投资者、债权人,还是经营管理者,都非常关心企业的获利能力。投资者关心企业的获利能力,是因为追求利润是其投资的首要目标,企业利润高低直接影响其投资收益。债权人关心企业的获利能力,是因为利润是偿还企业债务的最终来源,只要企业具有较强的获利能力和稳定的现金流入量,即使负债率偏高,也能保证偿还到期债务。经营管理者关心企业的获利能力,是因为利润是考核企业经营管理水平的综合指标,也是衡量经营管理者业绩的主要标准,此外,通过对企业获利能力的分析,还可以揭示企业在经营管理中存在的问题,以便采取措施加以改进。

反映企业获利能力的指标主要有销售毛利率、销售利润率、成本费用利润率、资产报酬率、净资产收益率、资本保值增值率等指标。

(1)销售毛利率

销售毛利率,是指企业销售毛利润(销售收入净额扣除销售成本后的余额)与销售收入净额之间的比率,它反映了企业所销售商品或所提供劳务的初始获

利能力。该指标越高,表明企业销售成本占收入的比例越低,可以用于弥补各项期间费用和形成利润的能力越强。其计算公式为:

$$销售毛利率 = 销售毛利 \div 销售收入净额 \times 100\%$$
$$= (销售收入净额 - 销售成本) \div 销售收入净额 \times 100\%$$

根据表 7.11 提供的资料计算出某股份制企业的销售毛利率如下:

$$销售毛利率 = (14\ 829\ 850 - 10\ 702\ 860) 元 \div 14\ 829\ 850\ 元 \times 100\% \approx 27.83\%$$

计算结果表明,该股份制企业每百元销售收入可获得的毛利润为 27.83 元。企业可将该指标与上期指标、同行业平均水平进行对比,以便对此做出客观评价。

(2)销售利润率

销售利润率,指企业税前利润与销售收入净额之间的比率。反映企业每百元销售收入净额给企业带来的利润,该指标越高,说明企业经营活动的获利能力越强。连续计算几年的销售利润率并加以比较,可以评价企业获利能力的发展趋势。其计算公式为:

$$销售利润率 = 利润总额 \div 销售收入净额 \times 100\%$$

根据表 7.11 提供的资料计算出某股份制企业的销售利润率如下:

$$销售利润率 = 2\ 957\ 330\ 元 \div 14\ 829\ 850\ 元 \approx 19.94\%$$

计算结果表明,该股份制企业每百元销售收入可获得的税前利润为 19.94 元。

(3)成本费用利润率

成本费用是企业为取得利润所耗费的经济资源,其内容包括销售成本和期间费用,成本费用的大小与利润有内在的联系。成本费用利润率是指销售成本和期间费用与利润总额之间的比率。它是反映企业投入与产出、所费与所得之间对比关系的一项经济指标,其计算公式为:

$$成本费用利润率 = 利润总额 \div (销售成本 + 期间费用) \times 100\%$$

计算结果表明,每一元成本费用所获得的利润是多少。该指标越高,说明企业投入产出比例越高,企业的获利能力越强。连续计算几年的成本费用利润率并加以比较,可以评价企业获利能力的发展趋势。

根据表 7.11 中的有关资料,计算某股份制企业的成本费用利润率如下:

$$成本费用利润率 = 2\ 957\ 330\ 元 \div (10\ 702\ 860 + 579\ 800 + 610\ 000 + 82\ 000) 元 \times 100\% \approx 24.70\%$$

计算结果表明,2003 年某股份制企业的成本费用利润率为 24.70%,表明每耗费一百元成本费用可获得的利润额是 24.70 元。

(4)资产报酬率

资产报酬率,指企业的息税前利润与总资产平均余额之间的比率,是衡量企业资产综合利用效果和经营管理水平的指标。该指标越高,说明企业全部资产的获利能力越强,经营管理水平越高。其计算公式为:

资产报酬率=息税前利润÷总资产平均余额×100%

其中,息税前利润等于利润总额加上利息费用。

将该指标与企业前几期指标比较,可以预测企业获利能力的发展趋势;将该指标与同行业平均水平进行对比,可以了解该公司在行业中的地位。

(5)净资产收益率

净资产收益率,也称为净资产报酬率,是指企业净利润与所有者权益之间的比率。该指标可用于衡量企业投资者投入企业资本的获利能力。其计算公式为:

净资产收益率=净利润÷净资产平均余额×100%

其中,净资产平均余额等于期初净资产和期末净资产的平均数。

该指标越高,说明企业自有资金的获利能力越强。

(6)资本保值增值率

资本保值增值率是指期末所有者权益与期初所有者权益之间的比率。其计算公式为:

资本保值增值率=期末所有者权益总额÷期初所有者权益总额

当资本保值增值率大于 1 时,说明期末所有者权益增加,投资者的投资得到增值;当资本保值增值率等于 1 时,说明期末所有者权益不增不减,投资者的投资得到保值。在具体对该指标进行分析时应从分子中扣除由于客观因素引起的所有者权益增加的数额,并考虑企业的利润分配情况和通货膨胀因素的影响。

例如,某股份制企业 2009 年末、2010 年末的所有者权益总额分别为 5 256 110 元、6 240 700 元,通过计算可得该企业 2010 年的资本保值增值率(假设该企业 2010 年度没有发生除利润以外的影响所有者权益变动的事项)如下:

资本保值增值率=6 240 700 元÷5 256 110 元=1.19

计算结果表明该企业 2003 年度资本保值增值率为 1.19,投资者的投资得到了增值。

【操作示范】

【例 7.1】 资产负债表的编制方法。

某股份制企业 2010 年 12 月 31 日有关账户余额如表 7.8 所示。

表 7.8 总分类账户余额表

单位:元

会计科目	借方余额	会计科目	贷方余额
库存现金	3 300	短期借款	850 000
银行存款	550 000	应付票据	70 000
其他货币资金	350 000	应付账款	280 000
应收票据	95 000	其他应付款	2 000
应收账款	900 000	应付职工薪酬	168 000
坏账准备	−3 500	应交税费	22 000
预付账款	90 000	其他应交款	21 000
其他应收款	4 700	长期借款	916 300
物质采购	280 000	应付债券	530 000
原材料	590 000	股本	5 200 000
包装物	30 000	盈余公积	550 000
低值易耗品	70 500	利润分配——未分配利润	490 700
库存商品	280 000		
长期股权投资	1 050 000		
固定资产	5 230 000		
累计折旧	−1 160 000		
在建工程	440 000		
无形资产	250 000		
长期待摊费用	50 000		
合计	9 100 000	合计	9 100 000

根据上述所给资料,编制该股份制企业 2010 年 12 月 31 日资产负债表如表 7.9 所示。

表7.9 资产负债表

编制单位:某股份制企业　　　　　　2010 年 12 月 31 日　　　　　　单位:元

资产	行次	年初数	期末数	负债和所有者权益（或股东权益）	行次	年初数	期末数
流动资产:				流动负债:			
货币资金	1		903 300	短期借款	68		850 000
交易性金融资产	2			应付票据	69		70 000
应收票据	3	略	95 000	应付账款	70	略	280 000
应收股利	4			预收账款	71		
应收利息	5			应付职工薪酬	72		168 000
应收账款	6		896 500	应付福利费	73		
其他应收款	7		4 700	应付股利	74		
预付账款	8		90 000	应交税费	75		22 000
应收补贴款	9			其他应交款	80		21 000
存货	10		1 250 500	其他应付款	81		2 000
一年内到期的非流动资产	21			预计负债	83		
其他流动资产	24			一年内到期的非流动负债	86		
流动资产合计	31		3 240 000	其他流动负债	90		
长期投资:				流动负债合计	100		1 413 000
长期股权投资	32		1 050 000	长期负债:			
长期债权投资	34			长期借款	101		916 300
长期投资合计	38		1 050 000	应付债券	102		530 000
固定资产:				长期应付款	103		
固定资产原价	39		5 230 000	专项应付款	106		
减:累计折旧	40		1 160 000	其他长期负债	108		
固定资产净值	41		4 070 000	长期负债合计	110		1 446 300

续表

资　产	行次	年初数	期末数	负债和所有者权益（或股东权益）	行次	年初数	期末数
减:固定资产减值准备	42			递延税项:			
固定资产净额	43		4 070 000	递延税款贷项	111		
工程物资	44			负债合计	114		2 859 300
在建工程	45		440 000	所有者权益（或股东权益）			
固定资产清理	46			实收资本（或股本）	115		5 200 000
固定资产合计	50		4 510 000	减:已归还投资	116		
无形资产及其他资产				实收资本（或股本）净额	117		
无形资产	51		250 000	资本公积	118		
长期待摊费用	52		50 000	盈余公积	119		550 000
其他长期资产	53			其中:法定公益金	120		
无形资产及其他资产合计	60		300 000	未分配利润	121		490 700
递延税项:				所有者权益（或股东权益）合计	122		6 240 700
递延税款借项	61						
资产总计	67		9 100 000	负债和所有者权益（或股东权益）总计	135		9 100 000

【例7.2】　利润表的编制方法。

某股份制企业2010年12月份有关损益类账户本月发生额及本年累计发生额资料如表7.10所示。根据所给资料,编制该企业2010年12月份利润表,如表7.11所示。

表 7.10 损益类账户发生额

2010 年 12 月份 单位:元

会计科目	借方发生额		贷方发生额	
	本月数	本年累计数	本月数	本年累计数
主营业务成本	682 900	10 702 860		
营业税金及附加	21 320	340 360		
其他业务成本	78 400	819 500		
营业费用	23 300	579 800		
管理费用	42 000	610 000		
财务费用	5 300	82 000		
营业外支出	3 510	50 620		
所得税	67 805	975 919		
主营业务收入			941 000	14 829 850
其他业务收入			82 000	989 000
投资收益			32 000	298 000
营业外收入			7 200	25 620

表 7.11 利润表

编制单位:某股份制企业 2010 年 12 月份 单位:元

项 目	行 次	本月数	本年累计数
一、营业收入	1	1 023 000	15 818 850
减:营业成本	2	761 300	11 522 360
营业税金及附加	3	21 320	340 360
营业费用	4	23 300	579 800
管理费用	5	42 000	610 000
财务费用	6	5 300	82 000
资产减值损失	7		
加:公允价值变动净收益(损失以"－"号填列)	8		
投资收益(亏损以"－"号填列)	9	32 000	298 000
二、营业利润(亏损以"－"号填列)	10	201 780	2 982 330
加:补贴收入	11		
营业外收入	12	7 200	25 620
减:营业外支出	13	3 510	50 620
三、利润总额(亏损总额以"－"号填列)	14	205 470	2 957 330
减:所得税费用	15	67 805	975 919
四、净利润(净亏损以"－"号填列)	16	137 665	1 981 411

【例7.3】 利润分配表的编制方法。

某股份制企业2009年及2010年有关数据资料,如表7.12所示。

表7.12　某股份制企业2009年和2010年有关数据资料　　单位:元

项　目	2010年	2009年
年初未分配利润	406 500	—
本年净利润	1 981 411	1 890 000
盈余公积转入	—	—
提取法定盈余公积	198 141	189 000
提取法定公益金	99 070	94 500
应付普通股股利	1 600 000	1 200 000

根据上述所给资料,编制该企业2010年度的利润分配表,如表7.13所示。

表7.13　利润分配表

编制单位:某股份制企业　　　　　　　2010年度　　　　　　　单位:元

项　目	行　次	本年实际	上年实际
一、净利润	1	1 981 411	1 890 000
加:年初未分配利润	2	406 500	—
其他转入	4	—	—
二、可供分配的利润	8	2 387 911	1 890 000
减:提取法定盈余公积	9	198 141	189 000
提取法定公益金	10	99 070	94 500
提取职工奖励及福利基金	11	—	—
提取储备基金	12	—	—
提取企业发展基金	13	—	—
利润归还投资	14	—	—
三、可供投资者分配的利润	16	2 090 700	1 606 500
减:应付优先股股利	17	—	—
提取任意盈余公积	18	—	—
应付普通股股利	19	1 600 000	1 200 000
转作资本(或股本)的普通股股利	20	—	—
四、未分配利润	25	490 700	406 500

一、复习思考题

1.编制会计报表有什么作用?

2.会计报表主要为谁提供会计信息?

3.编制会计报表前应做好哪些准备工作?

4.假设某公司本月可供投资者分配利润有 300 000 元,现决定向投资者分配利润 250 000 元。请问:投资者是否一定能按时收到应得利润? 为什么?

二、练习题

(一)单项选择题

1.反映某一会计期间财务成果的会计报表是( )。

    A.资产负债表   B.所有者权益变动表

    C.利润表   D.现金流量表

2.资产负债表填列的依据是( )。

    A.总账各户余额

    B.总账各户本期发生额

    C.总账各户余额和某些明细账户余额

    D.总账发生额和明细账发生额

3.资产负债表的所有者权益项目中,不包括( )。

    A.实收资本   B.应付股利   C.未分配利润   D.资本公积

4.资产负债表中期末栏的数字,大多是根据总分类账户和有关明细分类账户的( )分析填列。

    A.期初余额   B.期末余额

    C.本期发生额合计   D.累计发生额合计

5.资产负债表编制的基础是( )。

    A.发生额试算平衡公式   B.余额试算平衡公式

    C.基本的会计等式   D.扩展的会计等式

6.在资产负债表中,"预收账款"项目应根据( )填列。

    A."预收账款"总分类账户期末余额合计

B."预收账款"总分类账户所属各明细分类账期末余额合计

C."预收账款"和"应付账款"总分类账户所属各明细分类账期末借方余额合计

D."应收账款"和"预收账款"总分类账户所属各明细分类账期末贷方余额合计

7. 下列资产负债表的项目中,可以根据总分类账户直接填列的是( )。

    A. 货币资金   B. 应收票据   C. 未分配利润   D. 短期借款

8. 我国企业利润表的格式采用( )。

    A. 账户式   B. 报告式   C. 单步式   D. 多步式

9. 在利润表的表体中,全部项目均依据有关账簿的( )填写。

    A. 期末余额   B. 发生额

    C. 期末余额或发生额   D. 本期数额

10. 甲工业企业期末"原材料"科目余额为100万元,"生产成本"科目余额为70万元,"库存商品"科目余额为150万元,"在途物资"科目余额为200万元。则甲工业企业期末资产负债表中"存货"项目的金额为( )万元。

    A. 450   B. 520   C. 320   D. 370

11. 某企业年末"应收账款"科目的借方余额为600万元,其中,"应收账款"明细的借方余额为800万元,贷方余额为200万元。该企业年末资产负债表中"应收账款"项目的金额为( )万元。

    A. 585   B. 600   C. 783   D. 800

12. 资产负债表是反映企业一定日期财务状况的( )。

    A. 动态报表   B. 静态报表

    C. 动态和静态相结合的报表   D. 内部报表

13. 所有者权益变动表是( )。

    A. 会计报表的主表   B. 资产负债表的附表

    C. 利润表的附表   D. 现金流量表的附表

14. 反映企业现金流量的会计报表是( )。

    A. 资产负债表   B. 利润表

    C. 现金流量表   D. 现金流量表和利润表

(二)多项选择题

1. 下列关于"资产负债表"的表达,其中正确的是( )。

A. 它是反映一定时期内财务成果的报表

B. 它是一张静态报表

C. 它是根据"资产＝负债＋所有者权益"等式编制的报表

D. 流动资产排在左方,非流动资产排在右方

2. 可能影响资产负债表中"应付账款"项目金额的账户是( )。

A. 应收账款　　　B. 应付账款　　　C. 预收账款　　　D. 预付账款

3. 我国企业财务报告通常由( )组成。

A. 会计报表附注　　　　　　B. 招股说明书

C. 财务情况说明书　　　　　D. 会计报表

4. 资产负债表中"存货"项目应根据( )总账科目的期末余额之和填列。

A. 原材料　　　　　　　　　B. 生产成本

C. 交易性金融资产　　　　　D. 库存商品

5. 在编制资产负债表时,根据若干总账科目的期末余额分析、计算填列的项目是( )。

A. 货币资金　　　　　　　　B. 存货

C. 预付账款　　　　　　　　D. 未分配利润

6. "预付账款"项目应根据( )总账科目所属明细账科目的期末借方余额之和填列。

A. 应付账款　　　B. 应收账款　　　C. 预付账款　　　D. 预收账款

7. 按照会计报表所反映的经济内容不同,可分为( )。

A. 反映财务状况的报表　　　B. 合并报表

C. 反映费用成本的报表　　　D. 反映经营成果的报表

8. 企业下列会计报表中,属于对外的会计报表是( )。

A. 资产负债表　　　　　　　B. 制造成本表

C. 利润表　　　　　　　　　D. 现金流量表

9. 会计报表的使用者包括( )。

A. 投资者　　　　　　　　　B. 债权人

C. 企业内部管理者　　　　　D. 国家政府部门

10. 会计报表按用途不同可分为( )。

A. 内部报表　　　　　　　　B. 月报与年报

C. 基层报表和汇总报表　　　D. 外部报表

11. 通过利润表可以了解下列会计信息中的(　　　)。

　　A. 资产减值损失　　　　　　　B. 实现的营业收入

　　C. 发生的营业成本　　　　　　D. 利润或亏损总额

12. 下列各项中,属于资产负债表中的流动资产项目的是(　　　)。

　　A. 应收账款　　B. 预收账款　　C. 固定资产　　　D. 货币资金

(三)判断题

1. 资产负债表的格式有多步式和单步式两种。(　　　)

2. 资产负债表结构的理论依据是"资产 = 负债 + 所有者权益"这一会计等式。(　　　)

3. 资产负债表中的"应收账款"项目,是根据"应收账款"总账的期末余额填列。(　　　)

4. 资产负债表中的"预付账款"项目,是根据"预付账款"总账的期末余额填列。(　　　)

5. 资产负债表中的"长期待摊费用"项目,是根据"长期待摊费用"账户的期末余额填列。(　　　)

6. 利润表结构的理论基础依据是"利润 = 收入 − 费用"这一会计等式。(　　　)

7. 为了正确编制会计报表,在编制年度会计报表前应进行全面财产清查。(　　　)

8. 资产负债表是根据有关账户的期末余额填列的,利润表是根据有关账户的发生额填列的。(　　　)

9. 利润表是反映企业在特定日期上利润(亏损)实现情况的会计报表。(　　　)

10. 现金流量表是反映企业一定日期现金流入和流出情况的报表。(　　　)

11. 企业的会计报告分为月度、季度、半年度和年度报告。(　　　)

12. 所有者权益变动表是反映企业一定时期所有者权益变动情况的会计报表,是资产负债表的附表。(　　　)

三、实训题

(一)练习资产负债表有关项目的填列。

资料:某企业9月末有关科目余额如表7.14所示。

表 7.14　部分账户余额表　　　　　　　　　　单位:元

会计科目	借方余额	贷方余额	会计科目	借方余额	贷方余额
应收账款	30 000		预付账款	60 000	
——A 工厂	70 000		——E 工厂	90 000	
——B 工厂		40 000	——F 公司		30 000
预收账款		65 000	应付账款		56 000
——C 公司		85 000	——G 工厂		78 000
——D 公司	20 000		——H 公司	22 000	
在途物资	15 000		库存商品	300 000	
原材料	120 000		生产成本	110 000	

要求:计算资产负债表中下列项目应填列的余额。

1. 应收账款项目。

2. 应付账款项目。

3. 预收账款项目。

4. 预付款项目。

5. 存货项目。

(二)练习资产负债表的编制。

资料:某公司 2009 年 12 月末有关总账和明细账余额如表 7.15 所示。

表 7.15　总账和明细账余额表　　　　　　　　单位:元

总　账	明细账户	借方余额	贷方余额	总　账	明细账户	借方余额	贷方余额
库存现金		20 000		短期借款			1 200 000
银行存款		280 000		应付票据			70 000
交易性金融资产		260 000		应付账款			350 000
应收账款		260 000			E 企业		550 000
	A 企业	300 000			F 企业	200 000	
	B 企业		40 000	预收账款			20 000
预付账款		104 000			M 企业		80 000
	C 企业	110 000			N 企业	60 000	

续表

总　　账	明细账户	借方余额	贷方余额	总　　账	明细账户	借方余额	贷方余额
	D 企业		6 000	其他应付款			150 000
其他应收款		102 000		应付职工薪酬			436 000
库存材料		400 000		应交税费			900 000
长期股权投资		3 440 000		应付股利			600 000
固定资产		15 600 000		长期借款			908 000
累计折旧			3 200 000	实收资本			4 810 000
无形资产		1 800 000		盈余公积			2 290 590
累计摊销			191 410	利润分配			7 190 000
长期待摊费用		50 000					

　　要求:根据上述经济业务编制该公司 2009 年年末的资产负债表。

　　(三)练习利润表的编制。

　　资料:某企业 2009 年度损益类账户本年度累计发生净额如表 7.16 所示。

表 7.16　损益类账户 2009 年累计发生净额　　　　单位:元

科目名称	借方发生额	贷方发生额
主营业务收入		2 650 000
主营业务成本	1 450 000	
营业税金及附加	4 000	
营业费用	40 000	
管理费用	257 500	
财务费用	81 600	
资产减值损失	60 900	
投资收益		81 500
营业外收入		100 000
营业外支出	29 800	
所得税费用	172 500	

要求：根据上述经济业务编制该公司 2009 年的利润表。

四、案例分析题

东方公司和蓝天公司均是三年前成立开业的经营相同业务的商业企业。最近两家公司均向银行提出半年期的贷款申请。为了了解两家公司的财务状况，银行要求他们提供最新的财务报表。蓝天公司尚未完成报表的编制工作，只是提供一张试算表。表 7.17 和表 7.18 是东方公司资产负债表和蓝天公司的结账后试算表。

表 7.17 东方公司资产负债表

2009 年 12 月 31 日　　　　　　　　单位：元

资　产	期末数	负债和所有者权益	期末数
流动资产：		流动负债：	
货币资金	125 600	应付账款	92 700
应收账款	58 000	应交税费	6 300
应收票据	18 900	应付票据	22 000
存货	99 900	预提费用	5 000
待摊费用	3 600	流动负债合计	126 000
流动资产合计	306 000	所有者权益：	
固定资产：		实收资本	250 000
固定资产原价	210 000	盈余公积	10 000
减：累计折旧	80 000	本年利润	50 000
固定资产净值	130 000	所有者权益合计	310 000
资产总计	436 000	负债和所有者权益总计	436 000

表 7.18 蓝天公司结账后试算表

2009 年 12 月 31 日　　　　　　　　单位：元

账户名称	借　方	贷　方
库存现金	5 100	
银行存款	54 500	
应收账款	46 000	

BUSINESS
物业财务核算与管理

续表

账户名称	借　方	贷　方
原材料	35 000	
库存商品	34 300	
生产成本	8 500	
待摊费用	1 200	
固定资产	410 000	
累计折旧		144 600
应付账款		99 700
应交税费		2 700
应付票据		5 600
预提费用		3 400
实收资本		320 000
盈余公积		7 600
本年利润		11 000
合计	594 600	594 600

假定两家公司要求贷款的金额相同。

试问:假如你是银行的信贷员,你觉得给哪家公司贷款更安全?为什么?

分析:从资料中可以看出,两家公司均要求从银行取得期限半年的短期贷款。对于银行来说,贷款给谁更安全,取决于贷款方的短期偿债能力。计算并比较两家公司的短期偿债能力,即可得出贷款给谁更安全。

思考题:从东方公司的资产负债表中可以看出,东方公司的流动资产总额为306 000元,流动负债总额是126 000元,流动比率是2.43。速动资产为202 500元,速动比率为1.61。那么,蓝天公司的流动比率和速动比率各是多少?谁的短期偿债能力更强?为什么?

274

项目8 物业服务企业资金及物业服务费管理

【知识目标】

了解财务管理机构设置与岗位职责,了解物业服务企业管理费用的构成,了解人民币的种类,懂得其防伪特征;理解资金的筹措与使用、财务管理机构的管理制度。掌握物业管理费用的测算方法,了解和掌握物业管理费用的收缴和使用的内容。

【能力目标】

1. 会制定财务部门各岗位职责;
2. 能制定和执行财务管理机构的管理制度;
3. 会测算物业服务费用;
4. 会鉴别真假人民币。

任务1 物业财务管理机构设置与管理制度

【知识准备】

为了实施财务管理工作,各物业服务企业都设有健全的财务管理机构及完备的财务管理制度。

8.1.1 财务管理的组织机构

每个物业服务企业会根据所管理的物业范围的大小、高层楼宇的多少、开展服务内容的多少等具体情况来设置财务管理机构,配备财务管理人员。由于财务管理不同于一般管理,其基本岗位要根据工作内容的多少来决定,因此,根据财务管理的特点,财务部门的岗位设置通常有财务部经理、主管会计、现金出纳、统计员、收费员等。财务部门的岗位设置如图 8.1 所示。

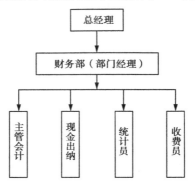

图 8.1　岗位设置图

8.1.2　财务部工作人员的岗位职责

为使财务部的每一名员工在自己的岗位上都能发挥自己的主动性和创造性,把财务管理、会计核算、收费等工作做得好上加好,需要制定各岗位责任制。在制定岗位职责时必须因事设岗,因岗定职,因职定责。

1)财务部经理的岗位职责

①向总经理负责,主持物业服务企业财务部的管理工作,做好总经理的助手。

②组织财务部门的政治和业务学习。

③负责组织全企业的经济核算工作,掌握好资金的筹集、使用、耗费、收入和分配,保证整个企业经营活动的正常进行。

④按时审核各种会计报表和统计报表,并做出分析报告。

⑤检查、督促各项费用的收缴和管理,保证公司资金的正常运转。

⑥合理有效地经营好公司的金融资产,为公司创造更多的利润。

⑦审核、控制各项费用的支出,杜绝浪费。

⑧组织拟订物业管理费等各项费用标准的预算方案。

⑨熟悉各种工商、财会及税务管理制度,运用法律、政策手段保护企业的合法效益。

⑩根据本公司的特点和实际情况,制定财务管理的细则。

2)主管会计的岗位职责

①按照会计规范及时编制收、付款和转账凭证,负责总账、明细账的登记工作。

②按时编制月度、季度、年度会计报表。一般规定,月度会计报表在月终后6天内报出,季度会计报表在月终后15天内报出,年度会计报表在年终后4个月内报出。

③建立各种收付款辅助台账,并应与有关科目余额相符。

④及时清理债权债务,将债务压缩到最低限度。

⑤核算库存材料,认真核对库存的收支情况,并按要求抽查核实实物。做好固定资产管理工作,及时建立固定资产卡片,按时计提折旧。

⑥保管好未用、已用的发票、收据、有价票据,定期检查各部门、各收款点的在用票据,妥善保管好会计账册、凭证等资料。

⑦检查、审核各经营部门及下属机构的收支账目。

3)出纳员的岗位职责

①负责全公司的现金和银行的存款收付工作,对于当天收入的现金和转账票据要及时送存银行,不得积压并做到数字准确、不出差错。

②每天登记好现金和银行存款日记账,做到账面整洁、字迹清楚,要日清日结,每月核对好银行账单,并做出未达账的调整表,与总分类账相符。

③及时向部门经理报告银行存款余额,银行存款不得出现赤字。

④严格遵守现金管理制度和银行支票使用规定,库存现金按规定限额执行,不得挪用库存现金,不得以白条单据抵库。

⑤严格执行外汇管理制度,如有外币收入,不得私自套换。

⑥对办理报销的单据,须检查审核手续是否完备,有否违反企业的规定,凡手续不完备的,一律拒绝付款。

⑦及时办理各种转账,现金支票,并交会计做账。

4)统计员岗位职责

①对部门经理负责,遵守企业所制定的财务人员管理细则,做好本职工作。

②及时统计,存贮各种交收费资料。

③维护好电脑设备,保管好所存的资料,对于变动的资料,要随变随改,以免出现差错。

④完成经理交办的其他事项。

5）收费员岗位职责

①对部门经理负责,遵守企业制定的财务人员管理细则,做好本职工作。

②负责物业管理费等各项费用的通知和收缴,在收费时要准确打印各项收费项目,正确填写发票,及时、快捷收妥业主应付的费用。做到快、准、不错收、漏收,对各种钞票必须认真验明真伪。

③了解物业管理费及其他费用的构成,以便回答业主的疑问。同时掌握业主的缴费情况,做好追收工作。

④每天收入的现款、票据必须与收款单核对相符,认真登记好收款台账,本日下班前,要将当日款报表汇总,与款项相符后,及时交财务部出纳员。

⑤备用周转金必须天天核对,不得以白条抵库,一切现金收入不准坐支,不得将收入的现金借给任何部门和任何人。

8.1.3　物业服务企业的财务管理制度

物业服务企业的财务管理制度是保证财务工作规范化、标准化的一系列具体规定,是物业服务企业重要的管理制度之一。它可以使物业服务企业的重要财务活动做到有法可依,有章可循。一般来讲,物业服务企业的财务管理制度主要包括以下几个方面。

1）支票支付制度

物业服务企业总的支出原则应当是支票支付。但为了简化交易程序,可以同时规定:×××元以下的支出可从备用金中支出;超出×××元,但低于×××元的支出若要从备用金中支付,需由部门经理批准;×××元以上则由总经理批准等。支票支付的具体制度按银行规定执行。

①除了从备用金中支付的不记名支票和由现金支付的工资单支票外,所有发出的支票均需注明"仅至收款人账户",不得背书。

②尚未使用的支票在工作时间需放入保险柜内,保险柜的钥匙应委托两名职员分别保管。

③支付支票需有支付凭单证明。

④所有失效的支票需注明"作废"字样,并存档。

2）备用金制度

企业运作过程中发生的低于×××元的支出,可从备用金中支出。备用金的审批程序如下:

①只有用钢笔书写和打印出来的备用金凭证才能支付,而且凭证的后面要

附上发票证明。

②必须在其所赋予的财务权限范围内,授权批准备用金。

③资金保管者有责任在24小时内妥善保管该资金。

④在支付备用金时,所有凭证和证明文件应盖上"已付"印章,以证明此款已付。

3)银行往来账目管理

(1)批准开设银行往来账

与企业开户银行往来账有关的支票、汇票、本票、订货单以及其他所有的可转让票据之出具、制造、核收和签名的权限如下:

①部门经理或副总经理:×××元以下。

②总经理或董事总经理:无限额。

(2)定期存款

定期存款应存入开户银行或存入提供最优厚利率的金融机构,并需总经理批准。

4)存款与资金保管制度

(1)存款程序

①每天的收入必须及时存入银行。

②必须备有各种形式的存款单:如现金、汇票、支票等。

③必须确保由银行送回的存款单上有银行出纳员的核实盖章,以及银行所打印的数值与存款账户之数值相符。

(2)资金保管

①未存入银行的收入必须加以上锁。

②与其他资金,如未领的工资、小额现金等合理分开。

③每日下班前必须将所有现金放到公司保险柜内(保险柜内现金控制在×××元以下)。

④收入不准用于任何费用支付,不得坐支现金。

⑤公司应为接受和保管现金的员工购买职员忠诚保险。

5)报价方式与程序管理

(1)报价方式

报价方式共有4种:

①口头报价用于×××元或低于×××元的商品及服务。

②书面报价用于高于×××,但低于×××元的商品及服务。

③邀请投标报价用于总经理同意的,高于×××元,但低于×××的商品及服务。

④公开投标报价用于高于×××元的商品及服务。

(2)程序管理

在获取报价时,必须遵照下列程序:

①除非万不得已(如特别代理商经销的专卖品),均须有三组报价。

②对于文具、办公用品、备件、操作材料等,需要及时增补的商品,必须取得供应商的报价,并购买最具竞争力的商品。

③订货或要求服务时,除了从备用金中支出的内容外,其他均须有预先编号的"购货订单"或"工作通知单"。

④所有"购货订单"和"工作通知单"必须由核准人和财务主管签名。

⑤"购货订单"和"工作通知单"的会计凭证须写明正确的付款人。

⑥被指定接受交货、取货时,须有"购货订单"副本。接受交货时,必须核实此"购货订单"是否已经批准。

⑦接受购货数量,应根据需要由持有"购货订单""提货单"或供应厂商"发货单"的接受交货人员负责。

⑧如果对方提供满意服务,需在供应厂商"工作报告"或"工作通知单"的副本中注明。

⑨收到供应商的账单后,须经常与银行贷方记录核对,记入贷方。

⑩收到的债权人发票,须直接送到财务部,以便准备支付凭证。

6)正式发票管理

①所有正式发票必须按顺序编号。

②所有正式发票均须核实。

③正式发票须用于所有收到的支付,并按顺序开出。

④正式发票须在收到款项的当时开出,并于当天核对。

⑤对于支票收款,出纳员须在"支票收集一览表",上记录收到的支票,并由其主管核对。

⑥正式发票上的任何改动均须有公司盖章,或财务主管签字。

⑦作废的正式发票必须明确证明其无效,原件附在会计凭证副本上。

7)库存管理

物业服务企业的库存管理有其服务的特点,所以要库存一些维修常用的材料、工具备品、清洁用品和办公用品等,库存量需要根据该物业设备设施质量及使用年限等特点来核定,能满足日常维修用就可以了,不必占用太多的资金。物业服务企业库存量不大,但品种较多,较复杂,要求对库存管理有严格的管理制度。

(1)库存管理的基本要求

①保证所有的库存物质数量和质量完好无损,如有食品类应注意物品的变质及有效期限,自然损耗应在规定的范围内。

②保证库存物质做到物卡相符、账卡相符、账账相符。

③库存物质分类安放,保持卫生、整洁、井井有条,便于收发,检验和盘点。

④制定有效的防水、防潮、防盗、防霉坏的安全措施。

⑤建立完备的材料验收、使用发放、清仓盘点制度。

(2)采购和验收的基本要求

①采购人员必须对所管物业各种公共设施设备有一定的了解,要按质、按量、按要求购买所需的材料。

②要根据仓库情况,做好采购计划,不能盲目采购。

③采购计划单需总经理审批,方可采购。采购时要货比三家,做到价廉物美。

④货物的验收要与采购单相符,凡未办理采购手续的货物不予验收入库。

⑤根据发票检验进货,凡发票需与实物名称、型号、规格、数量核对验收,不相符的不予验收入库。

(3)库存管理的原则

①管理人员必须负责库存的搬运并确保其存放的合理。

②所有存货需放在指定地点,凭证先编号。领货时需持核准的"领货单"方可将货取出。

③管理人员或其他被委派工作者须查看废弃存货,并及时向部门经理汇报。

④存货盘点情况须呈报部门经理,并有责任解释任何差额。

8)固定资产管理制度

(1)固定资产应具备的条件(各单位可自定)

①使用期限超过1年的房屋及建筑物,机器设备、运输工具以及其他与生产经营有关的设备、器具、工具等。

②不属于生产经营主要设备的物品,单位价值在2 000元以上,并且使用期限超过2年的。

③低于上述金额的设备,但耐用时间在 1 年以上的大批量同类财产也列为固定资产。

（2）固定资产管理的职责

①使用单位应指定专人管理,做到账物相符。

②使用中的固定资产,应执行有关部门制定的维修保养制度和有关操作规程,建立健全各管理岗位责任制。实行专人管理,专人使用,专人保养。

③随时掌握使用中的固定资产动态,及时提供固定资产使用情况,经常与固定资产管理部门联系,不得擅自转移固定资产。

④建立固定资产技术档案、台账,做到统计资料和原始记录齐全、按时、准确地填报固定资产统计报表和分析资料。

（3）财务部门的职责

①财务部门配合固定资产归口管理部门,做好固定资产管理的各项基础工作。

②填制统一的固定资产卡一式三份,一份归口管理部门,一份交使用单位,一份交会计部门作为固定资产明细台账。

③协助固定资产归口管理部门,编制固定资产投资计划,并进行分析、落实投资资金。

④配合固定资产归口管理部门,做好固定资产的增加、调拨和清理报废工作,做好固定资产清查盘点工作。

⑤组织固定资产的财务核算工作。

任务 2   物业管理资金筹措与使用

【知识准备】

物业管理资金是为保持物业及附属设备设施的状态完好和使用安全,充分发挥其各项功能以满足需要而投入的货币总和。拥有一定数量的资金,是物业服务企业开展物业管理活动的基础和重要保证,是物业服务企业资金运动的起点。物业管理资金的筹措落实、规范管理和合理使用,对于延长物业的使用寿命,改善业主和使用人的生活质量和环境质量,促进物业管理事业有序地发展,都具有积极的意义。

8.2.1 资金筹措的概念和目的

资金筹措,是指为建立物业服务企业及满足企业正常经营管理活动对资金的需要,通过各种形式和渠道集中筹集的资金。包括内部资金和从外部借入资金。

筹措资金的目的主要有两个:一是为组建物业服务企业或扩大公司规模而筹集所需资本金和长期资金;二是为经营管理过程中的资金短缺而筹集短期资金。资金筹措的方式有多种多样,不同的筹资方式,对物业服务企业意味着不同的资金成本。此外,不同筹资方式有不同的限制性条件及操作程序。

8.2.2 物业服务企业的资金筹措渠道

1)自筹资金

自筹资金是物业服务企业由其创办人自己筹集资金组建物业服务企业或扩大公司规模。投资者从过去的经营收益或其他方面的资金来源中筹集并投入公司,用于公司的组建和启动,自筹资金通常构成物业服务企业资本金(净资产)或所有者权益。出资人对资金的使用和经营承担风险,但没有还贷付息的压力,同时享受资本经营的收益。物业服务企业的自筹资金是组建公司的基本筹资方式,通常自筹资金构成的资本金及其所占的比例表明物业服务企业抗风险的能力,这一比例过低表明物业服务企业的抗风险能力较弱。

2)物业管理收费

物业服务企业按收费管理规定,根据自己所提供的服务的性质、特点、档次、内容和质量等向物业服务对象收取的费用。物业服务企业的主营业务收入就来自物业管理费,它是物业服务企业向业主和用户收取的,也是物业服务企业长期稳定的收入,其经营收入主要包括物业管理收入和物业经营收入。物业管理收入主要包括日常综合管理费和特约服务费。

3)建立专项维修资金

根据《物业管理条例》第54条规定:住宅物业、住宅小区内的非住宅物业或与单幢住宅楼结构相连的非住宅物业的业主,应当按照国家有关规定交纳专项维修资金。由于我国的住宅绝大多数属于群体式类型,且多以住宅小区的方式开发建设,住宅单体间存在共用部位,如主体结构承重部位,包括内外承重墙体、柱、梁、楼板等;单幢楼或者小区内所有共用设施设备,如电梯、水、暖、照明、煤气、消防等。这些共用部位、共用设施设备是否完好,运行是否正常关系到相邻住宅,其至整栋楼、整个小区住宅的正常使用和安全,关系到全体业主和社会公共利益。因此,由所有业主预先缴纳一定费用,建立专项维修资金。

专项维修资金是物业共用部位、共用设施设备的"养老金"。因使用时数额较大,需提前筹备。

4)开发商给予一定的资金支持

按规定,开发商应向物业服务企业提供一定数量的启动资金。

启动资金又叫"开办费",它有两种含义:一是指物业服务企业在政府工商管理部门注册时所必须投入资金,应具有50万元以上(三级资质);二是指物业服务企业在物业管理投标成功后,接管物业从事前期介入工作所需要的用于设备、设施、工具、办公用品、人员培训、学习、工资奖金、服饰以及前期介入活动中的管理费用等。这部分资金按有关规定由开发商提供,用于物业管理的启动。这后一种资金是物业管理资金来源的重要组成部分。

物业管理启动资金的收取比例,目前国家尚无明文规定。新建物业一般由开发商按建筑安装综合造价的2%拨给物业服务企业作为启动资金。有些新建住宅小区,由开发商按建筑安装总造价的1%拨款,作为物业管理的启动资金。

此外,开发商为了提高其开发项目的美誉度和知名度,会鼓励物业服务企业争先创优。当物业服务企业管理的物业项目取得市级、省级或国家级优秀(示范)项目或全国百强企业等荣誉时,开发商会给予物业服务企业一定的资金奖励。

5)政府多方面的支持

地方政府的政策性支持是物业服务企业有效筹措资金的重要保障。政府的具体做法主要有以下几个方面:

①制定合理的收费标准,加强收费管理。

②对"房改房",由原产权单位负责支付电梯、高压水泵、供暖等共用设施设备的维修和更新等费用,可减轻购房人的负担。

③在金融税收方面提供一定的优惠政策。

④拨出一定的城市建设维护费,用于小区公用部位、共用设施设备的管理,以减轻小区日常管理费用的负担。

⑤旧小区在规划允许的范围内,适当新建一些商业用房,以成本价或较低的租金提供给物业服务企业,增加住宅小区购物、家政服务等经营性收入,弥补物业管理经费的不足。

6）银行借款

银行借款是物业服务企业向商业银行贷款取得资金的一种筹资渠道。实际上除了商业银行外，物业服务企业还可向保险公司、租赁公司、信托投资公司等其他金融机构贷款，但商业银行贷款是其取得贷款资金的主要渠道。银行借款资金具有使用时间长、数量大等特点，主要用于物业服务企业的小额固定资产投资和永久性流动资金的占用。

7）横向联合

横向联合是指物业服务企业利用其他企业闲置或者富余的人力、物力、财力、技术等资源，进行企业间的联营、入股、租赁、承包等资产重组，以达到融物或融资，实现资源最佳配置的目的。

目前，一些大型的物业服务企业拥有大型的设备而业务量不足，导致资源浪费，而一些小型的物业服务企业因资金不足购买不起这样的设备，如高层楼宇的清洗设备、维修设备、下水管道维修设备等。它们之间可以通过租赁方式实现横向的资源共享，有些物业服务企业还开展了融资业务。特别是随着市场竞争的加剧，一些实力雄厚的大型物业服务企业兼并、收购那些小型的物业服务企业或其他企业，或者组建控股型的物业服务企业集团，这已成为物业管理行业发展的趋势。

8）发行股票

股票筹资可以作为一种长期的筹资方式，股份有限公司发行的股票不存在固定到期日不用还本，只能在证券市场上转让和出售，可以形成稳定而长期占用的资本，但筹资成本较高，投资者期望的投资报酬率也高。

9）发行债券

发行股票债券筹集资金的限定条件比较多，审批也极为严格，特别是物业服务企业能从这个渠道取得资金的可能性较小。这也是负债性筹资，有固定到期日，到期还本付息。

目前我国的物业服务企业的资金筹措渠道还主要是以银行贷款为主，表明企业对银行的高度依赖，物业服务企业应该在拓宽筹资渠道、改善现有的资金构成方面进行更多的改革与创新。物业服务企业还可以利用企业闲置的人力、物力、财力、技术资源进行资产重组，发展企业。

8.2.3　物业管理资金的使用

1)物业管理周期与资金使用量

任何一项物业都要经历由新到旧,到最后更新这样的生命周期。因此,物业的管理也是有周期性的。对物业服务企业来说,分析所承接的每一项物业是处于哪个生命周期的物业,采取不同的管理方法和策略,安排不同的资金使用量,灵活调剂使用资金,使资金达到最佳的使用效果。

一般来说,物业服务企业承接的是一项新建的物业,该物业管理的重点就是日常养护,因此所需投入和垫付的资金便大大减少。随着该物业步入成熟期的"中年",其内外部的一些零部件就会开始出现不能正常运作的状况,这时该物业的管理重点就在于检修,物业管理所需的资金也开始增加,随着该物业步入"老年"期间,其内外部的零部件就开始轮番不能使用,需大修或更新,这一时期物业管理的重点是大修和更新,这时需要垫付的物业管理资金量达到最大化。由此可见,随着物业生命周期的变化,物业管理的周期也随之变化,管理资金的使用也必然随之变化。

2)物业管理周期与管理资金的使用控制

由于各种不同性质的物业的生命周期各不相同,物业管理的重点不同,导致在物业管理过程中资金的使用量、使用重点和使用方式等都是不同的。物业服务企业就必须针对不同的物业生命周期,制订出不同的管理资金的使用预算,汇总后得出每年、每月所需要的全部管理资金,对暂时不用的多余资金,物业服务企业可以用于无风险的投资。通过对资金的灵活调剂使用,实现最佳的资金使用效果。

3)物业服务企业资金使用的控制与管理

(1)确定资金使用的重点

对所有管理服务开支进行严格的计算和预测,确定所管物业是处于哪个生命周期上,从而决定物业管理资金的使用重点,为制订预算方案和使用计划做好准备。

（2）制订预算方案

制订预算方案就是对管理服务的所有费用开支进行科学的计算预测，对管理服务中的各项费用支出和资源消耗规定数量界限，这是控制物业管理资金使用的核心。在制订预算方案时，必须根据不同类型、不同物业的过去记录和经验及对未来的费用开支的预测来决定。因为不同类型和不同性质的物业，对管理服务的开支范围和要求有所不同，如新建物业对资金的需求量就不同，普通住宅与花园别墅也不同，商厦与办公楼就更不同了。有了切实可行的预算方案，物业服务企业在资金的使用上就有了标准，从而就可以将资金的使用量控制在预算范围内。

（3）制订使用计划

由于物业服务企业接管的物业类型繁多，有住宅、办公楼，还有商厦、医院、仓库、工厂、学校等。再加上它们处于不同的生命周期，从而使各物业的管理资金使用的重点不同，资金的需求量也不同，因此，为了更好地反映资金需求量在时间上差异，既保证物业管理资金的需要，又能提高管理资金的利用效率，不致造成闲置浪费，就有必要在预算的基础上，制订出接管的各物业每月甚至每周的资金使用计划，在财务上做出合理的安排，使物业服务企业的管理者对每年每月将使用多少管理资金，做到心中有数，为物业管理资金的调剂使用创造条件。

（4）优选管理方案

物业管理资金在具体的使用中，要面临对各种管理方案的决策。究竟使用哪种管理方案，应基于物业管理资金使用预测所提供的资料和其他的资料，依据管理资金使用计划的标准，满足技术上先进、经济上合理的要求，从多个与物业管理资金使用支出有关的方案中，选择最优的方案。

（5）设立专用账户

要想加强资金使用的控制，就要设立各种资金使用的专用账户，及时提供物业管理资金使用的信息，使物业服务企业内部人员全面掌握资金使用方向。这样就可以更好地接受物业服务企业内部的监控，还可以接受行业主管部门、税务部门及物业服务企业所在的集团或总公司的监督指导，也能更好地接受业主和用户的监督检查，从而形成从内到外、从上到下的控制链。

（6）财务分析考核

物业管理资金使用的分析和考核，是以物业管理资金使用的日常核算提供的资料及其他有关资料为基础，运用一定的标准进行比较分析，揭示发生超支的根源，明确责任，并以此为基础定期对资金使用预算的执行结果进行评价，实施奖罚措施。通过分析与考核,不仅可以为以后科学地制订资金使用预算和计划提供依据,还有助于提高职工对控制资金使用的认识,从而为资金使用控制创造良好的环境。

任务 3　物业服务费认知

【知识准备】

8.3.1　物业服务费的含义

物业服务收费在物业管理经费来源中应是最稳定、最主要的来源。根据国家发展改革委和住房和城乡建设部在 2004 年 1 月 1 日实施的《物业服务收费管理办法》规定,物业服务费是指物业服务企业按照物业服务合同的约定,对房屋及配套的设施设备和相关场地进行维修、养护、管理,维护相关区域内的环境卫生和秩序,向业主所收取的费用,即通常所指的公共性服务费。物业服务收费是保证日常物业服务工作正常运转的主要资金来源。

业主接受物业服务企业提供的物业服务属于一种市场交易行为,具体的服务内容和相应的服务费用应由交易双方协商确定。物业服务企业应当按照政府价格主管部门的规定实行明码标价,在物业管理区域内的显著位置,将服务内容、服务标准以及收费项目、收费标准等有关情况进行公示。

8.3.2　物业服务费的定价形式与约定形式

1)物业服务费的定价形式

从目前国家和地方的有关规定来看,对不同物业的物业服务费用,实行的是不同的价格形式:物业服务收费应当区分不同物业的性质和特点分别实行政府指导价和市场调节价。

（1）政府指导价

对涉及老百姓日常生活的普通住宅的物业服务费用,国家予以适当的调控,实行政府指导价。物业服务收费实行政府指导价的,有定价权限的人民政府价格主管部门应当会同房地产行政主管部门根据物业管理服务等级标准等因素,制定相应的基准价及其浮动幅度,并定期公布。具体收费标准由业主与物业服务企业根据规定的基准价和浮动幅度在物业服务合同中约定。这里所说的普通住宅,是相对于高档住宅而言的。面对高档住宅,各地判断标准不一。例如,在北京,高档住宅一般是指别墅、度假村以及其他单位售价超过当地上年度平均商品房价格两倍以上的住宅。高档住宅以外的其他住宅,均属于普通住宅的范畴。

（2）市场调节价

对其他物业的物业服务收费,实行市场调节价。所谓市场调节价,是指由经营者自主制定,通过市场竞争形成的价格。实行市场调节价的物业服务收费,由业主与物业服务企业在物业服务合同中约定。

不同性质和特点的物业,其物业服务费用也应有所不同。物业性质和特点不同,业主对物业服务的需求也会不同。例如,住宅物业和非住宅物业的业主、普通住宅物业与高档住宅物业的业主,对物业服务企业提供的物业服务的内容、质量会有不同的要求,而物业服务费用是与物业服务的内容、质量密切相关的。物业服务企业在物业服务中应当遵守国家的价格法律法规,严格履行物业服务合同,为业主提供质价相符的服务。

2）物业服务费的约定形式

根据《物业服务收费管理办法》规定,业主与物业服务企业可以采取包干制或者酬金制等形式约定物业服务费用。

（1）包干制

由业主向物业服务企业支付固定的物业服务费用,盈余或者亏损均由物业服务企业享有或者承担的物业服务计费方式。其核心是物业服务企业对物业服务费用的固定计费包干使用,自负盈亏。

实行物业服务费用包干制的企业,物业服务费用的构成包括物业服务成本、法定税费和物业服务企业的利润。

（2）酬金制

在预收的物业服务资金中按约定比例或者约定数额提取酬金支付给物业服务企业,其余全部用于物业服务合同约定的支出,结余或者不足均由业主享有或者承担的物业服务计费方式。实行酬金制的物业服务费构成,即预收的物业服务资金包括物业服务支出和物业服务企业的酬金。

①代管:预收的物业服务支出属于代管性质,为所交纳的业主所有,物业服务企业不得将其用于物业服务合同约定以外的支出。

②定期公布:物业服务企业应当向业主大会或者全体业主公布物业服务资

金年度预决算,且每年不少于一次公布物业服务资金的收支情况。业主或者业主大会对公布的物业服务资金年度预决算和物业服务资金的收支情况提出质询时,物业服务企业应当及时答复。

③有权审计:物业服务收费采取酬金制方式时,物业服务企业或者业主大会可以按照物业服务合同约定,聘请专业机构对物业服务资金年度预决算和物业服务资金的收支情况进行审计。

物业服务企业不论采取包干制还是酬金制计费方式,在物业服务中均应遵守相关的法律法规,严格履行物业服务合同,为业主提供质价相符的服务。

8.3.3 物业服务费的构成

物业服务费一般包括物业服务成本、法定税费、物业服务企业利润几部分。

1)物业服务成本

物业服务成本构成一般包括以下部分:

①管理服务人员的工资、社会保险和按规定提取的福利费等。

②物业共用部位、共用设施设备的日常运行和维护费用。

③物业管理区域清洁卫生费用。

④物业管理区域绿化养护费用。

⑤物业管理区域秩序维护费用。

⑥办公费用。

⑦物业服务企业固定资产折旧。

⑧物业共用部位、共用设施设备及公众责任保险费用。

⑨经业主同意的其他费用。

值得注意的是,物业共用部位、共用设施设备的大修、中修和更新、改造费用,保修期内的,由开发建设单位承担,保修期外的,应当通过专项维修资金予以列支,不得计入物业服务成本。

2)法定税费

包括物业管理经营应缴纳的营业税、所得税、印花税、房产税、土地使用费、车船使用税等国家规定应缴纳的各种税费。

3)物业服务企业的利润

物业服务企业的利润是物业管理工作中降低服务成本,提高服务效率,其个别劳动时间低于社会平均劳动时间而取得的剩余劳动价值。物业服务企业作为依法成立的经济实体,应该获得合理利润,但物业服务企业一般是微利企业。

任务4　物业服务费测算

【知识准备】

物业投入管理运行之前,必须进行管理费用的测算,运行一年后,还要根据上年运行情况进行调整。费用测算方案要经物业服务企业审阅后提交业主委员会讨论审核通过之后,方可公布执行。

物业管理费的测算可以用一个简单的公式来表示:

$$X = \sum X_i$$

式中　X——计算出的物业管理费用标准(元/(月・平方米));

X_i——各分项费用收费标准(元/(月・平方米));

i——代表费用项数($i = 1,2,3,\cdots,n$);

$\sum$——表示对所有费用项目求和。

如前所述,物业服务费包括许多项目,但这并不表示全部费用项目都要列入费用测算。具体到某一特定物业服务企业,由于物业类型的不同,可能只用到上述费用项目中的一部分。总的来说,要想得到一个较为适用的费用标准,除了合理测算每项费用外,关键的是不要漏项,要尽可能把所有发生的费用项目全部计算在内。

1)管理服务人员的工资、社会保险和按规定提取的福利费等——X_1

该项费用是指物业服务企业的人员费用。包括基本工资、接规定提取的福利费、保险费、加班费和服装费等,但不包括管理服务人员的奖金。奖金应根据企业经营管理效益的好坏,从赢利中提取。

①基本工资 F_1(元/月)。根据企业性质参考当地平均工资水平确定。

②按规定提取的福利费 F_2(元/月)。包括:a. 职工福利费,按工资总额的14%计算;b. 工会经费,按工资总额的2%计算;c. 职工教育经费,按工资总额的1.5%计算。

③社会保险费 F_3。包括医疗保险、工伤保险、养老保险、待业保险、住房基金(含住房公积金)等。其中待业保险按工资总额的1%计算;医疗、工伤保险、养老保险和住房公积金根据当地政府的规定由企业确定。

④加班费 F_4。按人均月加班 2 天,再乘以日平均工资计算。日平均工资按每月 22 个工作日计算。

⑤服装费 F_5(元/月)。按每人每年两套服装计算,其服装标准由企业自定。住宅小区物业服务企业一般应不超过中档服装标准,计算出年服装费总额后再除以 12 个月,即得每月服装费。

该项费用测算方法是根据所管物业的档次、类型和总建筑面积先确定各级各类管理、服务人员的编制数;然后确定各自的基本工资标准,计算出基本工资总额;再按基本工资总额计算上述各项的金额;汇总后即为每月该项费用的总金额,最后分摊到每月每平方米建筑面积。

$$x_1 = \frac{\sum_{i=1}^{5} F_i}{S}$$

式中　S——总建筑面积,单位为平方米(以下公式中的 S 均指总建筑面积)。

2)物业共用部位、共用设施设备的日常运行、维护费用——X_2

该项费用包括物业楼宇内共用部位维修保养费,各类共用设施设备的日常运行、维修保养费以及公共照明费等。不包括业主拥有的房产内部的各种设备设施的维修、养护、更换与更新费用,共用设施设备的大、中修费用,电梯的运行、保养与维修费用,共用天线保养维修费用,高压水泵的运行、维修费用,冬季供暖费。这些费用按国家和当地的现行规定与标准分别向产权人和使用人另行收取。

该项费用可用以下两种方法进行计算:

(1)成本法

先分别测算各分项费用的实际成本支出,然后再求和。包括以下分项:

①共用建筑及道路的土建零修费 F_1(元/月)。

②给排水设备日常运行、维修及保养费 F_2(元/月)。包括电费和维修保养费,其中,

$$电费 = W \times 24 \times \alpha \times 30 \times P_电$$

式中　W——设备用电总功率;

　　　24——每天小时数;

　　　α——使用系数 = 平均每天开启时间/24;

　　　30——每月天数;

　　　$P_电$——电费单价(元/(千瓦时))。

③电气系统设备维修养护费 F_3（元/月）。

④燃气系统设备维修养护费 F_4（元/月）。

⑤消防系统设备维修养护费 F_5（元/月）。

⑥共用照明费 F_6（元/月）。包括大厅、门厅、走廊的照明及路灯、装饰灯（含节日装点灯）的电费和维修养护费。其中，

$$电费 = (W_1 \times T_1 + W_2 \times T_2 + \cdots + W_i \times T_i) \times 30 \times P_电$$

式中 W_i——每天开启时间为 T_i（小时）的照明电器的总功率（千瓦）；

T_i——每天开启时间（小时）。

上述 2—6 各项的维修养护费均是一个估算的经验值。

⑦不可预见费 F_7（元/月）。按前 6 项之和的 8% ~ 10% 计算。

⑧易损件更新准备金 F_8（元/月）。指一般共用设施设备的更新费用，如灯头、灯泡、水龙头等，不包括重大设施设备的更新费用。其测算公式为：

$$F_8 = \frac{\sum (M_i + I_i)}{12 \times Y_i}$$

式中 M_i——一般共用设施的购置费，包括照明系统、给排水系统、电气系统、消防系统等；

I_i——各设施的安装费用；

Y_i——各设施的正常、安全使用年限。

将上述 8 项费用求和后，再除以总建筑面积，即为每月每平方米建筑面积应分摊的费用，公式为：

$$X_2 = \frac{\sum_{i=1}^{8} F_i}{S}$$

成本法需要有较多物业管理的实践与经验，一般适用于高档住宅和写字楼、商贸中心等物业的费用测算。

（2）简单测算法

以每平方米物业建筑成本为基数，共用设施设备建造成本按建筑面积成本的 15% 计算，折旧年限按 25 年计算，每月每平方米建筑面积应分摊的物业共用部位、共用设施设备的日常运行、维护费按月折旧费的 40% 提取。公式为：

$$X_2 = \frac{每平方米建筑成本 \times 15\%}{25 年 \times 12 月 / 年} \times 40\%$$

简单测算法简便易行，一般适用于普通住宅小区的费用测算。测算时，要注意建筑成本应按现时同类物业的建筑成本计算。

3）物业管理区域清洁卫生费用——X_3

清洁卫生费指楼宇内共用部位及物业管理区域内道路环境的日常清洁保养费用。包括：

①清洁工具购置费（如垃圾桶、拖把等）F_1（元/年）。

②劳保用品费 F_2（元/年）。

③卫生防疫消杀费 F_3（元/年）。

④化粪池清掏费 F_4（元/年）。

⑤垃圾外运费 F_5（元/年）。

⑥清洁环卫所需的其他费用 F_6（元/年）。

上述各项费用可按实际情况匡算出各项年总支出，求和后再分摊到每月每平方米建筑面积上。公式为：

$$X_3 = \frac{\sum_{i=1}^{6} F_i}{12 \times S}$$

4）物业管理区域绿化养护费用——X_4

绿化养护费指物业环境内绿化的养护费用。包括绿化工具费（如锄头、草剪、枝剪、喷雾器等）、劳保用品费（手套、口罩、草帽等）、绿化用水费、农药化肥费、杂草杂物清运费、补苗费、小区环境内摆设的花卉等费用。

（1）成本法

①绿化工具费 F_1（元/年）。

②劳保用品费 F_2（元/年）。

③绿化用水费 F_3（元/年）。

④农药化肥费 F_4（元/年）。

⑤杂草清运费 F_5（元/年）。

⑥景观再造费（包括补苗费、环境内摆设花卉等费用）F_6（元/年）。

把上述各项费用按年估算，除以 12 个月和总建筑面积即得出每月每平方米应分摊的绿化养护费。公式为：

$$X_4 = \frac{\sum_{i=1}^{6} F_i}{12 \times S}$$

（2）简单测算法

按每平方米绿化面积确定一个养护单价，如：0.10～0.20 元/（月·平方米），乘以总绿化面积再分摊到每平方米建筑面积上。

绿化面积用总建筑面积除以容积率再乘以绿化覆盖率计算,也可按实际绿化面积计算。

绿化员工的定编人数可以根据各地实际情况确定,考虑到季节变化、气候条件、植被树木养护的难易程度等,通常每 4 000 ~ 6 000 平方米绿化面积设绿化工 1 人。

计算公式为:

$$X_4 = \frac{绿化面积 \times 养护单价}{S}$$

$$绿化面积 = \frac{S}{容积率} \times 绿化覆盖率$$

5)物业管理区域秩序维护费用——X_5

物业管理区域秩序维护费用包括:

①秩序维护器材装备费 F_1(元/年)。具体项目有:

a. 秩序维护系统日常运行电费、维修与养护费。

b. 日常秩序维护器材费(如对讲机、警棍等)。

c. 更新准备金。其计算公式为:

$$更新准备金 = \frac{M_秩 + I_秩}{Y}$$

式中　　$M_秩$——秩序维护系统购置费;

　　　　$I_秩$——秩序维护系统安装费;

　　　　Y——秩序维护系统正常使用年限。

②秩序维护人员人身保险费 F_2(元/年)。

③秩序维护用房及秩序维护人员住房租金 F_3(元/年)。

按实际情况匡算出各项费用年总支出,求和后再分摊到每月每平方米建筑面积上。计算公式为:

$$X_5 = \frac{\sum_{i=1}^{3} F_i}{12 \times S}$$

6)办公费用——X_6

办公费是指物业服务企业开展正常工作所需的有关费用。包括:

①交通费(含车辆耗油、维修保养费、车辆保险费、车辆养路费等)F_1(元/年)。

②通讯费(电话费、传真费、传呼机服务费、上网费、移动电话服务费、电报

费等)F_2(元/年)。

③低值易耗办公用品费(如纸张、笔墨、打印和复印费等)F_3(元/年)。

④书报费F_4(元/年)。

⑤广告宣传社区文化费F_5(元/年)。

⑥办公用房租金(含办公用房水电费)F_6(元/年)。

⑦其他杂项F_7(元/年)。

上述各项费用一般按年先进行估算,汇总后再分摊到每月每平方米建筑面积上。对已实施物业管理的物业,可依据上年度的年终决算数据得到该值。计算公式为:

$$X_6 = \frac{\sum_{i=1}^{7} F_i}{12 \times S}$$

7)物业服务企业固定资产折旧费用——X_7

该项费用指物业服务企业拥有的各类固定资产按其总额每月应分摊提取的折旧费用。各类固定资产包括:

①交通工具(汽车、摩托车、自行车)F_1(元)。

②通讯设备(电话机、手机、传呼机、传真机等)F_2(元)。

③办公设备(桌椅、沙发、电脑、复印机、空调机等)F_3(元)。

④工程维修设备(管道疏通机、电焊机等)F_4(元)。

⑤其他设备F_5(元)。

按实际拥有的上述各项固定资产总额除以平均折旧年限(一般为5年),再分摊到每月每平方米建筑面积上。计算公式为:

$$X_7 = \frac{\sum_{i=1}^{5} F_i}{5 \times 12 \times S}$$

8)物业共用部位、共用设施设备及公众责任保险费用——X_8

在物业管理过程中,所管物业难免会受到自然灾害的影响或意外事故的破坏。因此,应充分利用保险,减少损失,在意外事故发生后能尽快恢复正常生产和生活。通过保险,有利于保证物业财产的安全,减少物业的经济损失,有利于推动物业管理工作的持续进行。

（1）险种选择

险种的选择是根据所管物业的类型和使用性质来决定的,同时也要考虑业主的意愿和承受能力。业主如有异议,则必须经过业主委员会或业主大会讨论决定并形成法律文件。物业服务企业一般应投保物业共用部位、共用设施设备财产保险、公共责任险等,将可能遇到的风险化解,避免经济上的损失。

①物业共用部位、共用设施设备财产保险。购买保险之前,物业服务企业应依照物业服务公约的投保要求,聘请专业测量师对投保额进行估价,然后向信誉好的保险公司投保,以便物业在遭受火灾、水浸及其他受保的风险所造成毁坏时能获得补偿,保障业主的利益。

②公众责任险。公众责任险又称普通责任险,它主要承保被保险人在公共场所进行生产、经营或其他活动时,因发生意外事故而造成的他人人身伤亡和财产损失,依法应由被保险人承担的经济赔偿责任。随着我国法律制度的逐步健全,机关、企事业单位及个人在经济活动过程中常常因管理上的疏忽或意外事故造成他人人身伤亡或财产损失,依照法律须承担一定的经济赔偿责任,伴随着公众索赔意识的增强,此类索赔逐渐增多,影响当事人经济利益及正常的经营活动顺利进行。公众责任险正是为适应上述机关、企事业单位及个人转嫁这种风险的需要而产生的。公众责任险可适用于工厂、办公楼、旅馆、住宅、商店、医院、学校、影剧院、展览馆等各种公众活动的场所。

公众责任险的形式很多,主要有普通责任险、综合责任险、场所责任险、电梯责任险、承包人责任险等。此类保险通常没有固定保额,保险公司通常会以每次索赔的最高赔偿限额为依据,再视物业大小及类型签订保价。购买此类保险后,投保人对第三者在该物业公共地方所发生的意外造成的赔偿责任,便由保险公司承担。比如:大厦外墙脱落击伤行人或砸坏车辆、电梯困人造成第三者受伤、私家车被盗等情况发生,而物业服务企业被控并证明确有职责疏忽时,保险公司须对受害者依法做出赔偿。

（2）保险费分摊

其计算公式为:

$$X_8 = \frac{M \times R}{12 \times S}$$

式中　M——年投保总金额;

　　　R——保险费率。

9）经业主同意的其他费用

除上述费用外,经业主同意的其他费用如电梯费、中央空调费等也应列入物业管理费用。

（1）电梯费——X_9

电梯费包括以下项目：

①电费 F_1（元/月）。其计算公式如下：

$$电费 = n \times W \times 24 \times \alpha \times 30 \times P_电$$

式中　n——电梯数；

　　　W——电梯功率；

　　　24——每天小时数；

　　　α——电梯使用系数，由于写字楼、商厦、公寓的电梯使用时间和频率不同，因此电梯使用洗漱也会有差别，它可以通过统计的方法进行估计，其值大致为 0.3 ~ 0.6；

　　　30——每月天数；

　　　$P_电$——电费单价（元/千瓦时）。

②维修费。包括材料费和专门人工费 F_2（元/月）。

③不可预见费 F_3（元/月），按以上①~②项的 10% 计算。

由上述各项费用除以带电梯的物业建筑面积，可得到每月每平方米建筑面积应摊的电梯费。其计算公式为：

$$X_9 = \frac{\sum_{i=1}^{3} F_i}{S_梯}$$

式中　$S_梯$——带电梯的物业面积。

（2）中央空调费——X_{10}

中央空调费包括以下项目：

①电费 F_1（元/月）。中央空调的公共用电有主机和辅机（水泵、冷却塔等）两部分，所以，

$$电费 = [n_主 \times W_主 \times b_主 + (n_泵 \times W_泵 + n_塔 \times W_塔) \times b_塔] \times T \times 30 \times P_电$$

式中　$n_主$——主机台数；

　　　$W_主$——主机功率；

　　　$b_主$——主机负荷系数；

　　　$n_泵$——水泵台数；

　　　$W_泵$——水泵功率；

　　　$n_塔$——冷却塔电机台数；

　　　$W_塔$——冷却塔电机功率；

$b_{塔}$——辅机负荷系数；

T——每天中央空调的工作时间（小时）；

30 ——每月天数；

$P_{电}$——电费单价（元/千瓦时）。

②水费 F_2（元/月）。

③维修费 F_3（元/月）。仅指共用部分，包括材料和人工费用，各业主户内风机由业主负责维修费用。

④不可预见费 F_4（元/月），按以上①—③项的10%计算。

由上述各项费用除以使用中央空调的物业建筑面积，可得到每月每平方米建筑面积应分摊的中央空调费。其计算公式为：

$$X_{10} = \frac{\sum_{i=1}^{4} F_i}{S_{空调}}$$

式中 $S_{空调}$——使用中央空调的物业面积。

值得注意的是，由于办公室、商场的人流量不同，因而中央空调的制冷量在设计时也不一样。在计算出中央空调费之后，各类型物业要根据其设计数据调整相应费用。比如商场制冷量一般是写字楼的2倍，所以对于商场中央空调费的分摊就应是 $2 \times X_{10}$ 元/（月·平方米）。

10）利润——X_{11}

前述各项费用都是物业管理所需的实际支出。物业服务企业的利润率可根据管理的水平、管理成效，由物业服务企业和业主委员会商定，一般服务性行业的利润率在8%～15%。按前10项之和乘以利润率即得到每月每平方米建筑面积应分摊的利润额。计算公式为：

$$X_{11} = \sum_{i=1}^{10} X_i \times a$$

式中 a——利润率。

11）法定税费——X_{12}

法定税费指按现行税法规定物业服务企业在进行企业经营活动过程中应缴纳的税费。物业服务企业享受国家对第三产业的优惠政策，应缴纳的税费主要是两税一费。

①营业税 F_1（元/（月·平方米））。按企业经营总收入的5%征收，即按前11项之和作为基数再乘以5%计算征收，其计算公式为：

$$F_1 = \sum_{i=1}^{11} X_i \times 5\%$$

②城市建设维护税 F_2（元／（月·平方米））。城市建设维护税按营业税税额的 7% 征收，每月每平方米建筑面积应分摊的数额为：

$$F_2 = F_1 \times 7\%$$

③教育附加费 F_3（元／（月·平方米））。教育附加费按营业税税额的 3% 征收，每月每平方米建筑面积应分摊的数额为：

$$F_3 = F_1 \times 3\%$$

两税一费合计为经营总收入的 5.5%。法定税费的计算公式为：

$$X_{12} = F_1 + F_2 + F_3 = \sum_{i=1}^{11} X_i \times 5.5\%$$

12）漏交率——X_{13}

由于多种原因，物业管理服务费的收缴不可能达到 100%，这就产生了漏交率的问题。如果将因个别业主漏交而造成的损失摊到其他业主身上，显然是不合理的，但由物业服务企业完全负担这部分损失也是不尽合理的。解决这一问题的正确途径是一方面从业主、业主委员会到物业服务企业要尽可能提高物业管理服务费的收缴率，同时在进行物业管理经费财务预算时要注意留有一定的余地。测算时可估计 3% 的漏交率。

最终得出物业服务费标准为前 12 项之和。

即，$X = X_1 + X_2 + \cdots + X_{13} = \sum_{i=1}^{13} X_i [$元／（月·平方米）$]$

【操作示范】

【例 8.1】 物业管理费用测算。

某小区 2009 年 3 月竣工，为普通多层、高层住宅小区，由永华物业服务企业对小区实行统一的物业管理。该小区总占地面积：20.60 万平方米；总建筑面积：28.43 万平方米；总户数：2 900 户；容积率：1.38；绿地率：38%。

该小区物业管理费用测算如下：

1. 管理服务人员的工资、社会保险和按规定提取的福利费等。

①人员编制和基本工资标准见表 8.1。

表 8.1　人员编制与基本工资标准

序号	人　员	人数/人	工资标准/(元/月)	总额/(元/月)
1	项目经理	1	4 500	4 500
2	项目副经理	1	3 200	3 200
3	主管	4	2 800	11 200
4	维修人员	4	1 500	6 000
5	客户服务人员	9	1 500	13 500
6	绿化员	10	1 200	12 000
7	保洁员	11	1 000	11 000
	维序员	20	1 600	32 000
合　计		64	93 400	

注:主管4人分别为工程主管(负责维修)、环境主管(负责绿化与保洁)、维序主管(负责维序、交通)、客服主管(负责公共事务)。

②费用测算。管理服务人员的工资、社会保险和按规定提取的福利费测算见表8.2。

表 8.2　管理服务人员的工资、社会保险和按规定提取的福利测算表

序号	项　目	依　据	金额/(元/月)	测算结果/[元/(月·平方米)]
1	基本工资	表8.1	93 400	0.328 5
2	福利费	工资总额的17.5%	16 345	
	其中:职工福利费	工资总额的14%	13 076	
	工会经费	工资总额的2%	1 868	
	教育经费	工资总额的1.5%	1 401	
3	社会保险费	工资总额的32%	29 888	
4	加班费	人均月加班2天	9 136	
5	服装费	800元/(人·年)	4 267	
6	合计(2~5项)		59 636	0.209 8

注:①社会保险总计为工资总额的32%,其中医疗保险6%,待业保险1%,养老保险19%,住房公积金6%。
②服装费按平均每人每年800元计算。则,服装费 = 800 × 64 ÷ 12 ≈ 4 267(元/月)

2. 物业共用部位、共用设施设备的日常运行、维护费用。采用简单测算法进行测算。住宅建造成本按 4 000 元/平方米计算，共用部位、共用设施设备成本统一按 15% 计取，折旧年限按 25 年计算，物业共用部位、共用设施设备的日常运行、维护费用按每月折旧费的 30% 提取。

$$日常运行、维护费用 = \left(\frac{4\,000 \times 15\%}{25 \times 12}\right) 元/(月 \cdot 平方米) \times 30\% = 0.6 元/(月 \cdot 平方米)$$

高层建筑的电梯、高压水泵等按规定另行收费，未计入。

3. 物业管理区域清洁卫生费用测算见表8.3。

表8.3　清洁卫生费用测算表

序号	项　目	测算依据	金额 /(元/年)	测算结果 /[元/(月·平方米)]
1	工具购置费	300(人·年)	3 300	
2	劳保用品费	150(人·年)	1 650	
3	消杀费	8 元/(户·年)	23 200	
4	化粪池清掏费	注①	34 800	
5	垃圾外运费	注②	278 400	
6	其他费用	注③	60 000	
7	合　计		401 350	0.117 6

注:①化粪池清掏由环卫公司承包,小区化粪池29个,每年清掏1次,每次每个化粪池8车,每车清运费150元,全年合计21 600元。

②垃圾外运由环卫公司承包,垃圾外运费合计278 400元。

③其他费用包括清洁工外来人员暂住证费及不可预见费用等,全年约为60 000元。

4. 物业管理区域绿化养护费用。小区绿化面积 78 000 平方米,绿化养护费用测算见表8.4。

表8.4　绿化养护费用测算表

序号	项　目	测算依据	金额 /(元/年)	测算结果 /[元/(月·平方米)]
1	绿化工具费	120(人·年)	1 200	
2	劳保用品费	120(人·年)	1 200	
3	绿化用水费	2 吨/(平方米·年), 1.5 元/平方米	234 000	

序号	项　目	测算依据	金额 /（元/年）	测算结果 /［元/（月·平方米）］
4	农药化肥费	0.6（平方米·年）	46 800	
5	杂草清运费	注①	24 000	
6	景观改造费	0.4（平方米·年）	31 200	
7	合　计		338 400	0.099

注:（1）杂草清运费由环卫公司承包,每年 24 000 元。

5.物业管理区域秩序维护费用。物业管理区域秩序维护费用测算见表8.5。

表 8.5　物业管理区域秩序维护费用测算表

序号	项　目	测算依据	金额 /（元/年）	测算结果 /［元/（月·平方米）］
1	装备费	500（人·年）	10 000	
2	人身保险费	注①	1 600	
3	房租	注②	24 000	
4	合　计		35 600	0.010

注:①物业管理区域维序人员每人每年投保 20 000 元人身意外伤害险,保险费率为 0.4%。
②物业管理区域维序人员房租按每人每月 100 元预算。

6.办公费用。按上一年度年终决算,全年办公费约 60 万元。考虑到物价上涨因素,按 70 万元计,则每月每平方米建筑面积应分摊的办公费为:

$$办公费 = \left(\frac{700\ 000}{12 \times 284\ 300}\right) 元/（月·平方米） = 0.205\ 2\ 元/（月·平方米）$$

7.物业服务企业固定资产折旧。固定资产总额为 60 万元,平均折旧年限为 5 年,则

$$折旧费 = \left(\frac{600\ 000}{5 \times 12 \times 284\ 300}\right) 元/（月·平方米） = 0.035\ 2\ 元/（月·平方米）$$

8.物业共用部位、共用设施设备及公众责任保险费用。设物业共用部位、共用设施设备及公众责任保险年投保总金额为 5 000 000 元,保险费率为

0.5%，则每月每平方米建筑面积分摊的保险费为：

$$保险费 = \left(\frac{5\,000\,000 \times 0.5\%}{12 \times 284\,300}\right) 元/(月 \cdot 平方米) = 0.007\,3\ 元/(月 \cdot 平方米)$$

9. 物业服务企业的利润。利润取10%，则

$$利润 = 前8项之和 \times 10\%$$

$$= \{[(0.328\,5 + 0.209\,8) + 0.6 + 0.117\,6 + 0.099 + 0.010 + 0.205\,2 +$$

$$0.035\,2 + 0.007\,3] \times 10\%\} 元/(月 \cdot 平方米)$$

$$= 1.612\,6 \times 10\%\ 元/(月 \cdot 平方米)$$

$$= 0.161\,3\ 元/(月 \cdot 平方米)$$

10. 法定税费。因两税一费为前9项之和的5.5%，则

$$税费 = 前9项之和 \times 5.5\%$$

$$= 1.774\ 元/(月 \cdot 平方米) \times 5.5\%$$

$$= 0.097\,6\ 元/(月 \cdot 平方米)$$

某小区物业管理费用测算汇总见表8.6。

表8.6　物业管理费用测算汇总表

序号	项　目	金额/[元/(月·平方米)]	总费用比例/%
1	工资福利费	0.538 3	28.76
2	共用部位、共用设施设备的日常运行、维护费用	0.6	32.06
3	清洁卫生费用	0.117 6	6.28
4	绿化养护费用	0.099	5.29
5	秩序维护费用	0.010	0.53
6	办公费用	0.205 2	10.97
7	固定资产折旧	0.035 2	1.88
8	共用部位、共用设施设备及公众责任保险费用	0.007 3	0.39
9	利润	0.161 3	8.62
10	法定税费	0.097 6	5.22
11	合　计	1.871 5	100

任务5 物业服务费收取

【知识准备】

8.5.1 物业服务费的缴纳对象

在物业管理活动中,物业服务企业为业主提供物业服务,业主支付物业服务企业物业服务费用。在物业服务合同法律关系中,提供物业服务和支付物业管理服务费用是物业服务企业和业主的主要义务。物业服务费用是物业服务合同的必备内容之一,

物业服务费用缴纳的对象有3种不同情况:

第一种是由业主缴纳。业主缴纳物业服务费用是最普遍的现象。业主是物业的所有权人,在物业管理活动中,物业服务企业受业主委托,对业主的物业进行管理,为业主提供服务,因此,业主理所当然地应当向物业服务企业支付相应的服务费用。

第二种是由使用人缴纳。在现实生活中,业主拥有的物业不一定为业主所占有和使用。当业主将其物业出租给他人或者交由他人使用时,业主可以和物业使用人约定,由物业使用人缴纳物业服务费用。实际上,物业使用人是代业主履行合同义务。鉴于物业使用人实际占有和使用物业,是真正享受物业服务的人,因此业主与物业使用人约定由物业使用人缴纳物业服务费用的,要从其约定。同时,考虑到业主毕竟是缴纳物业服务费用的第一责任人,业主的地位相对稳定,而物业使用人并不是物业服务合同的当事人,且其变动相对较快,为了保障物业服务企业的合法权益,即使业主与物业使用人有约定,业主仍然负连带缴纳责任,所谓连带缴纳责任,是指当物业使用人不履行与业主关于物业服务费用缴纳的约定时,业主仍负缴纳物业服务费用的义务,物业服务企业可以直接要求业主支付物业服务费用。

第三种是由建设单位缴纳。在一个物业管理区域内的新建物业,产权的多元化需要一个过程。在建设单位销售物业之前,建设单位是唯一的业主。如果建设单位聘请了物业服务企业实施前期物业管理服务的,应当支付物业管理服务费用。在物业开始销售使用时,建设单位仍然需要就没有售出的物业以及没有交付给业主的物业缴纳物业服务费用,因为已竣工而没有售出物业的产权仍

然属于建设单位,作为产权人当然有义务缴纳服务费用;对于没有交付给物业买受人的物业而言,物业的实际占有人还是建设单位,物业的产权往往也还没有转移给买受人,买受人也没有享受到物业服务,因此,已竣工但尚未出售或者尚未交给物业买受人的物业,物业服务费用由建设单位缴纳。

8.5.2 物业服务费的收取

1)物业服务费的收取依据和方式

（1）收取依据

国家发改委和建设部 2004 年 1 月 1 日起实施的《物业服务收费管理办法》。物业服务费的收取是物业服务企业有偿服务、按质论价、质价相符的重要体现。确定收费标准时应当坚持"谁受益、谁负担"的原则,以业养业,取于物业用于物业,物业服务费用应测算科学合理,收取稳定,真正成为物业管理与服务经费最主要最管的理不稳定的来源。

根据《物业服务收费管理办法》,各地规定具体办法,如福建省物价局、福建省住房和城乡建设厅自 2010 年 8 月 1 日起执行的《福建省物业服务收费管理办法》,福州市物价局、福州市住房保障和房产管理局自 2011 年 3 月 1 日起执行的《福州市物业服务收费管理实施细则》。

（2）收取方式

为了方便广大业主及时缴纳物业管理费,物业服务企业应允许业主采取下列缴费方式:

①现金及 POS 机刷卡缴费。该方式由业主在工作日规定时间内直接前往物业管理处进行缴费,如规定周一至周五 8:30—17:30、周六周日 9:00—16:00 为缴费时间。

②银行汇款或转账缴款。该缴费方式需要业主到银行网点办理银行汇款或转账。办理时需在备注栏,写明完整的房号及姓名,以便查询。如果是选择现金汇款,则需要将银行回执单寄至管理处备查,款到后管理处将及时通知业主并开具发票。

③网上转账汇款。如果业主已开通网上银行,可在网上银行操作选择"转账汇款",汇款后请及时与管理处联系,并告知具体的汇款金额与时间;资金到账确认后,管理处会及时开具发票并告知业主。网上银行支付办法具体可查询各大银行网站。

④上门收取。对于非常住业主或因工作繁忙不能到物业处缴纳费用的业

主,可提前1~2天预约,管理处将安排人员上门收取,并带上已开具的发票。该方法会增加物业服务企业的工作量。所以其上门收费的范围一般仅限于同城。

2)物业服务费的收取原则

物业管理服务费收取标准一方面要受国家有关政策、法规的制约,不能乱收费;另一方面,还要受到用户收入水平高低的限制。因此,物业管理服务费收取标准的确定要遵循一些原则。

(1)合理原则

在物业管理实际操作中,核定收取物业服务费用,应当既要充分考虑物业服务企业的利益,使物业服务企业能有一定的利润,也要考虑业主的经济承受能力,还要考虑到各地区的经济水平。

(2)公开原则

物业服务企业有义务公开服务项目和收费标准,规范物业服务企业对用户提供的特约有偿服务,并实行明码标价,定期向业主和物业使用人公布收支情况,接受业主和物业使用人的检查和监督。

(3)服务费用与服务水平相适应的原则

物业管理服务的收费标准应与服务质量相适应,坚持质价对应、收费项目与收费标准对称的原则。

3)物业服务费的收缴程序

物业管理费的收缴,主要是提前发放收费通知单。收费通知单每月要及时送达业主或使用人手中,并由业主或使用人签收。

在催缴物业管理费的过程中,物业服务企业应当注意做好催款工作的书面记录。收缴物业管理费的通常程序如下:

催款通知单　电话与业主沟通　最后通知书　按法律程序裁决。

4)真假人民币的识别

(1)人民币的常识

人民币是我国的法定货币。1948年12月1日,中国人民银行在石家庄宣告成立,同日发行了第一套人民币,迄今为止,中国人民银行已发行了五套人民币,现在流通的是第四套和第五套人民币。

第一套人民币从1948年12月1日开始发行,由于当时各解放区的环境和全国解放初期条件限制,第一套人民币的设计思想还不够统一。钞票种类多、面额大小差别大,共有12种面额62版别,其中1元券2种,5元券4种,10元券

4 种,20 元券 7 种,50 元券 7 种,100 元券 10 种,200 元券 5 种,500 元券 6 种,1 000 元券 6 种,5 000 券 5 种,10 000 元券 2 种,50 000 元券 4 种。1951 年底,除了西藏自治区和台湾省外,全国范围内货币已经统一,人民币成为我国唯一合法货币。1955 年 5 月 10 日起该套人民币在市场上停止流通。

第二套人民币从 1955 年 3 月 1 日开始发行,共发行 11 种面额 16 种版别,其中 1 分券 2 种,2 分券 2 种,5 分券 2 种,1 角券 1 种,2 角券 1 种,5 角券 1 种,1 元券 2 种,2 元券 1 种,3 元券 1 种,5 元券 2 种,10 元券 1 种。第二套人民币和第一套人民币折合比率为:第二套人民币 1 元等于第一套人民币 10 000 元。第一套除分币外,1999 年 1 月 1 日起该套人民币在市场上停止流通。

第三套人民币从 1962 年 4 月 20 日起开始发行,共发行了 7 种面额 13 种版别,其中 1 角券 4 种,2 角券 2 种,5 角券 2 种,1 元券 2 种,2 元券 1 种,5 元券 1 种,10 元券 1 种。2000 年 7 月 1 日起该套人民币在市场至停止流通。该套人民币是我国截至目前发行、流通时间最长的一套人民币。

第四套人民币从 1987 年 4 月 27 日起开始发行,共发行了 9 种面额 17 种版别,其中 1 角券 2 种,2 角券 1 种,5 角券 2 种,1 元券 4 种,2 元券 2 种,5 元券 1 种,10 元券 1 种,50 元券 2 种,100 元券 2 种。第四套人民币是筹划设计时间最长的一套人民币,从 1967 年 1 月总行提出设计第四套人民币的设想,到 1985 年 5 月定案,历时 18 年。

第五套人民币从 1999 年 10 月 1 日起开始发行,现已发行了 8 种面额 9 种版别,其中 1 角券 1 种,5 角券 1 种,1 元券 2 种,5 元券 1 种,10 元券 1 种,20 元券 1 种,50 元券 1 种,100 元券 1 种。为了提高第五套人民币的印制工艺和防伪技术,经国务院批准,中国人民银行对第五套人民币(1999 年版)的生产工艺、技术进行了改进和提高。改进提高后的 2005 年版第五套人民币 100 元,50 元,20 元,10 元,5 元纸币和 1 角硬币于 2005 年 8 月 31 日发行流通。

(2)假钞的种类及特点

伪造币因仿制的手段不同而各有独自的特点,现按其不同的仿制手段分述如下:

①手绘假钞。这是按照真币的样子临摹仿绘的,一般质量比较粗劣,但在过去是比较常见的一种假钞。它的特点是使用普通的胶版纸或书写纸,颜色则是一般的绘画颜料或广告色,看起来笔调粗细不匀,颜色和图纹与真币差异较大。这类假钞较易识别,但老人、小孩较易受骗。

②蜡印假钞。这是手工刻制蜡纸版油印的假钞。制作方法一般是在蜡纸上按照真币的样子刻制图纹蜡版,再以油墨黑白漏印在纸上,然后在图纹上着

颜色。也有的是用彩色油墨,在蜡版上印刷。它的特点是由于刻制蜡版时手法有轻有重,使蜡版漏墨多少不一样,结果颜色深浅不一,很不协调,漏墨过多的地方还易出现油浸现象。又因蜡纸比较柔软,印制中容易使图纹变形。所以,这类假钞较易识别。

③石印假钞。这是用石版和石印机印制的假钞。它的制作方法,一般是在石板上手工或用机器雕刻制成印版,然后在小型机具上印制。这类假钞的质量虽比前述两类假钞好一些,但印制效果仍较粗劣。由于石版较硬,容易出现油墨外溢或油浸现象。并且因印版表面不平整,使印出的图纹虚虚实实深浅不一,画面不协调。由于印版刻制不精确,套色印刷也不可能十分准确,从而出现重叠、错位、漏白等问题,对其识别也较容易。

④手刻凸版假钞。这是木质印版印制的假钞。这种假钞的制作方法是用木板作为基料,采取手工雕刻方法制成凸版的印版,在小型机具上印制的。它的特点也是质量粗劣。由于木板有天然的木质纹路,纹路与非纹路之处吃墨程度不一样,从而印出的图纹往往也有深有浅,套色也不准确,存在重叠、错位等现象,也较易识别。

⑤拓印假钞。这是用真币拓印成的假钞。它的制作方法是,以真币为基础,用某种化学药品使真币上的图纹油墨脱离一部分拓印到另外的纸上而形成假钞。这种假钞又叫做拓印币,它的图案、花纹等和真币完全一样,无懈可击,但由于它只得到真币上的一部分油墨,因此墨色较浅,画面形态显得单薄清秀,给人以一种膜脆的感觉。真币被拓印后也遭受到一定损坏,有的颜色变浅或图纹模糊不清,又叫做被拓印币。被拓印币虽是真币形成的,但它的背后必定有拓印假币,因此更值得注意。

⑥复印合成假钞。这是利用黑白复印机制作的假钞。它的制作方法是先将真币在复印机上复印出真币的黑白图案花纹,再用彩色套印的方法合成钞票样的假钞。这种假钞的印制效果比前述各种假钞要精细些,但在人民币的各种防假措施面前它的仿制却无能为力,特别是在纸张、油墨等方面难以乱真,通过一定方法即可予以鉴别。

⑦机制假钞。这是利用特制的机器设备伪造的假钞。它的制作方法,一般是用手工或机器雕刻制版,或利用照相、电子扫描分色制版,在中小型印刷机上印制。机制假钞又有机制胶印假钞和机制凹印假钞之分。这类假钞仿造的效果逼真,一次印制的数量也较多,易于扩散,危害较大。虽然它采用了较高级的设备和真币的个别印制技术,容易以假乱真,但它不可能使用人民币的全部防伪技术,总还是存在理种种漏洞和伪造的痕迹,通过一定的方法仍能予以鉴别。

⑧彩色复印假钞。这是利用彩色复印设备伪造的假钞。这种假钞的制作，需要比较高级的彩色复印设备，一般的伪造者是无法解决的。彩色复印在图纹、图景方面容易做到逼真，但在纸张、油墨、凹印等方面与真币有明显区别，通过一定的仪器或高倍显微镜就可以看出它的破绽。

⑨照相假钞。这是利用真币照版制作的假钞。它的制作方法是把真币拍摄、冲洗成照片，经过剪贴制作的。这种假钞的纸张厚脆，易于折断，并且假钞表面有光泽，与真币截然不同，较易识别。

⑩剪贴假钞。这是剪贴真币图片制成的假钞。它的制作方法是，将报纸、刊物或画册上印的人民币图片剪下来，正面和背面粘合起来即成。这种假钞与真币的差别很大，报刊图片的纸薄而绵软，画册图片的纸一般较厚而脆硬，并且币面的颜色和大小都不一样，很易识别。

（3）假钞的识别办法

①感观识别法。人们在日常生活不借助仪器，可以通过人们的各种感觉和视觉来判断票种的真伪性，这也是使用最为普通的鉴别方法。

眼看：看票面的颜色、轮廓、花纹、水印、安全线、图案等。真币花纹线条粗细均匀，图案清晰，层次分明，水印透视图案清晰，层次分明有立体效果，而假币线条凌乱，粗细不一，层次平淡，水印粗糙模糊。

手摸：是通过对票面光滑程度，纸质粗细，厚薄，柔韧性，凹凸特点等反复抚摸，现行5元以上面额的人民币均采用了凹版印刷技术，用手指触摸真币主要图案、行名、少数民族文字、盲文等，有凹凸感，假币一般不是雕刻凹版印刷，没有凹凸感，手感平滑。

耳听：钞票纸都是专用纸，坚韧结实，挺括度好，耐折耐磨，拿起纸币一端，轻弹或抖动，能发出清脆的声音；由于假币是普通纸印刷，抖动声混浊不清，声响发闷不脆。

②仪器鉴别。用以上方法很难鉴别真伪时，就需要助于检测仪器来鉴别。简单的是用放大镜观感，看其线条，图案是否与真币相同。还可利用磁性检测仪和紫光灯检测，看在磁性印记部位有无磁性反应，有紫光灯下检测无色荧光图纹，以及是否出现异常荧光反应。

③硬币识别法。假硬币的图案，花纹模糊，粗糙，手摸有割手的感觉，而真币手感光滑。真币是一次性压印而成，正反两面图文方向完全一致，而假硬币的正反两面通过两次分别压印，图文方向不可能完全一致，有错位现象。真币的材料是钢芯镀镍，一般不易生锈，而假硬币一经流通，大多锈迹斑。真币能用磁铁吸起，不能被磁铁吸起的肯定是假硬币。2000年以后发行的第五套人民币硬

一元币边缘印有 RMB 字样,假硬币一般没有。

8.5.3 物业管理费的使用原则

1)专款专用原则

专项资金必须专项使用,严禁挤占、挪用,保证专项物业管理资金的需要,维护业主和使用人的权益。

2)效益原则

坚持效益原则,必须加强资金使用的核算工作,做到事先预算、事后核算,以最少的资金投入,取得最大的收益;同时要注意资金使用的安全,不能顾此失彼。

3)民主管理原则

物业服务企业应公开物业服务企业资金的使用情况,定期公布账目,主动接受业主和使用人的监督。

8.5.4 逾期不缴纳物业服务费的法律责任

《物业管理条例》规定了业主逾期不缴纳物业服务费用的法律责任。即业主违反物业服务合同约定,逾期不缴纳物业服务费用的,业主委员会应当督促其限期交纳;逾期仍不交纳的,物业服务企业可以向人民法院起诉。

业主和物业服务企业之间是平等的民事法律关系,物业服务企业按照物业服务合同的约定提供一定标准的服务,业主按时缴纳物业服务费。业主不缴纳物业服务费构成了违反物业管理合同约定或者业主公约规定的行为,应当承担相应的法律责任。

业主逾期不缴纳物业服务费,这一违法行为有双重性质。首先,对于物业服务企业而言,业主享受了服务而不缴纳服务费,是一种违约行为;其次,对于物业管理区域内的其他业主而言,这种"搭便车"的行为,实际上侵害了按时缴费的业主的权益,是对业主共同利益的侵犯。业主大会可以在业主公约中对这类行为约定相应的处理办法。物业服务费应按月或按季缴纳,按照《物业管理条例》的规定,业主逾期不缴纳物业服务费用的,由业主委员会代表全体业主督促其限期缴纳,体现了业主的自我管理、自我监督。对于以种种理由仍不缴纳的,按照《民事诉讼法》的有关规定,物业服务企业可以向法院提起诉讼,追究其违约责任,强制其缴纳。虽然督促欠费业主缴费的是业主委员会,但是物业服务企业起诉的对象只能是单个业主。

拓展训练

一、简答题

1. 根据财务管理的特点,物业服务企业财务部门通常需要设置哪些岗位? 各有哪些职责?

2. 物业服务企业资金的筹措有哪些渠道?

3. 物业管理周期与资金使用量如何确定?

4. 什么是物业管理费? 其主要包括哪些内容?

5. 管理服务人员的工资、社会保险和按规定提取的福利费包括哪些内容? 如何进行测算?

6. 物业共用部位、共用设施设备的日常运行、维护费用包括哪些内容? 如何进行测算?

7. 物业收费的项目按其来源途径有哪些内容?

8. 物业管理费在使用中应遵循哪些原则?

9. 什么是物业服务收费? 物业服务收费应遵循哪些原则?

二、实践与训练

1. 某物业管理公司管理一高层住宅小区,近期收到部分业主投诉及建议,具体意见汇总如下:

①部分楼梯间陈旧,要求进行粉刷;

②楼道灯损坏频率高,建议及时检查更换;

③某部电梯安全隐患严重,需要大修;

④建议小区外墙全部翻新;

⑤部分业主要求减免物业服务费;

⑥小区老鼠和蚊蝇较多,建议采取措施。

问题:

①解决上述问题,需要资金投入的项目有哪些? 费用如何解决(不考虑人工、培训等管理成本的增加)?

②在上述所有问题中,物业服务企业不可能满足业主要求,仅需要进行必要的沟通和解释的项目是哪一项? 为什么?

2. 2007 年下半年,成都某小区 40% 的业主拒绝向某物业管理公司交纳物

业服务费,与该公司展开了长达 2 个多月的拉锯战,该小区的业主称,该物业管理公司已 3 年没有公布过财务情况,他们交的物业服务费交得不明不白,也不见物业管理公司提供高质量的服务,他们只有通过拒绝交纳物业服务费的办法来抗争。

问题

①物业管理公司应不应该定期公布财务情况?

②业主拒绝交纳物业服务费的方式是否妥当?

三、练习题

1. 一写字楼建筑面积 26 000 平方米,电梯 4 部,每部电梯原值 500 000 元,每部电梯每月养护费 1 000 元,预计 3 年大修一次,每次每部电梯大修费 28 000 元,每部电梯每月电费 1 000 元。测算每年每平方米建筑面积的电梯费是多少?

2. 一别墅区建筑面积 42 000 平方米,绿化面积 12 000 平方米,每年每平方米养护费 6 元,每年花草树木购置费为每平方米绿化面积 4 元。测算每年每平方米建筑面积的绿化施肥费是多少?

项目9 住宅专项维修资金管理

【知识目标】

掌握住宅专项维修资金的概念及管理依据。能够准确界定住宅专项维修资金的使用范围。掌握能够知道住宅专项维修资金筹集、申请、监管的流程。

【能力目标】

1. 能够指导业主缴交、续交住宅专项维修资金,查询资金查询卡内余额。
2. 能够准确完成住宅专项维修资金的申报工作。
3. 具备和业主、业主委员会良好的沟通能力。

【知识准备】

任务1 住宅专项维修资金认知

现今世界各国的物权法,都有关于设立物业专项维修资金的强制性规定,它对建立社会化、专业化、市场化的物业管理体制以及维护社会的稳定都发挥着重要的作用。为加强住宅共用部位、共用设施设备维护基金的管理,维护房屋产权人和使用人的合法权益,保障住宅正常的维修、使用,根据中华人民共和国建设部、中华人民共和国财政部令第165号《住宅专项维修资金管理办法》等有关规定,各城市都建立了各自的住房维修资金缴存使用的具体实施办法。

9.1.1 住宅专项维修资金的概念

住宅专项维修资金是专项用于住宅共用部位、共用设施设备保修期满后的维修和更新、改造的资金。

住宅共用部位,是指根据法律、法规和房屋买卖合同,由单幢住宅内业主或者单幢住宅内业主及与之结构相连的非住宅业主共有的部位,一般包括:住宅的基础、承重墙体、柱、梁、楼板、屋顶以及户外的墙面等基本结构部分,走廊通道、门厅、楼梯、大堂等公共通行部分,避难层、设备层或者设备间等结构部分。

共用设施设备,是指根据法律、法规和房屋买卖合同,由住宅业主或者住宅业主及有关非住宅业主共有的附属设施设备,一般包括电梯、天线、照明、消防设施、绿地、道路、路灯、沟渠、池、井、非经营性车场车库、公益性文体设施、垃圾通道、排烟排气通道、水箱、水泵、邮政信箱、避雷装置、消防器具、消防栓、排水管道、窨井、化粪池、垃圾箱、规定标志、建筑智能化系统(含安防系统)、消防控制系统等设施和共用设施设备使用的房屋等。

9.1.2 住宅专项维修资金的管理依据

在福建省内,管理住宅专项维修资金,需要遵循《物权法》(2007 年 3 月 16 日第十届全国人民代表大会第五次会议通过)、《住宅专项维修资金管理办法》(建设部、财政部令第 165 号)等法律、法规和规章的规定。另外福建省自 2010 年 1 月 1 日起施行的《福建省商品住宅专项维修资金使用暂行办法》;各地市相关规定,如《福州市住宅专项维修资金使用暂行规定》等,都是筹集、使用、监管住宅专项维修资金的重要依据。

任务2 住宅专项维修资金筹集、使用和管理

9.2.1 住宅专项维修资金的使用范围

1)房屋共用部位维修资金使用范围

房屋本体和公建配套的道路、绿地、围墙等都可以利用住宅专项维修资金进行维修。

（1）房屋本体

①屋顶：防水、隔热层破损或渗漏，需进行整体修缮；

②外墙：出现雨水渗漏，引起外墙内表面浸湿，需对户外墙面进行整体修缮；

③地下室：出现渗漏、积水的，需进行整体修缮；

④楼房外墙外装饰层出现裂缝、脱落或空鼓率超过国家相应标准、规范的规定值，需进行整体修缮；

⑤建筑保温层出现破损或脱落，或建筑保温不良引起外墙内表面出现潮湿、结露、结霜或霉变，需进行整体修缮；

⑥外墙及楼梯间、公共走廊涂饰层出现开裂、锈渍、起泡、翘皮、脱落、污染的，需进行整体修缮；

⑦公用区域窗台、门廊挑檐、楼梯踏步及扶手、维护墙、院门等出现破损的，需进行整体修缮；

⑧拆换加固受损房屋主体承重结构部位（包括基础、内外承重墙体、柱、梁、楼板、屋顶等），恢复承载能力。

⑨户外走廊通道、楼梯间、门厅、地下室门窗因自然损坏，需进行整体修换。

（2）公建配套

①道路：整体修复路面、路沿。

②绿地：在验收投入使用一年后，对原有绿地进行补栽、补植。

③公益性设施（如门窗、休闲椅凳、垃圾桶、亭廊、台、池、雕塑、游乐场、健身设施等）：设施自然损坏需修换的。

④小区围墙及大门：因自然损坏影响安全和使用需要整体修缮、更新的。

2）共用设备维修资金使用范围

共用设备可以动用住宅专项维修资金进行修复或更新。修复后必须达到完好。按其出厂标准，总体各项性能指标达到原产品标准的90%以上，正常运转能耗不得高于原产品标准的110%。必要时，由行业主管部门或技术监督部门进行测试。

在福建，动用维修资金进行的共用设备维修更新的主要有电梯系统、电器系统、消防系统、给排水系统。

（1）电梯

主要部件需要进行维修或更换的可以动用住宅专项维修资金进行修复或更新。

①机房部分:

a.曳引机组:更换电动机定子、转子、轴承;减速器轴承、蜗杆、从动轴。

b.限速安全系统:更换限速器、安全钳、涨紧轮。

c.控制屏:更换主控板、励磁板、电源板。

e.选层器:整体更换。

f.终端保护装置:更换上、下极限杠杆、钢丝绳、钢丝绳涨紧装置。

②井道部分:

a.轿厢、轿架:更换轿厢、操纵箱(内召)、超满载装置、安全钳。

b.自动门机构:更换轿门安全触板、开关门电机。

c.导轨:更换变形损坏部件。

d.导靴:整体更换。

e.曳引钢丝绳:全部更换。

f.对重:更换导靴。

g.缓冲器:更换缓冲弹簧或活塞。

③厅站部分:

a.召唤按钮箱(外召):各层全部更换。

b.层楼指示器:各层灯具、线路全部更换。

(2)电气系统

配电设备部分电缆、电线、配电箱(柜)内元件损坏的可以动用住宅专项维修资金进行修复或更新。

①强电:

a.高压柜:更换各类柜体、仪表,修换断路器、隔离开关、负荷开关、操纵机构、互感器、熔断器、避雷器、接地开关、手车及机械闭锁电器连锁。

b.变压器:更换冷却风扇、控制箱、柜体、温度指示仪、绝缘油,修换绕组、绝缘、油枕、散热片。

c.低压电器:电动机整机更换(5千瓦以上),转子、定子绕组修换(10千瓦以上),更换蓄电池、不间断电源,更换各类柜体、仪表,修换断路器、开关及接触器(100安以上)、互感器、隔离器、电容器,整体更换配电箱、控制箱、照明箱,全部更换照明灯具、线路、插座。

②弱电:

a.电话通讯:修换各类型程控交换机,更换交接箱、中继箱。

b.广播音响:更换全部音箱、扬声器、音响布线。

c.电视系统:修换卫星抛物面天线、接受机,全部更换同轴电缆分配箱。

d. 火灾报警:修换区域报警、集中报警控制器,全部更换探测器、报警器。

e. 安保监控:修换对讲主机、更换对讲控制线路、更换电视监控控制台、监视器(多画面),小区周边防范的远红外探头(5米以上)和彩色摄像头(多方位、多焦距),修换入侵报警系统。

f. 综合布线系统:整体更换配线箱、交接箱、电缆、光缆,全部更换适配器。

（3）消防设备

消防系统、安防系统出现功能障碍,或部分设备、部件损坏严重的可以动用住宅专项维修资金进行修复。

①整体更换防火卷帘,更换防火门、防排烟风机、排烟防火阀。

②消防给水:修换消防泵,更换泵接合器,整体更换消火栓箱,全部更换喷淋装置,整体翻修水池,更换 ϕ150 以上(含 ϕ150)管道、阀门。

（4）给排水设备

二次供水系统设备部件磨损、锈蚀严重;楼内排水(排污)设备出现故障,给、排水管道漏水、锈蚀严重、排污泵锈蚀或其他设备损坏都可以动用住宅专项维修资金进行修复。

①生活给水设备:整体翻修水池、水箱,更换水泵、电机、液位控制器、气压水罐、ϕ150 以上(含 ϕ150)管道、阀门,水泵维修需解体更换叶轮、泵轴。

②排水设备:全部更换排水管、水封,整体更换管道,翻新化粪池、窨井、检查井、雨水井,更换动力、有源化粪池动力设备。

9.2.2 住宅专项维修资金筹集的方式

1）应当交存住宅专项维修资金的业主

①住宅的业主应当交存住宅专项维修资金。但单一业主所有且与其他物业不具有共用部位、共用设施设备的除外。

②住宅小区内非住宅的业主,或者住宅小区外与单幢住宅结构相连的非住宅的业主。

2）应当交存住宅专项维修资金的数额

商品住宅和出售的公有住房在需要交存的住宅专项维修资金的数额上有所不同。

《住宅专项维修资金管理办法》规定:商品住宅的业主、非住宅的业主首次缴纳的住宅专项维修资金的数额为当地住宅建筑安装工程每平方米造价的 5% ~8%。

出售公有住房的,按照下列规定交存住宅专项维修资金:

①业主按照所拥有物业的建筑面积交存住宅专项维修资金,每平方米建筑面积交存首期住宅专项维修资金的数额为当地房改成本价的2%。

②售房单位按照多层住宅不低于售房款的20%、高层住宅不低于售房款的30%,从售房款中一次性提取住宅专项维修资金。

3)应当如何交款

福州市的住宅专项维修资金已经告别了开发商或物业服务企业代收代缴的时代。业主在办理房屋权属证书登记手续前持申请表、业主身份证、《商品房买卖合同》与购房正式发票(以上均需原件),到物业专项维修资金管理办公室核定专项维修资金缴交金额后领取专项维修资金缴款通知书。

业主持专项维修资金缴款通知书,到福州市物业专项维修资金管理办公室指定的物业专项维修资金专户代管银行,网点办理专项维修资金开户及缴存手续。业主缴清专项维修资金后,由专户代管银行出具专项维修资金缴款凭证和福州市物业专项维修其金查询专用卡。福州市房地产交易登记中心在审核业主专项维修资金缴款凭证后办理房屋权属登记手续。

4)住宅专项维修资金的所有者和管理者

①业主交存的住宅专项维修资金属于业主所有。从公有住房售房款中提取的住宅专项维修资金属于公有住房售房单位所有。

②业主大会成立前,商品住宅业主、非住宅业主交存的住宅专项维修资金,由物业所在地直辖市、市、县人民政府建设(房地产)主管部门代管。

代管是委托所在地一家商业银行,作为行政区域内住宅专项维修资金的专户管理银行,并在专户管理银行开立住宅专项维修资金专户。以物业管理区域为单位设账,按房屋户门号设分户账。

③商品住宅的业主应当在办理房屋入住手续前,将首期住宅专项维修资金存入住宅专项维修资金专户。

已售公有住房的业主应当在办理房屋入住手续前,将首期住宅专项维修资金存入公有住房住宅专项维修资金专户或者交由售房单位存入公有住房住宅专项维修资金专户。

公有住房售房单位应当在收到售房款之日起30日内,将提取的住宅专项维修资金存入公有住房住宅专项维修资金专户。

《住宅专项维修资金管理办法》明确了业主大会成立前后,维修资金在管理模式上的变化。据了解,北京是最早向业主发放了商品住宅专项维修资金查询卡的城市。从 2006 年 12 月开始,业主通过专项维修资金查询卡可以对自己家房子的"养老金"做到心中有数。现在,福州市的新建小区的业主也有了住宅专项维修资金查询卡。

④业主大会成立后,应当按照下列规定划转业主交存的住宅专项维修资金:

a. 业主大会应当委托所在地一家商业银行作为本物业管理区域内住宅专项维修资金的专户管理银行,并在专户管理银行开立住宅专项维修资金专户。以物业管理区域为单位设账,按房屋户门号设分户账。

b. 业主委员会应当通知所在地直辖市、市、县人民政府建设(房地产)主管部门;涉及已售公有住房的,应当通知负责管理公有住房住宅专项维修资金的部门。

c. 直辖市、市、县人民政府建设(房地产)主管部门或者负责管理公有住房住宅专项维修资金的部门应当在收到通知之日起 30 日内,通知专户管理银行将该物业管理区域内业主交存的住宅专项维修资金账面余额划转至业主大会开立的住宅专项维修资金账户,并将有关账目等移交业主委员会。

d. 住宅专项维修资金划转后的账目管理单位,由业主大会决定。业主大会应当建立住宅专项维修资金管理制度,并接受所在地直辖市、市、县人民政府建设(房地产)主管部门的监督。

《住宅专项维修资金管理办法》强调,在保证住宅专项维修资金正常使用的前提下,可以按照国家有关规定将住宅专项维修资金用于购买国债,应当在银行间债券市场或者商业银行柜台市场购买一级市场新发行的国债,并持有到期。利用业主交存的住宅专项维修资金购买国债的,应当经业主大会同意;未成立业主大会的,应当经专有部分占建筑物总面积 2/3 以上的业主且占总人数 2/3 以上业主同意。

住宅专项维修资金的存储利息、利用住宅专项维修资金购买国债的增值收益、利用住宅共用部位和共用设施设备进行经营的业主所得收益(业主大会另有决定的除外),住宅共用设施设备报废后回收的残值应转入住宅专项维修资金滚存使用。业界人士认为,由于受金融市场及货币政策的影响,这一亮点可以在一定程度上减轻业主压力,使资金保值增值。

《住宅专项维修资金管理办法》对维修资金的投资方向给出详细要求,禁止利用住宅专项维修资金从事国债回购、委托理财业务或者将购买的国债用于质押、抵押等担保行为。

e.业主分户账面住宅专项维修资金余额不足首期交存额30%的,应当及时续交。

9.2.3 专项维修资金的申请

1)专项维修资金申请流程

按照《住宅专项维修资金管理办法》的规定,业主委员会成立前,专项维修的申请流程为:

①物业服务企业根据维修和更新、改造项目提出使用建议;没有物业服务企业的,由相关业主提出使用建议;

②在住宅专项维修资金列支范围内,专有部分占建筑物总面积$\frac{2}{3}$以上的业主通过使用建议,且占总人数$\frac{2}{3}$以上的业主讨论通过使用建议;

③物业服务企业或者相关业主组织实施使用方案;

④物业服务企业或者相关业主持有关材料,向所在地直辖市、市、县人民政府建设(房地产)主管部门申请列支;其中,动用公有住房住宅专项维修资金的,向负责管理公有住房住宅专项维修资金的部门申请列支。

在福州,申请专项维修资金需要提交的材料包括:

a.《物业专项维修资金使用备案表》(表9.1);

b.申请报告;

c.工程预算书原件(工程单项金额超过5万元的,预算书须经工程造价咨询机构出具证明);

d.施工单位资格证明材料;

e.申请人主体资格证明材料、经办人身份证复印件及授权委托书;

f.物业服务合同复印件;

g.相关维修、更新改造项目保修期限证明材料;

h.工程已完工的,需提供工程验收报告,施工合同、发票及工程决算书(单项金额超过10万元的,决算书需经工程造价咨询机构出具证明)。

i.物业区域内业主清册。

表 9.1 物业专项维修资金使用备案表

物业专项维修资金使用备案表

填写单位:(盖章)　　　　联系人:　　　　电话:

物业名称		建设单位交付使用时间	
物业详细地址			
物业服务企业			
维修项目名称		维修具体部位	
维修使用金额	小写:　　　元	大写:	
维修单位名称			
收 款 账 号			

物业专项维修资金情况(物业服务企业填写并盖章)

维修范围分摊总户数	户	分账户资金总额	元
其中:已缴存分摊户数	户	已使用总额	元
未缴存(未销售)分摊户(套)数	户(套)	现使用金额	元
已缴存分摊金额合计	元	此次使用后维修资金余额	元
未缴存(未销售)分摊金额合计	元		

业主委员会(或业主代表五人以上签名)意见	(盖章)　　年　　月　　日
建设主管部门备案意见	(盖章)　　年　　月　　日

填表说明:

1.物业专项维修资金使用备案须提交以下资料:

(1)物业专项维修资金使用备案表;

(2)物业专项维修资金使用方案(附公示证明);

(3)维修单位发出的维修费用支付通知书;

(4)维修工程结算表;

(5)《物业专项维修资金业主支出分摊明细表》(物业专项维修资金列出范围全体业主所持投票权三分之二业主确认签名)。

2.此表一式五份。建设主管部门二份,银行、业主委员会、物业服务企业各执一份。

⑤直辖市、市、县人民政府建设(房地产)主管部门或者负责管理公有住房住宅专项维修资金的部门审核同意后,向专户管理银行发出划转住宅专项维修资金的通知;

⑥专户管理银行将所需住宅专项维修资金划转至维修单位。

2)使用住宅专项维修资金的办理程序

住宅专项维修资金划转业主大会管理后,需要使用住宅专项维修资金的,按照以下程序办理:

①物业服务企业提出使用方案,使用方案应当包括拟维修和更新、改造的项目、费用预算、列支范围、发生危及房屋安全等紧急情况以及其他需临时使用住宅专项维修资金的情况的处置办法等。

按照2010年1月1日起施行的福建省商品住宅专项维修资金使用暂行办法规定,业主大会成立后,首先由相关业主、业主委员会或者物业服务企业提出使用建议并制定《维修和更新、改造方案》(表9.2)。

表9.2 维修和更新、改造方案

维修和更新、改造方案

一、项目概况

_____项目由_____开发建设,坐落于_____县(市、区)_____乡镇(街道)_____路_____号,共有_____幢,_____户,总建筑面积_____平方米,_____年_____月竣工,已超过保修期。

二、申请使用住宅专项维修资金的原因

据现场查勘,存在_____情况,需要申请使用住宅专项维修资金进行维修和改造。

三、维修和更新、改造内容及施工工艺

_____。

四、维修和更新、改造费用

本次申请使用住宅专项维修资金_____元。

业主委员会主任(签字)　　　　　　　　物业服务企业负责人(签字)

　　　年　　月　　日　　　　　　　　　　年　　月　　日

　　(业主委员会盖章)　　　　　　　　　　(物业服务企业盖章)

②业主大会依法通过使用方案。在福建省,《维修和更新、改造方案》应当经商品住宅专项维修资金列支范围内专有部分占建筑物总面积 $\frac{2}{3}$ 以上的业主且占总人数 $\frac{2}{3}$ 以上的业主同意,这与业主委员会成立前的工作流程相同。同时福建省要求,《维修和更新、改造方案》在小区明显位置和所在地住宅专项维修资金管理机构指定的网站进行公示,公示时间应不少于 10 个工作日。

③物业服务企业组织实施使用方案。

④物业服务企业持有关材料向业主委员会提出列支住宅专项维修资金;其中,动用公有住房住宅专项维修资金的,向负责管理公有住房住宅专项维修资金的部门申请列支。

⑤业主委员会依据使用方案审核同意,并报直辖市、市、县人民政府建设(房地产)主管部门备案;动用公有住房住宅专项维修资金的,经负责管理公有住房住宅专项维修资金的部门审核同意;直辖市、市、县人民政府建设(房地产)主管部门或者负责管理公有住房住宅专项维修资金的部门发现不符合有关法律、法规、规章和使用方案的,应当责令改正。

按照 2010 年 1 月 1 日起施行的福建省商品住宅专项维修资金使用暂行办法规定,相关业主、业主委员会或者物业服务企业到所在地设区市、县(市)住宅专项维修资金管理机构办理住宅专项维修资金使用备案,并提交下列资料:

a.《维修和更新、改造方案》;

b.《业主确认证明》(表 9.3)、《维修和更新、改造方案公示证明》(表 9.4);

表9.3　业主确认证明

业主确认证明

　　为了保障住宅的正常使用和共用设施设备安全运转,根据查勘情况,_____项目拟于_____年_____月_____日对已超过保修期的_____(公用设施设备)进行维修和更新、改造,工程预算_____元。本项目总建筑面积_____平方米,共有_____户业主。

　　维修和更新、改造方案已于_____年_____月_____日,经业主确认,_____户业主同意使用住宅专项维修资金,占应确认业主户数的_____%,其拥有房屋建筑面积_____平方米,占应确认建筑面积的_____%。根据《物权法》规定,已有超过专有部分占建筑物总面积三分之二以上的业主且占总人数三分之二以上的业主同意使用住宅专项维修资金。

　　《维修和更新、改造方案书面确认明细表》等资料真实,如有虚假,愿承担相应责任。

　　特此证明

业主委员会主任(签字)　　　　　　　　　　物业服务企业负责人(签字)

业主委员会副主任(签字)

　　　年　　月　　日　　　　　　　　　　　　年　　月　　日

　　(业主委员会盖章)　　　　　　　　　　　　(物业服务企业盖章)

维修和更新、改造方案书面确认明细表

物业项目名称:

住宅专项维修资金使用计划:业主在进行书面确认前,应当认真阅读维修和更新改造方案内容,书面确认必须由业主本人或其委托人签字。

　　2.维修和更新改造内容:

_____

_____

2.工程预算(元):

序号	业主姓名	楼、房号	产权面积(平方米)	维修资金缴存余额(元)	本次应分摊金额(元)	同意业主签字确认	备注
1							
2							
3							
4							
……							

申请人(签章)　　　　　　　　　　　　　　填表日期:

表 9.4　维修和更新、改造方案公示证明

维修和更新、改造方案公示证明

　　坐落于 ＿＿＿＿＿＿＿ 县（市、区）＿＿＿＿＿＿＿ 乡镇（街道）＿＿＿＿＿＿ 路
＿＿＿＿＿＿ 号 的 ＿＿＿＿＿ 项 目，对 已 超 过 保 修 期 的
＿＿＿＿＿＿＿＿＿＿＿＿＿＿＿＿＿＿＿＿ 实施维修和更新、改造，其《维修和更新、改造方
案》已于＿＿＿＿＿年＿＿＿＿＿月＿＿＿＿＿日起,采取＿＿＿＿＿＿＿＿＿＿＿＿＿＿＿
方式进行公示,公示期＿＿＿＿＿＿天。

　　以上情况真实,如有虚假,愿承担相应责任。
　　特此证明

业主委员会主任（签字）　　　　　　　　　　　　　单位负责人（签字）

业主委员会副主任（签字）

　　　年　　月　　日　　　　　　　　　　　年　　月　　日
　（业委会盖章）　　　　　　　　　　　　　（物业服务企业盖章）

　　c. 业主委员会成立的相关文件、《业主委员会情况登记表》（表 9.5）或者业主委员会报相关部门备案的《业主委员会成立备案表》复印件并盖业主委员会公章（提交原件核对）。

表9.5 业主委员会情况登记表

业主委员会情况登记表

_____县(市、区)_____业主委员会(签章)

项目地址:_____县(市、区)_____乡镇(街道)_____路_____号_____小区

业主委员会办公地址:_____县(市、区)_____乡镇(街道)路_____号_____室

业主委员会登记证编号:_____

所属乡镇(街道办事处):_____

启用日期(业委会成立日期):	止用日期(本届到期日):
业委会委员签字	

以上业主委员会委员名字与备案时材料上的名字一致。

备案机构盖章

年 月 日

备注:此表格仅作为业委会申请住宅专项维修资金时使用

业委会委员名单

序 号	姓 名	职 务	联系电话
1			
2			
3			
4			
……			

备注:此表格仅作为业委会申请住宅专项维修资金时使用

设区市、县(市)住宅专项维修资金管理机构受理住宅专项维修资金使用备案(要件齐全)时,应当在收件后7个工作日内出具《商品住宅专项维修资金使用备案证明》(表9.6)。

表9.6　商品住宅专项维修资金使用备案证明

商品住宅专项维修资金使用备案证明

_____县(市、区)物管维[　]第　号

项目情况		
申请单位		
办公地点		
联系人	联系电话	
施工单位		
项目名称	竣工时间	
坐落地点	_____县(市、区)_____街道(乡镇)_____路_____号	
住宅专项维修资金使用备案要件		
《维修和更新、改造方案》		
《业主大会或者相关业主确认证明》及《维修和更新、改造方案公示证明》		
其　他		
维修和更新、改造工程内容和业主确认情况		
维修和更新、改造主要内容:		
维修资金余额:　　　　元	工程预算:　　　　元	
涉及户数:　　　　户	总建筑面积:　　　　平方米	
其中:未售出房屋建筑面积　　　平方米,户数　　　户,预算分摊费用　　　元		
确认比例	同意使用专项维修资金业主_____户,占应确认业主户数的_____% 同意使用专项维修资金业主拥有房屋建筑面积_____平方米,占应确认建筑面积的_____%	
房地产主管部门意见 　负责人签字:　　　　　　　　盖章:　年　月　日		

第一联　县(市、区)房地产主管部门留存
第二联　银行留存
第三联　设区市、县(市、区)住宅专项维修资金管理中心留存

⑥业主委员会、负责管理公有住房住宅专项维修资金的部门向专户管理银行发出划转住宅专项维修资金的通知；

首次使用商品住宅专项维修资金，相关业主、业主委员会或者物业服务企业持设区市、县(市)住宅专项维修资金管理机构开具的《商品住宅专项维修资金使用备案证明》，到专户管理银行开立住宅专项维修资金使用专户，专户管理银行应当出具《商品住宅专项维修资金使用专户开户证明》(表9.7)，银行发放给业主的专用存折上载明的户名为"楼盘—幢号—房号"。

表9.7 商品住宅专项维修资金使用专户开户证明

商品住宅专项维修资金使用专户开户证明

＿＿＿＿＿＿＿＿＿住宅专项维修资金管理中心：
 	
    根据《物权法》、原建设部、财政部《住宅专项维修资金管理办法》有关规定，已为物业服务企业或者相关单位为＿＿＿＿＿＿＿＿＿项目办理住宅专项维修资金使用专用账户开户相关手续。
 	
    具体信息如下：
    1. 户名：
 	
    2. 开户银行：
 	
    3. 账号：
 	
    特此证明
 	
年　　月　　日
（盖章）

⑦专户管理银行将所需住宅专项维修资金划转至维修单位。相关业主、业主委员会或者物业服务企业持《商品住宅专项维修资金使用专户开户证明》及经业主委员会审核签章的工程施工合同(应标明施工单位的开户行、账号)、工程预算书(应有 2/3 以上业主委员会委员的签字)及相关票据，到设区市、县(市)住宅专项维修资金管理机构申请资金划转。设区市、县(市)住宅专项维修资金管理机构应在 7 个工作日内，将维修和更新、改造工程预算金额的 50%

划转到业主委员会开立的住宅专项维修资金使用专户。

⑧竣工验收。工程竣工后,相关业主、业主委员会或者物业服务企业应当组织相关人员对工程进行验收,并签署《维修和更新、改造工程验收报告》(表9.8)。

表 9.8 维修和更新、改造工程竣工验收报告

维修和更新、改造工程竣工验收报告

验收时间: 年   月   日

工程名称	
施工单位名称	
建设单位名称	
设计单位名称	
监理单位名称	
开工时间	年 月 日
工程造价	

工程概况:

验收内容:

验收意见:

验收结论:

  注:结论为:是否符合房屋修缮的质量标准和技术要求,能否同意使用!

工程竣工验收人员情况

	姓 名	工作单位	职 务
竣工验收人员签字			

物业服务企业负责人(签字):   业委会主任(签字):

                                        副主任(签字):

    年   月   日   年   月   日

(物业服务企业盖章)   (业主委员会公章)

表9.9　维修和更新、改造工程决算费用分摊清册
及维修和更新、改造方案工程决算费用分摊清册公示证明

维修和更新、改造工程决算费用分摊清册

　　_____项目维修和更新、改造工程已验收合格,现按照维修和更新、改造工程决算费用进行分摊,并从下列相关业主个人账户中核减。

维修和更新、改造内容							
维修资金余额		元	涉及户数	户	建筑面积	平方米	
工程决算			元	决算分摊费用金额		元/平方米	
业主姓名	房号	建筑面积（平方米）	维修资金余额（元）	费用分摊金额（元）	应补交金额（元）	备注	
合　计							

业主委员会主任(签字)　　　　　　　　　　　　　　单位负责人(签字)

业主委员会副主任(签字)　　　　　　　　　　　　　　　年　　月　　日

(业委会盖章)　　　　　　　　　　　　　　　　　　(物业服务企业盖章)

维修和更新、改造方案工程决算费用分摊清册公示证明

　　坐落于_____的_____项目《维修和更新、改造工程决算费用分摊清册》已于_____年_____月_____日起,采取_____方式进行公示,公示期_____天。

　　以上情况真实,如有虚假,愿承担相应责任。

　　特此证明。

业主委员会主任(签字)　　　　　　　　　　　　　　单位负责人(签字)

业主委员会副主任(签字)

　　　　年　　月　　日　　　　　　　　　　　　　年　　月　　日

　　(业委会盖章)　　　　　　　　　　　　　　　(物业服务企业盖章)

⑨决算审核。相关业主、业主委员会或者物业服务企业按照决算费用填写《维修和更新、改造工程决算费用分摊清册》,并在小区明显位置和所在地住宅专项维修资金管理机构指定的网站进行公示,公示时间应不少于 10 个工作日。

相关业主、业主委员会或者物业服务企业到所在地住宅专项维修资金管理机构办理工程决算审核手续,并提交下列资料:

a.《维修和更新、改造工程决算费用分摊清册》及《维修和更新、改造工程决算费用分摊清册公示证明》(表9.9);

b. 工程决算书(查验原件留存复印件);

c.《维修和更新、改造工程验收报告》。

设区市、县(市)住宅专项维修资金管理机构自受理之日起 5 个工作日内,将维修和更新、改造工程的尾款划转到业主委员会开立的住宅专项维修资金使用专户,并按照分摊清册从相关业主个人账户中核减。

9.2.4 专项维修资金的监督管理

①买卖房屋时,卖方应向买方说明住宅专项维修资金交存和结余情况并出具有效证明,该房屋分户账中结余的住宅专项维修资金随房屋所有权同时过户。买方应当持住宅专项维修资金过户的协议、房屋权属证书、身份证等到专户管理银行办理分户账更名手续。

②直辖市、市、县人民政府建设(房地产)主管部门,负责管理公有住房住宅专项维修资金的部门及业主委员会,应当每年至少一次与专户管理银行核对住宅专项维修资金账目,并向业主、公有住房售房单位公布住宅专项维修资金总额;发生列支的项目、费用和分摊等情况

③专户管理银行应当每年至少一次向主管部门及业主委员会发送住宅专项维修资金对账单,并接受主管部门、业主的复核和查询。

④住宅专项维修资金的管理和使用,应当按照财政部门的有关规定执行,并接受财政部门的监督检查,同时依法接受审计部门的审计监督。

拓展训练

福州市鼓楼区伍奉街道梅柳社区的百合星苑,位于北二环西路 282 号,于 2001 年 7 月竣工,共有 8 幢 15 层住宅,共 480 户,总建筑面积 7 300 平方米。该

小区目前由福州鑫安物业管理有限公司进行管理。该小区的业主委员会成立于 2010 年 2 月,有主任 1 名,副主任 1 名,秘书 1 名。业主委员会运转正常,业主委员会登记证编号为福鼓伍业登 2010010 号。

　　2010 年 A 幢的 1 号电梯在年检时,发现曳引轮绳槽磨损严重。截至目前已有 2 根绳槽磨至槽底,存在安全隐患。随后,物业管理公司发出公示,征求业主意见,是否同意使用专项维修资金进行维修。据悉,该电梯已经过了包修期,为了避免发生安全事故,已于 2010 年 12 月停用了该部电梯。这给 30 户使用 1 号电梯的业主生活带来极大的不便。这些业主迫切希望修复电梯。物业公司了解到,这些业主全额缴清了公共维修资金,合计 35.784 1 万元。此次更换总费用预计为 2.5 万元。

　　虽然物业管理公司希望支取住宅专项维修资金进行维修,但无论是该公司还是业主委员会、业主都没有申请公共维修资金的经验。请为他们描述申请流程,并协助填写表 9.1—表 9.9 中的文档、表格。

【拓展阅读】

住宅专项维修资金支取难度大,大量资金闲置

（节选自 2009 年 08 月 10 日京华时报）

　　业主在买房时,就必须给房子支付一笔"养老金",这笔住宅专项维修资金用于将来房屋的维修。然而,当不少小区需要拿这笔钱给房子"养老"时,业主们却遭遇了有钱难取的尴尬。截至到今年 2 月底,北京共收住宅专项维修资金 188 亿元,但只有 158 个小区使用了 3 073 万元的住宅专项维修资金。存钱容易取钱难。

　　2009 年,记者走访了北京市的朝阳、海淀、崇文的部分小区,对住宅维修专项资金的划转与使用情况进行了调查。

划转维修金三年未果

　　朝阳区迎曦园于 2002 年 4 月交房,业主入住至今已有 7 年多。2006 年,迎曦园业主委员会开始申请划转维修资金,但至今仍未划转成功。

　　2006 年,小区业委会得知可以申请划转维修资金,便开始向市住建委递交申请。同时,业委会召开业主大会,通过决议,指定光大银行为开户行,开设业委会的账户,并且还派专人核对了维修资金的账户,了解各项明细。此后,业委会主任王孝英多次前往市住建委等相关部门,询问划转事宜,但一直没有得到准确回复。

　　从 2008 年底开始,小区的电梯故障不断,饮用水设备也需要改造。改造水

泵、维修电梯，业主委员会首先想到的是动用维修资金。根据规定，北京市所有商品住宅专项维修资金，委托光大银行代管。如果动用维修资金，各小区业委会可以向北京市物业服务指导中心提出申请，经批准后，将资金划转到小区业委会专门的账户内。

业委会主任王孝英说，市里有划转的政策，并将审批权限下放到区里，但是区里的划转办法没有细则，所以维修资金划转不了。这样，小区的维修项目目前无法展开，只能等待。

王孝英说，如果年底还无法划转维修资金，卫生局就不负责验水质，这一点让业主们非常担心。不仅如此，她认为经业主大会决议后，如果能将维修资金用于投资，业主会获得更大的收益。

维修金一年利息61万元

海淀区太月园于1999年交房，共有1 930户居民。2006年9月，小区业委会开始向市建委申请划转住宅专项维修资金。按照市建委规定的申请程序，业委会经过5个多月的努力，终于在2007年2月成功划转了维修资金，业主开始自主管理维修资金。

业委会主任王嘉吾介绍，申请过程中最难的就是逐户核对维修资金的账单。王主任十分熟悉小区各户的情况，再加上财务总监出身，她用了一个多月时间完成小区的对账工作。之后，她将所有账目制作成棋盘式明细账，这样各户缴纳维修资金的情况就一目了然了。

2007年11月，业委会将1 600万元的维修资金存到了光大银行的专用账户上。一年后，1 600万元变成了16 619 200元，其中619 200元就是1 600万元本金的利息。王主任说，划拨之前没想到维修资金居然能有这么高的收益。

王主任说，他们能得到这些利息是幸运的。因为从2007年1月开始，北京市的住宅专项维修资金开始按照3%的利率计息。而此前的10多年，这项资金，一直是按0.72%计息的。目前，除了用于小区公共设施的维修外，其余的资金仍存在专门设立的账户中。

业委会代征业主意见

崇文区东花市北里小区业委会于2007年成立，并建立了账户，业委会将小区内的商品房公共维修资金申请划拨到账户上，资金主要用于小区内公共设施的大型维修工作。

所有商品房的维修都是由物业负责，除去日常的公共设施维护是从物业费中出，大修项目物业需要向业委会申请，征得$\frac{2}{3}$业主同意后，物业才能够使用公共维修资金,由业委会代表业主,对维修施工进行监督。据物业经理朱先生介绍,业委会的工作大都是由物业代替完成,比如需要维修时,挨家挨户去敲门征询业主意见,通过后再去向业委会申请公共维修资金。"有的时候碰上急需维修的,都是物业先垫付边征集业主意见边维修,业主们都挺支持的,事后再找业委会补回维修费"。

2008年底到现在,业委会换届改选工作一直在进行之中,所以业委会管理处于真空状态。朱经理说,"目前公共设施维修所使用的费用都是由物业垫付的,但是物业的服务业主认可,业委会换届结束钱都会补上的"。

朱经理介绍说,在东花市北里小区,仍有许多房子属于过去的单位分房,当初没有公共维修金这一说法,房子的维修金都在各产权单位,不归业委会管理。但是公共设施需要大修时,产权单位依然要求物业征询业主们的意见,这样没有业委会的配合,工作会很难做。"去年有房子漏水,需要重做防水,业主意见征询了半年的时间,只有不到一半的业主同意,所以物业只能拿出日常维护的钱来进行局部修缮"。

朱经理称,目前业委会账户中能够利用起来的钱只有百分之二到三,只是做些维修工作用,根本谈不上利用。

调查显示,住宅专项维修资金管理问题不少

问题一:划转办法缺乏实施细则。

据市住建委工作人员介绍,目前,本市各区县进行住宅维修专项资金划转均参考由建设部出台的住宅专项维修资金管理办法。但记者了解到,在具体实施过程中,不少小区都遇到了有政策没细则的麻烦。由于缺少划转资金的具体办法,业主们只能一等再等。

问题二:业委会不成立维修金难划转。

一些业委会申请划拨但未获批准的原因是多方面的,太月园小区业委会王主任认为,其中重要原因是小区的维修资金账目不清,业委会应邀请专业财务人员来完成对账工作。

此外,记者了解到,在出现小区业主委员会之前,北京市商品住宅专项维修资金全部由市住建委代管。因此,作为划转资金的重要中介,不少小区的业委会长期无法正式成立、业委会换届改选都是影响住宅维修专项基金划转的主要因素。

问题三:储蓄和投资谁"靠谱"。

在走访中,迎曦园业委会主任向记者透露,如果能成功划转维修资金,希望能通过投资,获得更大的收益。"利滚利"的想法听起来确实很不错,但在已成功划转了这笔钱的小区里,大多数业委会还是采取了相对稳妥的储蓄管理的办法,海淀太月园业委会王主任表示,由于各项投资均需经业主大会决议通过,其间可能会延误投资时机,所以将维修资金存放在银行账户里是比较稳健的选择。

律师说法:业委会自主管理便于支取

房地产律师秦兵说,公共维修资金是由业主在购买房屋时缴纳,预作未来房屋维修之用。因此,这笔钱的初始产权归属十分清楚:它属于业主,更准确地说,属于同一个物业、或者小区的全体业主共同所有。作为房屋的"养老金",这笔钱对小区设施的维护至关重要,尤其是高层建筑,电梯等设施的养护都要靠这笔钱来维持。因此,在需要时能及时使用是业委会自主管理这笔钱最大的好处,想要成功划转,就要成立强有力的业委会来进行运作。尚未成立业委会的小区如果有使用需要,可以全小区、全楼居民或居民代表去房管局协商。如果小区业委会依照程序却一直无法成功划转维修资金,可通过集团诉讼的方式争取权利。

参考文献

[1] 陈雪飞.物业会计[M].上海:华东师范大学出版社,2008.

[2] 李炳先,王艳青.物业企业会计[M].5版.北京:机械工业出版社,2008.

[3] 黄东晶.物业管理企业会计[M].大连:东北财经大学出版社,2008.

[4] 张岐.物业企业财务基础[M].北京:电子工业出版社,2007.

[5] 刘雪梅.物业管理企业会计[M].北京:清华大学出版社,2007.

[6] 孙晓静,梁瑞智.物业财务管理基础[M].北京:化学工业出版社,2008.

[7] 王林生.物业管理企业财务基础[M].重庆:重庆大学出版社,2005.

[8] 夏贵华.会计学原理[M].北京:对外经济贸易大学出版社,2005.

[9] 李加林,周心怡.物业管理实务[M].北京:中国建筑工业出版社,2006.

[10] 张景伊,陈伟.物业管理基本制度与政策[M].北京:中国建筑工业出版社,2006.

[11] 杨奎臣,等.法律帮助一点通·物业管理[M].安徽:黄山书社,2010.

[12]《住宅专项维修资金管理办法》(建设部、财政部令第165号).

[13]《福建省商品住宅专项维修资金使用暂行办法》(闽建房[2009]30号).

[14]《福州市住宅专项维修资金使用暂行规定》.